FUNDAMENTOS DA QUALIDADE

PARA LÍDERES

D313f DeFeo, Joseph A.

Fundamentos da qualidade para líderes / Joseph A. DeFeo, Joseph M. Juran ; tradução: Ronald Saraiva de Menezes ; revisão técnica: Altair Flamarion Klippel. – Porto Alegre : Bookman, 2015.

xxiv, 260 p. : il. ; 23 cm.

ISBN 978-85-8260-345-1

1. Gestão da qualidade. 2. Liderança. I. Juran, Joseph M. II. Título.

CDU 005.6

Catalogação na publicação: Poliana Sanchez de Araujo – CRB 10/2094

FUNDAMENTOS DA QUALIDADE

PARA LÍDERES

JOSEPH A. DeFEO
JOSEPH M. JURAN

Tradução
Ronald Saraiva de Menezes

Revisão Técnica
Altair Flamarion Klippel
Doutor em Engenharia pelo PPGEM/UFRGS
Sócio-consultor da Produttare Consultoria Associados

bookman

2015

Obra originalmente publicada sob o título
Juran's Quality Essetial, 1st Edition
ISBN 007182916 / 9780071825917

Gerente editorial: *Arysinha Jacques Affonso*

Colaboraram nesta edição:

Editora: *Maria Eduarda Fett Tabajara*

Preparação de original: *Daniele Dall'Oglio Stangler*

Capa (arte sobre capa original): *Márcio Monticelli*

Editoração: *Kaéle Finalizando Ideias*

Av. Jerônimo de Ornelas, 670 – Santana
90040-340 – Porto Alegre – RS
Fone: (51) 3027-7000 Fax: (51) 3027-7070

Unidade São Paulo
Av. Embaixador Macedo Soares, 10.735 – Pavilhão 5 – Cond. Espace Center
Vila Anastácio – 05095-035 – São Paulo – SP
Fone: (11) 3665-1100 Fax: (11) 3667-1333

SAC 0800 703-3444 – www.grupoa.com.br

IMPRESSO NO BRASIL
PRINTED IN BRAZIL
Impresso sob demanda na Meta Brasil a pedido de Grupo A Educação.

OS AUTORES

JOSEPH M. JURAN é, há mais de 70 anos, reconhecido como um dos maiores nomes da área de gestão de qualidade e é comumente referido como "o pai da gestão de qualidade moderna". Ele cunhou o conceito universal de "poucos vitais e muitos úteis" do Princípio de Pareto, que conhecemos atualmente como a regra 80-20.

O Dr. Juran ficou mundialmente conhecido após sua visita ao Japão em 1954, pouco depois da Segunda Guerra Mundial. Como relembra o professor Kano, do Japão, "ele impressionou os altos executivos pelo foco no aspecto gerencial da qualidade e contribuiu para o desenvolvimento da qualidade no país ao ajudar a estabelecer a reputação dos produtos fabricados no Japão".

Como membro original do Conselho de Supervisores, o Dr. Juran ajudou a criar nos Estados Unidos o Prêmio Nacional de Qualidade Malcolm Baldrige. Em 1979, fundou o Instituto Juran, organização voltada à promoção de pesquisas e soluções pragmáticas, para permitir que organizações de todos os ramos aprendessem as ferramentas e técnicas para gerir a qualidade.

A Trilogia Juran®, publicada em 1986, foi considerada no mundo todo a base da gestão da qualidade. Depois de quase 50 anos de pesquisas, sua trilogia definiu três processos gerenciais essenciais para o avanço de qualquer organização: controle da qualidade, melhoria da qualidade e planejamento da qualidade, que se tornaram sinônimos de Juran e do Instituto Juran, Inc.

Como resultado do poder e da clareza de seu pensamento e pela sua influência, líderes empresariais, legiões de gestores e seus colegas teóricos do mundo inteiro reconhecem o Dr. Juran como um dos "poucos vitais" - uma figura seminal no desenvolvimento da teoria gerencial. Durante longo período, Juran contribuiu mais do que qualquer outra pessoa para essa área de estudo, e, ainda assim, acreditava que mal havia passado da superfície do tema. "Meu trabalho de contribuir com o bem-estar de meus próximos", escreveu Juran, "é o maior dos negócios inacabados".

O Dr. Juran é autor de mais de 20 livros.

JOSEPH A. DeFEO, presidente e CEO da Juran Global, é reconhecido como um dos principais especialistas mundiais em modelos de mudança transformacional e princípios de gestão inovadores. DeFeo já trabalhou como consultor de confiança ajudando líderes empresariais a aumentar vendas, reduzir custos e melhorar a satisfação dos clientes pela aplicação de programas de excelência de desempenho, incluindo gestão de processos de negócios, *Lean*, Seis Sigma, planejamento estratégico e gestão de mudança cultural. Sua capacidade de cortar caminho em meio a problemas complexos e de aplicar metodologias e soluções comprovadas fez dele um parceiro requisitado por líderes empresariais em todo o mundo.

DeFeo conduziu a transformação do Instituto Juran em Juran Global para dar suporte a uma nova era de crescimento da empresa, tomando por base os princípios universais fundados pelo Dr. Juran quase 60 anos antes e infundindo neles o pensamento e as estratégias atuais no âmbito da excelência de desempenho e da mudança transformacional.

DeFeo é o coautor de *Quality Planning and Analysis* e também de *Quality Management and Analysis*, com o Dr. Frank Gryna; de *Juran Institute Six Sigma: Breakthrough and Beyond*, com seu falecido mentor, o Dr. William Barnard; e de *Juran's Quality Handbook, 6th Edition: The Complete Guide to Performance Excellence*, a fonte definitiva para líderes empresariais, com o Dr. Joseph M. Juran.

AGRADECIMENTOS

Escrever e editar um texto seguindo os passos de uma lenda como o Dr. Juran não é fácil. Tampouco é tarefa para um único indivíduo. Há diversas pessoas na minha organização e na minha vida profissional às quais eu gostaria de agradecer por seu apoio na escrita deste livro, mas são muitas para que eu as cite individualmente aqui. Algumas, porém, foram vitais e devem ser reconhecidas. Permitam-me começar pelo próprio Dr. Juran.

Eu gostaria de agradecer ao **Dr. Joseph M. Juran**, fundador do Instituto Juran, Inc., pelas diversas contribuições ao campo da gestão da qualidade, incluindo as bases para cinco dos capítulos deste livro. Foi uma benção trabalhar com ele por quase 20 anos. Seus conselhos claros e pragmáticos eram sempre bem-vindos e ouvidos com cuidado. Isto foi o que eu tirei de melhor de meu convívio com o Dr. Juran: se eu conseguir oferecer soluções pragmáticas aos líderes, a chance de sucesso será maior.

R. Kevin Caldwell, vice-presidente executivo da Juran Global, é um fiel colaborador da Juran Global há mais de 15 anos. Seu histórico profissional como um sensei *Lean* e como especialista em qualidade fica claro no Capítulo 7: "Assegurando processos repetitivos e conformes". O princípio universal do controle da qualidade não teria sido posto em prática na Juran se não fosse pelo conhecimento de Kevin. Ele é um verdadeiro fanático pela qualidade em um mundo *Lean*. Obrigado pelo tempo que você dedicou contribuindo para este capítulo.

Brad Wood, Ph.D., diretor de gestão internacional da Juran Europe, contribuiu com o Capítulo 9: "*Benchmarking* para sustentar a liderança no mercado". Sua vida profissional foi dedicada à coleta de *benchmarks* entre os melhores para compartilhar com os demais. A inclusão de uma perspectiva europeia à nossa cultura e a este livro nos permite atender às necessidades de nossos apoiadores globais.

Joseph A. DeFeo, diretor de operações da Juran Global, e **Janice Doucet Thompson**, ex-diretora de eficácia operacional da Sutter Health, contribuíram com o Capítulo 3: "O papel da liderança no desenvolvimento de uma cultura sustentável de qualidade". Uma organização só pode passar por uma mudança se conhecer sua base de referência e se souber o que quer se tornar depois da mudança. Esse capítulo e as experiências desses autores-chave proporcionam uma perspectiva renovada para um velho tema: a cultura da qualidade.

Por fim, este livro não teria acontecido sem as equipes Juran e McGraw-Hill.

Um agradecimento especial à Tina Pietraszkiewicz, minha assistente e editora adjunta, que fez este livro sair dentro do prazo. Sua persistência em fazer com que eu completasse minhas edições foi o que fez o projeto se materializar.

À equipe e aos parceiros da Juran, um agradecimento de coração por suas contribuições em dar seguimento à missão do Dr. Juran: Jeremy Hopfer, Michelle Matschke, Audra D'Agostino, Peter Robustelli, Kaitlin Tyer, Mary Beth Edmond, Tracey King, Jonathan Flanders, Er Ralston, Dennis Monroe, John Early, Ian Fairbairn, Aideen McCrave, Brian Stockhoff, Adriaan du Plessis, Ruedi Bachmann, Mike Moscynski, Ryan Walker, Chuck Aubrey, Tom Casey e Dr. David Fearon.

APRESENTAÇÃO À EDIÇÃO BRASILEIRA

As diversas dimensões do conceito de qualidade constituem-se em tema amplamente discutido na literatura. No entanto, duas dimensões são particularmente relevantes: a qualidade do produto e a gestão da qualidade.

Da ótica do produto, um primeiro conceito associado à qualidade enfatiza a noção de que "o cliente é o rei", priorizando a noção do cliente/consumidor. Uma segunda vertente, proveniente dos engenheiros, associa a qualidade do produto com a "conformidade às especificações", enfatizando a noção de qualidade do ponto de vista do produtor. Esses conceitos são absolutos na medida em que observam o tema ou a partir da ótica estrita do produtor/oferta ("conformidade às especificações") ou do consumidor-cliente/demanda ("o cliente é o rei"). Ambos podem ser observados a partir de uma síntese de mais alto nível por um terceiro conceito, desenvolvido de forma seminal por Joseph Moses Juran, que postula que a qualidade se relaciona com a "adequação ao uso".

O conceito desenvolvido por Juran é relevante na medida em que enfatiza a problemática da qualidade como uma relação entre consumidores/clientes ("o cliente é o rei") e produtores ("conformidade com as especificações"). Ou seja, não existe qualidade em seu sentido absoluto, mas uma relação típica do tipo oferta e demanda em determinado contexto territorial. Por exemplo, determinado produto adequado ao uso em determinado mercado não o será em outro mercado.

Um quarto conceito, que engloba todos os anteriores, proveniente das normas alemãs, postula que a qualidade consiste em atender os pré-requisitos pressupostos e predeterminados. Por exemplo, uma caneta deve escrever ("adequada ao uso"), porém também deve ser desejada. Essa noção de qualidade adiciona às anteriores a questão da subjetividade inerente aos consumidores/clientes dentro do contexto de uma sociedade capitalista. Ou seja, suplanta-se uma racionalidade puramente técnico-econômica, ampliando o entendimento do que sejam os clientes.

Um quinto conceito, desenvolvido por Taguchi, associa a qualidade à minimização das perdas impostas à sociedade. Esse conceito é bastante amplo na medida em que associa as definições anteriores à problemática da inserção das empresas e das cadeias produtivas dentro de um amplo contexto social, em que as perdas são passíveis de serem quantificadas.

É preciso observar que essas definições, vistas de uma perspectiva histórica, deixam claro a importância da dimensão qualidade do produto. O tema da qualidade do produto é tratado nesta obra em diferentes capítulos de forma aprofundada. Adicionalmente, a qualidade pode ser observada a partir do ponto de vista da gestão da qualidade, tema diretamente associado ao *management*.

O tema do *management* surgiu nos Estados Unidos a partir da obra de Taylor. Porém, logo após seu surgimento, houve uma contribuição relevante oriunda da estatística, tratando o tema da gestão a partir da percepção da variabilidade. Contribuições seminais na utilização do controle estatístico da qualidade na ótica da gestão foram realizadas por Shewart, Deming, Feingenbaum e Juran. Nesse contexto histórico, a publicação em 1951 do *Quality Control Handbook*, de Joseph Moses Juran, despertou o interesse dos japoneses pelo tema qualidade. Os japoneses, então, convidaram o autor, juntamente com W. Edwards Deming, para ensiná-los a respeito dos princípios de gestão da qualidade com vistas à recuperação do país no período pós-guerra.

Com seu poder de síntese, os japoneses construíram processualmente, no âmbito da *JUSE*, uma tecnologia de gestão intitulada TQC (*Total Quality Control*)/CWQC (*Company Wide Quality Control*), utilizando, de forma simultânea, o conjunto das ideias tradicionalmente oriundo da escola de *management* (p.ex.: o tema da padronização) e as noções derivadas das escolas associadas à qualidade, (p.ex.: o PDCA), gerando uma sinergia prática entre todos os elementos envolvidos. O tema da gestão da qualidade e suas diferentes implicações são tratados em vários capítulos deste livro.

Ainda, a partir da crise internacional do petróleo ocorrida na década de 1970 em função do aumento dos preços realizado pela Organização dos Países Exportadores de Petróleo – OPEP, que praticamente quadruplicaram, as relações comerciais no mundo se modificaram significativamente. A capacidade de produção, então, que anteriormente era inferior à demanda potencial, passou a ser maior, alterando tanto as "normas de consumo" como as "normas de concorrência", bem como o cenário mundial em termos dos atributos/dimensões competitivas. Enquanto no período anterior a 1973/1979 a dimensão competitiva central era preço, a partir da crise do petróleo, as dimensões competitivas – qualidade, tempo de atravessamento, flexibilidade, atendimento no prazo e inovação – passaram a ter uma importância fundamental para as organizações de todos os segmentos industriais. A qualidade passou a ser tratada como uma dimensão central da estratégia das empresas.

Foi nessa época, mais especificamente no ano de 1979, que Joseph Moses Juran fundou o Juran Institute para facilitar a disseminação de suas principais ideias e conceitos. Em seguida, o outro autor desta obra, Joseph A. DeFeo, conduziu a transformação do Juran Institute em Juran Global para dar suporte a uma nova era de crescimento das empresas, tomando por base os princípios universais inaugurados pelo Dr. Juran 60 anos antes. Hoje, DeFeo é presidente e CEO da Juran Global.

Este livro está estruturado em nove capítulos, abordando os seguintes temas:

No *Capítulo 1 – Acolha a qualidade*, é analisado o impacto da qualidade dos produtos, serviços e processos no desempenho empresarial. Uma organização cuja qualidade dos produtos é superior à da concorrência em termos da qualidade terá vantagem competitiva no cenário atual de mercado globalizado.

No *Capítulo 2 – Três métodos universais de gestão da qualidade*, são discutidos os conceitos fundamentais que definem o tema da gestão voltada para a qualidade.

No *Capítulo 3 – O papel da liderança no desenvolvimento de uma cultura sustentável de qualidade*, é explicitado que uma cultura da qualidade permitirá que uma organização se transforme e deixe de ter uma cultura voltada para a empresa, para ter uma cultura voltada para o mercado.

No *Capítulo 4 – Alinhamento das metas de qualidade com o planejamento estratégico*, é descrito por que e como uma organização deve alinhar as metas de qualidade com sua visão, missão e seu planejamento estratégico.

No *Capítulo 5 – Inovação de produtos*, é discutido como o desenvolvimento de novos produtos (bens e serviços) é vital para todas as organizações. É mostrado, ainda, como o planejamento voltado para a qualidade é um processo sistemático de desenvolvimento de novos produtos e processos que garante o atendimento das necessidades dos clientes.

No *Capítulo 6 – Criando saltos de desempenho*, é mostrado do que a empresa necessita para dar saltos (*breakthrought*) de desempenho, visando conquistar resultados superiores.

No *Capítulo 7 – Assegurando processos repetitivos e conformes*, é descrito o processo de conformidade ou simplesmente o processo de controle. Controle é um processo gerencial universal que tem o intuito de garantir que todos os processos operacionais-chave se tornem estáveis – para evitar mudanças adversas e para "garantir que as metas de desempenho planejadas sejam atingidas".

No *Capítulo 8 – Simplificando macroprocessos com gestão de processos de negócios*, o foco é ajudar uma organização a simplificar e sustentar o seu desempenho por meio da retomada de importantes processos de negócios.

No *Capítulo 9 –* Benchmarking *para sustentar a liderança no mercado*, é mostrado como o *benchmarking* evoluiu para se tornar um elemento essencial do *kit* de ferramentas para melhoria do desempenho do negócio. Hoje, costuma ser utilizado por muitas organizações de diversos ramos industriais.

Fundamentos da qualidade para líderes é um livro extremamente útil para interessados no tema qualidade e que têm como objetivo melhorar o desempenho econômico-financeiro das empresas, independentemente do segmento industrial ou da área de projetos e de prestação de serviços em que atuam. Desejamos a todos uma ótima e profícua leitura.

José Antonio Valle Antunes Júnior (Junico Antunes)
Doutor em Administração de Empresas pelo PPGA/UFRGS
Professor do Mestrado e Doutorado em Administração da UNISINOS
Sócio-Diretor da PRODUTTARE Consultores Associados

Altair Flamarion Klippel
Doutor em Engenharia pelo PPGEM/UFRGS
Sócio-Consultor da PRODUTTARE Consultores Associados

PREFÁCIO

Mais um livro sobre qualidade – mas que ideia inovadora! Centenas de livros sobre qualidade já foram lançados desde que eu comecei minha carreira, em 1983, como facilitador de equipes de melhoria na PerkinElmer Corporation. É bem provável que milhares deles já tenham sido escritos desde que o Dr. Juran começou sua própria carreira nos anos 1930. Então para que mais um livro sobre qualidade? É simples: porque funciona. Sem um foco na qualidade percebida pelos clientes, não haveria o Seis Sigma da década passada ou mesmo os métodos *Lean* dos dias de hoje. Esses métodos e outros que ainda se seguirão só existem porque o propósito de uma organização é ganhar dinheiro e cumprir com os orçamentos ao satisfazer as necessidades de seus clientes. A demanda dos clientes é por produtos e serviços da melhor qualidade a um custo mais baixo. O cliente sempre precisa de mais por menos. A qualidade compensa e a qualidade funciona! Os líderes precisam entender e acolher a qualidade.

Há quase 30 anos que corro o mundo e vejo líderes declararem que "acolheram a qualidade" como uma estratégia de negócios e conseguiram transformar suas companhias nas melhores do país. Também vi aqueles que "acolheram a qualidade", mas que não alcançaram o sucesso e não demoraram a fechar as portas. Por que duas histórias tão diferentes?

As lições aprendidas a partir de minhas experiências foram similares àquelas do Dr. Juran. Ele escreveu sobre as lições aprendidas durante a maior parte de seus 70 anos de carreira. A maior das lições é que nenhuma organização terá sucesso ignorando o cliente e suas necessidades. Uma organização transforma necessidades em produtos; se estes forem bons, resultam em balanços financeiros positivos; se não o forem, o oposto acontece. Prejuízos financeiros abundam.

Vale a pena aprender a usar a qualidade como uma ferramenta estratégica. Comparada a outros métodos a curto prazo, ela está associada a um ROI (sigla em inglês para retorno sobre investimento) bem alto. Um livro de Juran sobre qualidade não se resume ao desenvolvimento de experiências ou a estatísticas avançadas. Um texto de Juran trata de princípios universais que, quando adotados, levam à descoberta das ferramentas certas e a resultados para a organização. Acolher a qualidade não é difícil, mas exige um jeito diferente de pensar. Posto em prática, ele acabará estimulando o desempenho empresarial, a excelência operacional, a adoção de uma abordagem *Lean*, o zero defeito e os resultados financeiros.

Os nove capítulos deste livro representam os fundamentos atuais da gestão de desempenho empresarial voltada para a qualidade. A gestão da qualidade de produtos, processos e pessoas levará a lucros – sempre. Tais capítulos se baseiam no sucesso editorial *Juran Quality Handbook*, que se encontra em catálogo há sete décadas! Com o passar do tempo, os capítulos evoluíram, mas a essência do Dr. Juran ainda está presente. Por quê? Pela mesma razão que 2 + 2 é sempre = 4. Trata-se de um princípio universal, e esse tipo de princípio nos acompanha por um longo tempo. Este livro trata dos princípios universais da gestão da qualidade. Eles são essenciais para o sucesso e precisam ser essenciais para os líderes. Foi por isso que escrevi mais um livro sobre a qualidade: para fazer com que uma nova geração de líderes aprendesse com o melhor. Aproveite.

SUMÁRIO

CAPÍTULO 1

Acolha a qualidade

Organizações que buscam incansavelmente entregar bens e serviços de alta qualidade deixam para trás as organizações que não o fazem.

Este capítulo esclarece o impacto da *qualidade* dos produtos, serviços e processos no desempenho empresarial. Uma empresa cuja qualidade dos produtos é superior à dos produtos da concorrência se sairá melhor no mercado. Qualquer organização pode alcançar resultados empresariais mensuráveis ao aplicar métodos universais de gestão visando à qualidade. Esses métodos incluem *design* da qualidade, controle da qualidade e métodos para melhorar continuamente a qualidade dos bens, serviços e processos. Os líderes não devem imaginar que a gestão da qualidade é uma "moda passageira" ou que "já fazemos isso". A gestão da qualidade é tão importante quanto a gestão das finanças.

Qualidade superior sempre leva a resultados empresariais sustentáveis

Bens e serviços de *qualidade* superior geram resultados financeiros sustentáveis, pois serem superiores aos dos concorrentes os torna vendáveis. Bens e serviços que são vendáveis por causa da qualidade impulsionam continuamente as receitas e mantêm os custos mais baixos, levando a uma maior lucratividade. A busca pela qualidade superior transforma a empresa e cria uma cultura favorável de qualidade.

A mudança transformacional não acontece por acaso. Uma qualidade superior do ponto de vista do cliente precisa ser trabalhada. A empresa precisa fazer a qualidade acontecer, e isso ocorre quando a organização estabelece a direção estratégica mediante uma busca incessante por ser a melhor em qualidade.

Organizações que alcançam resultados superiores projetando, controlando e continuamente melhorando a qualidade de seus bens e serviços são muitas vezes denominadas *empresas de classe mundial* ou *de vanguarda*, pois alcançaram um estado de excelência em desempenho. Essas organizações são mais respeitadas pelos clientes, porque seus produtos e serviços superam suas expectativas, o que gera resultados empresariais sustentáveis.

Essa busca pela excelência a partir de métodos de gestão da qualidade eleva a satisfação dos clientes, das partes interessadas (*stakeholders*) e dos funcionários, o que, por sua vez, permite que a organização sustente o desempenho por um prazo mais longo.

A gestão da qualidade não é opcional

Uma polêmica comum entre os gestores advém da pergunta: "Uma alta qualidade custa mais ou custa menos?". Aparentemente, eles discordam entre si. Metade concorda que ela é mais cara, enquanto a outra metade pensa que ela é mais barata. Ambas estão certas. A culpada é a palavra *qualidade*, pois ela é soletrada do mesmo jeito e pronunciada do mesmo jeito, mas tem múltiplos significados. Para que sua gestão seja norteada pela qualidade e por resultados superiores, os líderes precisam definir a palavra qualidade pelo ponto de vista dos clientes – aquelas pessoas que compram os bens, serviços e até mesmo a reputação de sua organização.

Em certa empresa de serviços financeiros, os líderes não aceitavam propostas para reduzir processos comerciais dispendiosos porque seu pessoal lhes havia atribuído o rótulo *melhoria da qualidade*. Para alguns dos líderes, a melhoria da qualidade custaria dinheiro. Em sua opinião, qualidade superior significaria custo superior. Já outros achavam que custaria menos. Os subordinados foram forçados a rebatizar a proposta como *melhoria da produtividade*, a fim de assegurar sua aprovação e evitar mal-entendidos. Esses mal-entendidos podem ser minimizados se cada organização deixar clara a distinção entre os múltiplos significados da palavra *qualidade*. No entanto, enquanto empregarmos uma única palavra para expressar ideias tão diferentes entre si, é inevitável que ocorram mal-entendidos.

É preciso que os líderes tenham um entendimento comum a respeito da qualidade para que consigam administrá-la. Em primeiro lugar, é necessário um acordo sobre o significado da palavra *qualidade* quando aplicada ao contexto do seu negócio e de seus clientes. Uma vez definida, pode ser administrada. Se puder ser administrada, então pode ser utilizada para satisfazer clientes e partes interessadas. Sem uma compreensão comum da palavra qualidade, a organização continuará realizando muitas iniciativas em curto prazo para melhorar a qualidade e isso levará a uma "sobrecarga de iniciativas".

Já se tentou esclarecer essa questão com a adição de palavras complementares, e também já se tentou cunhar uma expressão curta a fim de definir clara e simultaneamente os dois principais significados da palavra qualidade. Uma definição popular foi apresentada pela primeira vez no *Juran's Quality Handbook*, no qual foi definida como "apto a ser usado". Já o Dr. Deming preferia "conformidade com as exigências". Robert Galvin, presidente emérito do conselho da Motorola, usava *Seis Sigma* para distinguir o alto nível de qualidade relacionado aos defeitos. Outros afirmaram que a qualidade significa excelência de classe mundial ou ser o melhor no ramo e possuir excelência de desempenho.

Aqui, definimos qualidade como *adequação ao objetivo*, sendo este definido pelas necessidades do cliente. Tais necessidades norteiam a compra dos bens e serviços oferecidos. Se uma organização compreende as necessidades de seus inúmeros clientes, ela deve ser capaz de projetar bens e serviços adequados ao objetivo; ou seja, o que quer que a organização produza – um bem ou um serviço – precisa ser adequado ao seu objetivo. Para isso, precisa ter as características certas (características que satisfaçam as necessidades do cliente) e precisa estar isento de falhas.

É improvável que apenas uma palavra consiga traduzir a profundidade do significado necessária para líderes e gestores que estejam decidindo sobre o rumo a ser tomado para melhorar a qualidade. O melhor a ser feito é compreender as distinções estabelecidas na Tabela 1.1 e definir a qualidade com base nessas distinções.

A Tabela 1.1 apresenta dois dos muitos significados da palavra *qualidade*. Ambos são de suma importância para a gestão da qualidade.

TABELA 1.1 O significado de qualidade (de Juran e DeFeo, 2010)

Características que atendem às necessidades dos clientes	Isenção de falhas
Uma qualidade superior permite que as organizações: ▪ Aumentem a satisfação dos clientes ▪ Produzam produtos vendáveis ▪ Encarem a concorrência ▪ Aumentem sua fatia de mercado ▪ Gerem receitas de vendas ▪ Garantam ágio em seus preços ▪ Reduzam riscos	Uma qualidade superior permite que as organizações: ▪ Reduzam as taxas de erros ▪ Reduzam o retrabalho e o desperdício ▪ Reduzam falhas de campo e encargos com garantias ▪ Reduzam a insatisfação dos clientes ▪ Reduzam inspeções e testes ▪ Abreviem o tempo para colocar novos produtos no mercado ▪ Aumentem o rendimento e a capacidade ▪ Melhorem o desempenho nas entregas
O efeito principal recai na receita	**O efeito principal recai nos custos**
Maior qualidade custa mais	Maior qualidade custa menos

A qualidade impacta a receita e os custos

A qualidade, em primeiro lugar, exerce um forte impacto nos *custos*. Nesse caso, *qualidade* significa isenção de problemas que remetem a erros em escritório, defeitos de fábrica, falhas de campo e assim por diante. *Maior qualidade* significa menos erros, menos defeitos e menos falhas de campo. Quando os clientes percebem um serviço ou bem como de baixa qualidade, eles geralmente se referem a falhas, defeitos, tempos de resposta deficientes, etc.

Para aumentar esse tipo de qualidade, uma organização precisa dominar amplamente a melhoria da qualidade, o que é muitas vezes chamado de avanço ou salto (*breakthrough*) ou *Seis Sigma*. Trata-se de um método sistemático de reduzir o número de deficiências ou de "custos de qualidade" e criar um nível mais alto de qualidade e baixos custos relacionados a isso.

Em segundo lugar, a qualidade impacta a receita. Nesse caso, *maior qualidade* significa a entrega daquelas características (do bem ou do serviço) que melhor respondem às necessidades do cliente, tornando, assim, o produto ou serviço vendável. Como os clientes valorizam a maior qualidade, estão dispostos a comprá-la, e é possível aumentar as receitas a partir disso. Sabe-se que os líderes de qualidade também conseguem embutir ágio em seus preços e elevar as receitas.

Os efeitos nos custos e na receita interagem entre si. Bens ou serviços com deficiências não apenas contribuem para os custos repassados ao fornecedor e ao cliente, como também desestimulam a repetição das vendas. Clientes que são afetados por falhas de campo ficam, é claro, menos dispostos a comprar novamente do fornecedor culpado. Além disso, eles não guardam para si essa informação; eles a compartilham, e isso afeta as decisões de outros compradores em potencial, com efeitos negativos nas receitas de vendas do fornecedor.

O efeito da má qualidade nas finanças organizacionais já foi amplamente estudado, mas faltam estudos sobre o efeito da qualidade na receita. Esse desequilíbrio é ainda mais surpreendente considerando que a maioria dos gerentes de alto escalão prioriza o aumento das receitas, não a redução dos custos. Esse mesmo desequilíbrio representa uma oportunidade de aprimorar a economia das organizações ao entender melhor o efeito da qualidade na receita.

Qualidade, demonstrações financeiras e mercado de ações

Nos níveis superiores da gestão e entre os membros do conselho, há um grande interesse em parâmetros financeiros como lucro líquido e preço das ações. Níveis diferentes de qualidade podem ter um forte impacto nesses parâmetros, mas o mesmo vale para outras variáveis, como escolhas de mercado, precificação e políticas financeiras. Atualmente, porém, é possível separar os benefícios de mercado advindos da gestão voltada para a qualidade.

Durante os anos 1990, parte da imprensa especializada publicou matérias questionando os méritos do Malcolm Baldrige National Quality Award, do Seis Sigma e de iniciativas similares de melhoria do desempenho. Essas matérias foram contestadas por análises do histórico do preço das ações de organizações que sabidamente praticavam esses métodos. O desempenho dos vencedores do prêmio Baldrige foi comparado ao desempenho daquelas do índice S&P 500 como um todo, e os resultados foram surpreendentes. O preço das ações dos vencedores do Baldrige haviam avançado 89%, comparados a apenas 33% para o índice geral de 500 ações da Standard & Poor's. ("Betting to Win on the Baldie Winners", 1993, p. 81.) Esse grupo de vencedores ficou conhecido como o "Fundo Baldie".

O impacto dos fatores universais da qualidade também fica claro para organizações que não são avaliadas pelo desempenho de seus valores em ativos. Michael Levinson, ganhador do prêmio de gestão municipal da cidade de Coral Springs em 2007, vê a questão da seguinte forma: "As pessoas perguntam 'por que o Baldrige?'. Minha resposta é muito simples: nota triplo A em Wall Street das três agências de classificação de risco, projetos importantes dentro do prazo e do orçamento, um índice de satisfação das empresas de 96%, um índice de satisfação dos moradores de 94%, um índice de qualidade geral de 95% e um índice de satisfação de funcionários de 97%... é por isso que estamos envolvidos com o Baldrige".

Desenvolvendo liderança em qualidade no mercado

A liderança em qualidade no mercado muitas vezes é resultado do ingresso em um novo mercado e da conquista de vantagem competitiva. No entanto, depois que a vantagem competitiva é obtida, ela precisa ser mantida por meio de uma melhoria contínua dos produtos e serviços, sob risco de perda caso outra organização decida redefinir o mercado em questão aprimorando sua própria qualidade. Dessa forma, esse fornecedor conquistará vantagem competitiva sobre o líder de mercado e se tornará o *líder de qualidade*. Organizações que alcançam essa liderança geralmente chegam lá baseados em uma escolha estratégica, estabelecendo a liderança como uma meta formal de negócios e, então, definindo os meios para alcançá-la. Uma vez conquistada, a liderança de qualidade dura até que haja claros indícios cumulativos de que algum concorrente a tomou para si. Na ausência de tais indícios, a liderança pode persistir por décadas ou mesmo séculos. Contudo, qualidade superior também pode ser perdida em razão de alguma mudança catastrófica.

O crescimento da qualidade da concorrência estimulou a expansão do planejamento estratégico de negócios para incluir a qualidade e a liderança em qualidade.

Qualidade e fatia de mercado

O crescimento na fatia de mercado se encontra muitas vezes entre as principais metas da alta gerência. Uma maior fatia de mercado significa um maior volume de vendas, o que, por sua vez, acelera desproporcionalmente o retorno sobre o investimento, de acordo com o gráfico de ponto de equilíbrio.

Na Figura 1.1, à direita da linha de equilíbrio, podemos ver que um crescimento de 20% nas vendas gera um aumento de 50% no lucro, pois os custos fixos não aumentam (na verdade, esses custos variam conforme o volume, mas não de forma proporcional). Os riscos envolvidos no aumento da fatia de mercado são modestos, já que a tecnologia, o produto ou serviço, as instalações, o mercado e assim por diante já existem e têm sua eficiência comprovada.

Efeito da vantagem competitiva em qualidade

A vantagem competitiva em qualidade muitas vezes se traduz em uma maior fatia de mercado, porém sempre exige um esforço especial. A qualidade superior precisa estar claramente baseada na voz do cliente e nos benefícios que ele busca. Se a vantagem competitiva em qualidade for definida estritamente em termos dos padrões internos da empresa, o cliente pode nem perceber esse valor. É bem possível, por exemplo, que pacientes estejam dispostos a arcar com o custo extra de viajar longas distâncias em busca de atendimento médico superior, como o da Clínica Mayo, nos Estados Unidos, em vez de visitar um hospital local, já que percebem os resultados clínicos superiores disponíveis na Clínica Mayo.

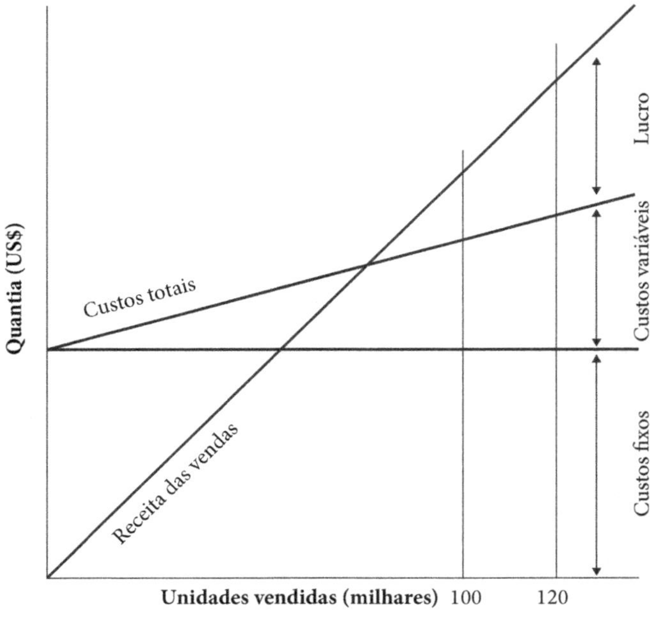

FIGURA 1.1 Gráfico de ponto de equilíbrio. (De Juran, 1999, p. 7.13)

Nenhuma vantagem competitiva em qualidade

Caso não seja percebida qualquer vantagem competitiva em qualidade, então a fatia de mercado será determinada pelas habilidades de *marketing*, que assumem a forma de proposições persuasivas de valor, embalagens atraentes e assim por diante. Reduções de preço de várias formas podem proporcionar aumentos de fatia de mercado, mas isso geralmente é temporário, pois a concorrência não demora a tomar medidas similares. Porém, essas reduções de preço podem ter um efeito permanente caso o custo subjacente de produção também tenha sido reduzido como resultado de aprimoramentos processuais, conferindo à empresa uma vantagem competitiva em termos de custo sobre suas concorrentes.

Herança de características propensas a falhas

A liderança de mercado pode ser perdida com a perpetuação de características propensas a falhas de modelos predecessores. As características culpadas são bem conhecidas, já que as falhas de campo resultantes mantêm os funcionários de campo ocupados restaurando o serviço. Ainda assim, é muito comum a herança dessas características em novos modelos. Na melhor das hipóteses, tal herança perpetua um fardo sobre as vendas e sobre os custos; na pior, representa um câncer que pode destruir linhas de produtos ou serviços aparentemente saudáveis.

Um exemplo notório ocorreu com a primeira copiadora xerográfica: a lista das 10 piores falhas de campo permaneceu essencialmente idêntica em um modelo após o outro. Um fenômeno similar existiu durante anos na indústria automotiva.

Os motivos por trás dessa herança têm muito em comum com os desperdícios internos crônicos que abundam em tantas organizações por aí:

1. Os sinais de alarme estão desconectados. Quando o desperdício ocorre ano após ano, os contadores acabam incorporando-o aos orçamentos. Isso desconecta os sinais de alarme – nenhum deles dispara contanto que o desperdício não ultrapasse o já orçado.
2. Não há um responsável direto por se livrar dos desperdícios. E existem ainda outros motivos. Os tecnólogos teriam a capacidade de eliminar boa parte da herança, mas geralmente se encontram sob intensa pressão por parte do pessoal de *marketing* para desenvolverem novos produtos ou serviços e características de processo a fim de aumentar as vendas. Ademais, esses profissionais também não gostam de gastar seu precioso tempo limpando velhos problemas. Em sua cultura, o maior prestígio advém do desenvolvimento de novidades.

Como resultado disso tudo, é bem possível que cada departamento esteja cumprindo as responsabilidades que lhes foram atribuídas, mas que, ainda assim, a linha de produtos ou serviços esteja morrendo. Aparentemente, nada menos do que uma intervenção da alta gerência – estabelecendo metas para erradicação da herança – é capaz de acabar com o impasse.

Mudanças nos hábitos dos clientes

Os clientes são volúveis. Exemplos óbvios são a moda de vestuário e as preocupações com a saúde. Hoje, o consumismo norteia os estilos de vida. Muitas pessoas reduziram o seu consumo de carne vermelha e aumentaram o de frango e peixe. Mas tais alterações não se limitam aos consumidores. Organizações industriais muitas vezes lançam "modismos" que ganham grande notoriedade por um breve período e depois desaparecem do mapa. O próprio boca a boca associado a isso tem um caráter passageiro similar.

O século XX e a qualidade

O século XX testemunhou o advento de novas e sólidas forças que exigiram reação das empresas. Essas forcas incluem um crescimento explosivo em ciência e tecnologia; ameaças à segurança, à saúde e ao meio ambiente; crescimento do consumismo; e intensificação da concorrência internacional em termos de qualidade.

Crescimento explosivo em tecnologia

O crescimento da tecnologia possibilitou a expansão de inúmeros benefícios à sociedade humana: maior expectativa de vida, melhorias em transporte e comunicação, diminuição dos afazeres domésticos, novas formas de educação e entretenimento, e assim por diante. Novas e gigantescas indústrias emergiram para traduzir as novas tecnologias nesses benefícios, e nações que aceitaram a industrialização descobriram ser possível melhorar suas economias e o bem-estar de seus cidadãos.

As novas tecnologias exigiram o desenvolvimento de projetos complexos e de execução precisa. Os métodos empíricos dos séculos anteriores não conseguiam desenvolver projetos apropriados de produtos e processos, então os rendimentos eram baixos e as falhas de campo eram altas. As organizações tentavam lidar com baixos rendimentos agregando inspeções para separar o bom do ruim. Elas tentavam lidar com as falhas de campo por meio de garantias e serviço de atendimento ao cliente, mas essas soluções eram caras e não conseguiram diminuir a insatisfação dos clientes. A necessidade, na verdade, era de impedir a ocorrência de defeitos e falhas em primeiro lugar.

Ameaças à segurança, à saúde e ao meio ambiente

Com os benefícios da tecnologia vieram hóspedes indesejados. Para aceitar os benefícios, foram necessárias mudanças de estilo de vida, as quais deixaram a qualidade de vida dependente da continuidade do serviço. No entanto, muitos produtos eram propensos a falhas, resultando em muitas interrupções de serviço. Muitas delas eram ínfimas, mas algumas eram graves e até mesmo assustadoras – ameaças à segurança e à saúde humanas, bem como ao meio ambiente.

Assim, a necessidade fundamental passou a ser a qualidade. A continuidade dos benefícios advindos da tecnologia dependia da qualidade dos bens e serviços proporcionados. A frequência e a gravidade das interrupções também dependiam da qualidade – do desempenho contínuo e do bom comportamento dos produtos tecnológicos. Essa dependência ficou conhecida como "vida por trás das represas da qualidade".

Movimento do consumismo

Os consumidores receberam de braços abertos os recursos oferecidos pelos novos produtos, mas não os problemas de qualidade associados a eles. Os novos produtos eram pouco familiares – a maioria dos consumidores carecia de conhecimento técnico em tecnologia. Seus sentidos eram insuficientes para avaliar quais dos produtos concorrentes eles deveriam comprar, considerando que as afirmações das organizações concorrentes eram muitas vezes contraditórias.

Quando os produtos fracassavam em serviço, os consumidores se viam frustrados com garantias vagas e um serviço deficiente. "O sistema" parecia incapaz de oferecer recursos quando as coisas davam errado. Consumidores individuais não tinham como enfrentar o sistema, mas coletivamente poderiam ser poderosos, tanto em termos econômicos quanto políticos. Durante o século XX, um movimento do "consumismo" emergiu para materializar esse potencial e ajudar os consumidores a lidarem de forma mais eficaz com esses problemas. Esse mesmo movimento também conseguiu estimular novas legislações governamentais para a proteção do consumidor. (Para saber mais, ver Juran, *Managerial Breakthrough*, 1995, Capítulo 17.)

Intensificação da qualidade da concorrência internacional

Cidades e países competem entre si há séculos, e a forma mais antiga desse tipo de concorrência começou, provavelmente, no âmbito dos armamentos militares. Essa concorrência se intensificou durante o século XX sob as pressões das duas grandes guerras mundiais, o que levou ao desenvolvimento de novas e terríveis armas de destruição em massa.

Outro estímulo à concorrência veio do advento das organizações multinacionais. Grandes organizações descobriram que barreiras comerciais estrangeiras eram obstáculos à exportação de seus produtos e, para driblar tais barreiras, muitas estabeleceram subsidiárias internacionais como bases para competir em mercados externos, incluindo competição por qualidade.

No século XX, a demonstração mais espetacular do poder da concorrência pela qualidade veio dos japoneses. Após a Segunda Guerra Mundial, as organizações japonesas descobriram que o Ocidente não estava disposto a comprar seus produtos – o Japão ganhara a reputação de fabricar e exportar produtos fajutos. Mas essa incapacidade de vender serviu como alerta e foi um estímulo para lançar a revolução japonesa da qualidade nos anos 1950. Em poucas décadas, essa revolução lançou o Japão para a posição de liderança mundial em qualidade, o que permitiu que o país se tornasse uma superpotência econômica. Foi um fenômeno sem precedentes na história industrial.

O século XXI e a qualidade

O efeito cumulativo dessas forças sólidas foi "levar a qualidade para o palco principal". Um movimento tão sólido logicamente deveria ter estimulado uma reação correspondente – uma revolução na gestão voltada para a qualidade. No entanto, foi difícil para as organizações reconhecerem a necessidade de tal revolução – elas careciam dos alertas necessários. Medidas tecnológicas de qualidade até existiam nos chãos de fábrica, mas medidas gerenciais de qualidade não existiam nas salas de reunião. Por isso, exceto pelo Japão, a necessária revolução de qualidade só foi começar ao final do século XX. Para que essa revolução se difunda pelo mundo, ainda serão necessárias muitas décadas – o século XXI inteiro. Portanto, enquanto o século XX foi o "século da produtividade", o século XXI deve ficar conhecido como o "século da qualidade".

A incapacidade do Ocidente de reagir prontamente à necessidade de uma revolução na qualidade levou a uma crise generalizada. Os anos 80 testemunharam iniciativas de qualidade em inúmeras organizações. A maior parte delas ficou muito aquém de suas metas, mas algumas tiveram um sucesso retumbante e produziram lições e modelos que devem servir como guias nas décadas por vir.

Atualmente, qualquer país pode alcançar vantagem competitiva em qualidade, pois os métodos, as ferramentas e o *know-how* já existem. Um país emergente pode agora proporcionar mais qualidade do que outro que já esteja produzindo há séculos. Atualmente, e num futuro próximo, todas as organizações de todos os segmentos industriais precisarão continuar lutando pela perfeição. Elas precisam entrar num estado de excelência em desempenho.

As lições aprendidas

Organizações bem-sucedidas em suas iniciativas de qualidade lançaram mão de inúmeras estratégias. Análises mostram que, apesar das diferenças entre as organizações, houve muitas estratégias similares. Dentre elas:

1. *Clientes e qualidade devem receber prioridade máxima.* A satisfação dos clientes é a principal meta operacional consolidada na visão e nos planos estratégicos. Isso deve constar nas políticas corporativas e nas tabelas de desempenho.
2. *Líderes precisam criar um sistema de excelência de desempenho.* Todas as organizações que alcançaram resultados superiores chegaram lá graças a um programa de melhoria sistemática ou a um modelo sistemático para a mudança. Tais modelos permitem que ocorram saltos organizacionais.
3. *Líderes devem dar prioridade estratégica à qualidade.* O plano de negócios foi aberto para incluir metas de qualidade e o uso de folhas de avaliação do tipo *balanced scorecard* ano após ano.
4. *Busque continuamente o* benchmark *das melhoras práticas.* Essa abordagem foi adotada para estabelecer metas baseadas em resultados superiores já alcançados por outros.
5. *Promova a inovação contínua e a melhoria dos processos.* O plano de negócios foi aberto para incluir metas de melhoria. Reconheceu-se que a qualidade é um alvo em movimento; portanto, não há fim para os processos de melhoria.
6. *Ofereça treinamento em gestão voltada para a qualidade, além dos métodos e ferramentas.* O treinamento foi disseminado para além do departamento de qualidade, envolvendo todos os cargos e escalões, inclusive a alta gerência.
7. *Crie um foco em garantia por toda a organização.* Esse foco recai na melhoria e na garantia de que todos os bens, serviços, processos e funções numa organização sejam de alta qualidade.
8. *Projeto a projeto, crie equipes multifuncionais.* Equipes multifuncionais adotadas para dar prioridade aos resultados organizacionais, não a metas funcionais, e posteriormente ampliadas para incluir fornecedores e clientes são fundamentais para criar saltos de desempenho. Elas se concentram nas "poucas e vitais" oportunidades de melhoria.
9. *Delegue poder aos funcionários.* Isso inclui treinar e conferir poder de modo que a mão de obra participe do planejamento e da melhoria das "muitas e úteis" oportunidades. A motivação foi garantida com a ampliação dos reconhecimentos e das premiações para aqueles que respondem às mudanças exigidas pela revolução da qualidade. Parâmetros foram desenvolvidos para permitir que a alta gerência pudesse fazer um acompanhamento do progresso rumo à garantia de satisfação dos clientes, ao enfrentamento da concorrência, à melhoria da qualidade, e assim por diante. A alta gerência tomou as rédeas da gestão voltada para a qualidade ao reconhecer que determinadas responsabilidades não eram delegáveis – elas tinham de ser conduzidas pelos gerentes de mais alto escalão.

10. *Renove seu comprometimento com a qualidade superior.* A cada ano a concorrência e a tecnologia continuam levando a novos níveis de satisfação do cliente, e acabarão resultando na perda do *status* de qualidade. Revise anualmente o progresso e o desempenho de seus produtos e serviços para garantir que as metas de qualidade estejam nos mais altos níveis de desempenho. O primeiro passo para se tornar líder de mercado em qualidade exige a compreensão dos meios de se criar uma cultura de qualidade. Esse é o assunto do Capítulo 2.

Referências

"Betting to Win on the Baldie Winners." (1993). *Business Week,* October 18.

Juran, J. M. (1995). *Managerial Breakthrough.* McGraw-Hill, New York.

Juran, J. M. (1999). *Juran's Quality Handbook,* 5th ed. McGraw-Hill, New York.

Juran, J. M. and DeFeo, J. A. (2010). *Juran's Quality Handbook, The Complete Guide to Performance Excellence,* 6th ed. McGraw-Hill, New York.

CAPÍTULO 2

Três métodos universais de gestão da qualidade

Este capítulo aborda os conceitos fundamentais que definem a gestão voltada para a qualidade. Ele estabelece distinções fundamentais entre programas contemporâneos diferentes, embora similares, para melhorar seu desempenho, e ainda identifica os processos-chave ou *universais* pelos quais a qualidade é administrada e integrada ao tecido estratégico das organizações. A seguir também será demonstrado que, embora a gestão voltada para a qualidade seja um conceito atemporal, ela passou por frequentes revoluções em reação à procissão infindável de mudanças e crises enfrentadas por nossas sociedades.

O conceito dos universais

Enquanto estudava álgebra e geometria, o Dr. Juran se deparou com duas ideias abrangentes, que acabou colocando em prática mais tarde. Uma era o conceito dos *universais*, e a outra era a distinção entre teoria e fato.

Seu curso de álgebra colocou-o pela primeira vez diante do uso de símbolos para criar modelos generalizados. Ele sabia que 3 crianças + 4 crianças = 7 crianças, e que 3 grãos de feijão + 4 grãos de feijão = 7 grãos de feijão. Agora, ao usar um símbolo como x, ele podia generalizar o problema da soma de 3 + 4 e escrevê-lo como um universal:

$$3x + 4x = 7x$$

Esse universal afirma que 3 + 4 é sempre igual a 7, não importando o que o x representa – crianças, grãos de feijão ou qualquer outra coisa. Para ele, o conceito dos universais foi uma luz ofuscante. Logo ele descobriu que os universais abundavam, mas que precisavam ser descobertos. Eles assumiam diversos nomes – regras, fórmulas, leis, modelos, algoritmos, padrões. Uma vez descobertos, eles poderiam ser aplicados na resolução de muitos problemas.

Em 1954, em seu texto *Managerial Breakthrough*, o Dr. Juran delineou os precursores de muitos universais que levavam a resultados superiores nos negócios. O primeiro foi o universal do controle: um processo para impedir mudanças adversas. O segundo foi a sequência universal para melhoria aos saltos, ou avanços em melhoria (*breakthrough improvement*), o que hoje é conhecido como Seis Sigma. Em 1986, o Dr. Juran descobriu seu terceiro universal, o planejamento voltado para a qualidade, tanto no âmbito estratégico quanto no âmbito de *design* de produtos e serviços. Ele também acabou percebendo que esses três processos gerenciais – planejamento, controle e melhoria – estavam inter-relacionados, o que o levou a desenvolver o diagrama da Trilogia Juran, que retrata essa relação. A Trilogia Juran incorpora os processos fundamentais que uma organização pode usar para estabelecer uma gestão voltada para a qualidade, e como um corolário, esses mesmos processos constituem um importante setor da ciência da gestão voltada para a qualidade. Em nossa economia, há uma crescente conscientização de que o domínio desses processos universais é fundamental para alcançar a liderança em qualidade e resultados superiores.

O que significa gestão voltada para a qualidade?

Durante muitas décadas, a expressão usada para definir qualidade era simplesmente *adequação ao uso*. Era geralmente aceito que, se uma organização produzisse bens adequados ao uso – na opinião do cliente –, então esses bens eram considerados de alta qualidade. Durante a maior parte do século XX, essa definição fazia sentido, pois era fácil de entender. Isso significa que, caso os clientes comprassem um bem e ele funcionasse, eles ficavam satisfeitos com a qualidade. Para os fabricantes desse produto, ele era fácil de produzir, contanto que os fabricantes compreendessem bem as exigências do cliente. Historicamente, a gestão voltada para a qualidade era usada para "garantir a conformidade do produto com as exigências", e a maior parte das tarefas recaia na cadeia de suprimento, nas operações e nos departamentos de qualidade. Tais funções eram vistas como responsáveis pela produção, inspeção, detecção e garantia de que o produto atendia às exigências.

Dois foram os motivos que levaram à modificação dessa duradoura definição de gestão voltada para a qualidade. O primeiro deles foi a percepção de que a qualidade de um bem físico – sua adequação ao uso – era mais ampla do que meramente sua conformidade às especificações. A qualidade também era determinada pelo *design*, pela embalagem, pelo cumprimento da encomenda e da entrega, pelo serviço de campo e por todo o serviço relacionado ao bem físico. Os departamentos de operações e de qualidade não podiam, portanto, gerir a qualidade sozinhos, pois não contavam com os recursos para isso.

O segundo motivo foi um deslocamento na economia, quando a produção dominada por bens migrou para uma produção fortemente centrada em serviços e informações. Ao longo do século XX, demos preferência à expressão *adequado ao objetivo* em vez de *adequado ao uso* para definir a qualidade de um produto, que inclui bens, serviços e informações. Quer seja um bem, um serviço ou uma informação, um produto deve ser adequado ao objetivo dos clientes, que não se restringem ao usuário final. Clientes são todos aqueles impactados pelo produto, como o comprador, o usuário, o fornecedor, as agências regulatórias e praticamente qualquer um que seja impactado pelo produto desde sua concepção até o descarte. Com tamanha expansão do conjunto de clientes e de suas necessidades, os métodos e as ferramentas para uma gestão voltada para a qualidade precisam crescer. Se os clientes e suas necessidades não forem atendidos, pode-se gerar um produto que não cumpre com a definição de adequação ao objetivo, tornando-se, portanto, não vendável, e levando a um desempenho financeiro deficiente.

A *gestão voltada para a qualidade* pode ser definida como "um conjunto de métodos universais que qualquer organização, seja uma empresa, uma agência, uma universidade ou um hospital, pode usar para alcançar resultados superiores mediante o desenvolvimento de projetos, a melhoria contínua e a garantia de que todos os produtos, serviços e processos atendem às necessidades dos clientes e das demais partes interessadas".

A gestão voltada para a qualidade é um conjunto de métodos gerenciais que organizações bem-sucedidas empregaram para garantir que seus produtos - bens, serviços e informações - atendessem às exigências dos clientes. A evolução desde a conformidade com as exigências até a adequação ao objetivo continuará à medida que mais setores adotarem os métodos e as ferramentas utilizados na gestão voltada para a qualidade. Organizações e países emergentes estão criando novos meios de adoção de métodos de gestão de acordo com suas necessidades específicas, e, atualmente, toda uma gama de ramos comerciais, incluindo hospitais, companhias de seguro, laboratórios médicos e organizações de serviços financeiros, está gerindo a qualidade a fim de garantir um desempenho superior.

A adoção acelerada de técnicas de gestão voltada para a qualidade teve início ao final dos anos 1970, quando empresas norte-americanas foram gravemente afetadas por muitas concorrentes japonesas. A qualidade dos bens manufaturados japoneses geralmente era vista por seus compradores como superior, o que levou à definição de *qualidade japonesa* ou *qualidade Toyota*. Esses termos passaram a ser sinônimos da qualidade superior necessária para atender às necessidades dos clientes. Assim que uma melhor opção foi oferecida aos consumidores e clientes, isso levou algumas organizações norte-americanas à falência e outras a competirem num novo patamar de desempenho. Cedo ou tarde, muitas organizações norte-americanas, e posteriormente europeias, retomaram os mercados perdidos por meio da qualidade superior.

Uma das primeiras a conseguir isso foi a Motorola. Ela foi afetada por organizações japonesas como a NEC, a Sony e outras. Devido à sua trajetória de sucesso e à melhoria da qualidade, a Motorola se tornou a primeira vencedora do Prêmio Nacional de Qualidade Malcolm Baldrige nos Estados Unidos. A própria Motorola evoluiu a partir do modelo universal de melhoria da qualidade e criou o modelo Seis Sigma para melhoria da qualidade. Desde então, a qualidade entre as empresas norte-americanas melhorou, e a revolução da qualidade acabou virando uma revolução global. De 1986 até hoje, esse modelo de melhoria da qualidade vem se tornando o modelo mais valioso para muitas indústrias ao redor do mundo. Atualmente, organizações como Toyota, Ford, Samsung, GE, Quest Diagnostics, Clínica Mayo e Telefónica, da Espanha, tornaram-se líderes globais em qualidade em suas indústrias.

Cada uma dessas organizações também contribuiu para os métodos da gestão voltada para a qualidade, e cada nova organização a utilizar a Trilogia Juran a adapta às suas necessidades específicas. Muitas usam ferramentas *Lean*, Seis Sigma e *Quality by Design* para gerir a qualidade em seus processos empresariais e em todas as etapas da cadeia de valor.

Atualmente, a maior parte das organizações globais administra a qualidade a partir da alta gerência, e não a partir do departamento de qualidade. A gestão da qualidade é de responsabilidade de toda a hierarquia de liderança e se tornou uma força motriz por trás de muitas estratégias de negócios. É crescente o número de organizações que declara em seus relatórios anuais que "nós seremos a melhor em nosso ramo, teremos a melhor qualidade e ofereceremos o mais alto nível de satisfação ao cliente". Caso alcançadas, essas metas permitirão que conquistem o sucesso financeiro, a mudança cultural e clientes satisfeitos.

Conforme as necessidades dos clientes e da sociedade foram mudando, os meios para atender às suas necessidades também mudaram. Os métodos de gestão voltada para a qualidade usados em 1980 talvez não funcionem atualmente. Mesmo os universais que hoje proporcionam resultados superiores talvez precisem ser modificados algum dia. Uma lição aprendida foi que muitas organizações que já foram líderes de qualidade não conseguiram sustentar seu desempenho com o passar do tempo. Por que isso aconteceu? Será que elas não conseguiram sustentar seus resultados devido à uma fraqueza na liderança? Será que foram fontes externas? Será que foi uma má execução das estratégias? Essas perguntas desafiaram muitos profissionais que precisavam defender seus programas de qualidade, mas tentaremos respondê-las.

Já apresentamos duas das muitas definições da palavra qualidade no que tange bens e serviços. Ambas são de fundamental importância para a gestão voltada para a qualidade:

1. A qualidade no que se refere ao nível de satisfação dos clientes com as características de um bem ou serviço. Nesse sentido da palavra, qualidade superior geralmente custa mais caro.
2. A qualidade no que se refere à erradicação de falhas (deficiências). Nesse sentido, o significado da palavra está voltado aos custos, e "qualidade superior geralmente custa menos".

Ao adotar essas simples definições de qualidade no que se refere a bens e serviços, cria-se uma abordagem sistemática para gerir a qualidade:

- Criando processos para projetar bens e serviços que atendam às necessidades das partes interessadas (externas e internas). Todas as organizações precisam compreender quais são as necessidades dos clientes para então criar ou projetar serviços e bens que as atendam.
- Criando processos de controle de qualidade. Depois de projetados, os bens e serviços são produzidos, e é nesse momento em que é preciso garantir a conformidade com os critérios projetados.
- Criando uma abordagem sistemática voltada para a melhoria contínua ou criando saltos. Os serviços, bens e processos que os produzem sofrem de falhas crônicas que precisam ser descobertas e solucionadas.
- Criando uma função capaz de assegurar a continuação das três coisas listadas acima.

Projetando a qualidade, controlando-a durante as operações e melhorando-a continuamente, qualquer organização pode caminhar para se tornar uma organização de qualidade. Os líderes globais de qualidade, conforme descrito anteriormente, são incansáveis em sua busca por garantir que todos os seus bens e serviços atendam ou superem as exigências dos clientes – mas não a qualquer custo. Alcançar uma qualidade que satisfaça os clientes, mas não as partes interessadas empresariais não é uma boa linha de negócios. Para que uma organização seja verdadeiramente de qualidade, os produtos e serviços precisam ser produzidos a custos arcáveis pelo fabricante e por suas partes interessadas. A relação qualidade-custo-receita, no entanto, precisa ser adequadamente compreendida ao se fazer essas avaliações. A melhoria na qualidade das características precisa gerar receitas suficientes para cobrir os custos extras com características adicionais. Mas uma maior qualidade advinda da redução de falhas geralmente acaba reduzindo os custos e, portanto, melhorando o desempenho financeiro. Para organizações que não geram receita, a qualidade das características não deve custar mais do que o permitido pelo orçamento, mas a elevação da qualidade pela diminuição das falhas quase sempre acaba melhorando a saúde financeira.

Ao usar essas duas definições de qualidade e ao compreender o impacto da boa ou má qualidade no desempenho de uma organização, podem-se criar planos em longo prazo para manter a alta qualidade de bens, serviços, processos e do desempenho financeiro. Para uma gestão em longo prazo, também é preciso que a organização estabeleça sistemas para que se compreendam bem as necessidades volúveis dos clientes, de modo que não se veja incapaz de sustentar seu próprio desempenho, o que pode acontecer até mesmo com as organizações mais bem-sucedidas.

Programas de eficiência organizacional

Eficiência Organizacional, Seis Sigma, *Lean*, Sistema Toyota de Produção e Gestão da Qualidade Total (TQM, na sigla em inglês) são "marcas" de métodos, e certas pessoas podem considerá-los sinônimos dos universais da gestão voltada para a qualidade. Conforme os universais de Juran são acolhidos e usados em muitos novos setores, uma nova marca pode se formar. Na maioria das vezes, essas novas marcas são úteis porque ajudam a avançar as necessidades de melhorar o desempenho. Assim como as antigas associações comerciais levaram aos padrões de qualidade, a sociedade e as necessidades de mudança dos clientes também pedem que os universais sejam adaptados. Um problema comum nos métodos de gestão de qualidade foi encontrado no setor de serviços. Organizações prestadoras de serviços sempre acharam que a palavra qualidade estava relacionada à qualidade de produtos, e muitos serviços não consideram seus produtos como bens, mas como serviços. Assim, elas substituíram as palavras *qualidade de serviços* por *excelência em serviços*. Com o passar do tempo, essa expressão pegou e agora temos uma nova marca. Em alguns momentos, ela avança positivamente a partir da marca anterior. Em outros momentos, as alterações nos métodos levam a resultados menos positivos e à rejeição da marca. Isso aconteceu com a TQM. A Gestão da Qualidade Total era a marca nos anos 1990, mas então foi substituída pelo Seis Sigma. Por quê?

Os métodos de gestão voltada para a qualidade evoluíram à medida que muitas organizações tentavam recuperar sua competitividade. O problema da TQM é que ela não era mensurável e não era centrada nos negócios da forma necessária, então, com o passar do tempo, perdeu brilho. No entanto, muitas organizações melhoraram muito seu desempenho e continuam usando a TQM ainda hoje. Outras migraram para a nova marca. Hoje, Seis Sigma, *Lean* e Excelência em Desempenho estão em voga. Elas também passarão por mudanças ao longo do tempo, e, no fim das contas, pouco importa o nome dado aos processos de gerenciamento voltado para a qualidade, contanto que seja feito o que for preciso para alcançar resultados superiores. Os universais seguem valendo. Qualquer que seja o setor, o país ou o século, atender e superar as necessidades dos clientes impulsionará os resultados.

Gestão da qualidade: os benefícios financeiros e culturais

A satisfação e a fidelidade dos clientes só são alcançadas quando ambas as dimensões da qualidade, melhores características e eliminação de falhas, são geridas com eficiência e eficácia. Ambas afetam o desempenho financeiro, como demonstrado a seguir.

Efeito das características na receita

As receitas podem incluir diversos tipos de transações: (1) dinheiro coletado da venda de um bem ou serviço, (2) impostos coletados pelo governo ou (3) doações recebidas por uma organização de caridade. Qualquer que seja a fonte, o montante da receita se relaciona de diversas formas com a capacidade das características do bem ou serviço produzido de serem valorizadas pelo beneficiário – o cliente. Em muitos mercados, os serviços com características superiores conseguem atrair maior receita pela combinação de uma maior fatia de mercado e de um ágio no preço. Serviços e produtos cujas características não são competitivas geralmente são vendidos a preços mais baixos.

Efeito das falhas na receita

O cliente que encontra uma deficiência pode tomar medidas que criam custos adicionais ao fabricante, como fazer uma reclamação, devolver o produto ou entrar na justiça. O cliente também pode optar por, em vez disso (ou além disso), parar de comprar do fabricante responsável e ainda divulgar sua má experiência e a fonte dela. Se essas medidas forem tomadas por muitos clientes, os danos podem ser graves para a receita do fabricante.

Efeito das falhas no custo

Qualidade deficiente gera custos extras. Custo da má qualidade (COPQ – *cost of poor quality*) é um termo que engloba todos aqueles custos que desapareceriam caso não houvesse falha alguma – nenhum erro, retrabalho, falha de campo e assim por diante. Pesquisas do Instituto Juran a respeito do custo da má qualidade demonstram que, naquelas organizações que não estão gerindo a qualidade agressivamente, o nível de COPQ é alarmantemente alto.

O cálculo dos custos da má qualidade pode ser bastante útil para uma organização. O COPQ demonstra aos líderes empresariais o quanto a má qualidade inflacionou seus custos, reduzindo, consequentemente, seus lucros. Cálculos detalhados de COPQ fornecem um mapa para a eliminação desses custos pela raiz, removendo sistematicamente a má qualidade que os criou.

No início dos anos 1980, era comum líderes empresariais declararem que seu COPQ era de cerca de 20 a 25% das receitas com vendas. Esse número assombroso era corroborado por muitas organizações independentes que calculavam seus próprios custos. Por volta de 2003, o COPQ estava na casa dos 15 a 20% em organizações manufatureiras, com muitas delas alcançando níveis ainda mais baixos como resultado de programas sistemáticos para reduzi-lo. Para organizações prestadoras de serviços, o COPQ do percentual das vendas ainda estava em impressionantes 30 a 35%. Esses números incluíam custos para refazer o que já fora feito, custos extras para controlar processos deficientes e custos para satisfazer corretamente os clientes. Falhas que ocorrem antes das vendas obviamente aumentam os custos para o fabricante, mas as falhas que ocorrem após as vendas aumentam tanto os custos para o cliente quanto para o fabricante. Além disso, falhas no pós-vendas reduzem as vendas futuras do fabricante, já que os clientes ficarão menos dispostos a adquirirem novamente serviços de má qualidade.

Como gerenciar visando à qualidade: uma analogia financeira

Para gerir a qualidade, é recomendável começar estabelecendo uma *visão* para a organização, juntamente com políticas, metas e planos para alcançá-la. Isso significa que as metas e políticas de qualidade precisam ser consideradas no plano estratégico da organização (essas questões são tratadas também no *Juran's Quality Handbook*, 6ª edição, especialmente no Capítulo 7, "Strategic Planning and Deployment: Moving from Good to Great"). A conversão dessas metas em resultados (fazer a qualidade acontecer) é alcançada, então, mediante processos gerenciais estabelecidos – sequências de atividades que produzem os resultados procurados. A gestão voltada para a qualidade faz uso amplo de três desses processos gerenciais:

- Desenvolvimento de *design* ou planejamento voltado para a qualidade
- Conformação, controle ou garantia da qualidade
- Melhoria ou criação de saltos de qualidade

Esses três processos estão inter-relacionados e são conhecidos como *Trilogia Juran*. Eles estabelecem um paralelo com os processos há muito tempo usados na gestão voltada para as finanças, que consistem nos seguintes:

- *Planejamento financeiro*. Esse processo prepara os orçamentos financeiro e operacional anuais. Ele define as realizações a serem cumpridas no ano por vir, traduz estas realizações em dinheiro – receitas, custos e lucros – e determina os benefícios financeiros advindos de todas estas realizações. O resultado final estabelece as metas financeiras para a organização e para suas diversas divisões e unidades.

- *Controle financeiro.* Esse processo consiste na avaliação do desempenho financeiro propriamente dito, sua comparação com as metas financeiras, e nas medidas tomadas com base na diferença – a *variância* para o contador. São inúmeros subprocessos de controle financeiro: controle de custos, controle de despesas, gestão de riscos, controle de estoque e assim por diante.
- *Melhoria financeira.* Esse processo visa melhorar os resultados financeiros. Ele assume muitas formas: projetos de redução de custos, novas instalações e desenvolvimento de novos produtos para aumentar as vendas, fusões e aquisições, *joint ventures* e assim por diante.

Esses processos são universais – eles proporcionam a base para a gestão financeira, qualquer que seja o tipo de organização.

A analogia financeira pode ajudar os líderes a perceberem que podem gerenciar visando à qualidade ao usarem os mesmos processos de planejamento, controle e melhoria. Como o conceito da Trilogia Juran é idêntico àquele usado na gestão voltada para as finanças, os líderes não precisam alterar sua abordagem conceitual.

Boa parte do treinamento e da experiência em gestão voltada às finanças é aplicável na gestão voltada para a qualidade.

Ainda que a abordagem conceitual não seja alterada, os passos processuais têm algumas diferenças. A Tabela 2.1 mostra que cada um desses três processos gerenciais apresenta uma sequência singular de atividades. Cada um deles também é universal – cada um segue respectivamente uma sequência invariável de passos. Cada sequência é aplicável em sua área respectiva, qualquer que seja o setor, a função, a cultura, etc.

TABELA 2.1 Gestão voltada para a qualidade

Planejamento de qualidade	Controle de qualidade	Melhoria da qualidade
Estabelecer metas	Determinar os focos de controle	Comprovar a necessidade com um estudo de caso do negócio
Identificar os clientes	Mensurar o desempenho real	Estabelecer uma infraestrutura de projeto
Determinar as necessidades dos clientes	Comparar o desempenho real com os alvos e metas	Identificar os projetos de melhoria
Desenvolver características que atendam às necessidades dos clientes	Tomar medidas conforme as diferenças	Formar equipes de projeto
Desenvolver processos capazes de produzir os produtos	Continuar a mensurar e manter o desempenho	Oferecer às equipes os recursos, o treinamento e a motivação para: ■ Diagnosticar as causas ■ Estimular ações corretivas
Estabelecer controles processuais		Estabelecer controles para manter os ganhos
Transferir os planos para a operação		

Diagrama da Trilogia Juran

Os três processos da Trilogia Juran estão inter-relacionados. A Figura 2.1 exibe essa relação.

O diagrama da Trilogia Juran é um gráfico com o tempo no eixo horizontal e o custo da má qualidade no eixo vertical. A atividade inicial é o planejamento da qualidade. A função de pesquisa de mercado determina quem são os clientes e quais são suas necessidades. Os projetistas, ou equipe de realização de produtos, desenvolvem então as características de produtos e os projetos de processos necessários para atender essas necessidades. Por fim, os projetistas repassam seus planos às operações: "Executem o processo, produzam as características e entreguem o produto de forma que atenda às necessidades dos clientes".

Crônico e esporádico

Conforme avançam as operações, logo fica evidente que os processos projetados para entregar o bem ou o serviço não são capazes de produzir 100% de qualidade. Por quê? Devido a falhas ocultas ou a falhas periódicas que acabam exigindo retra-

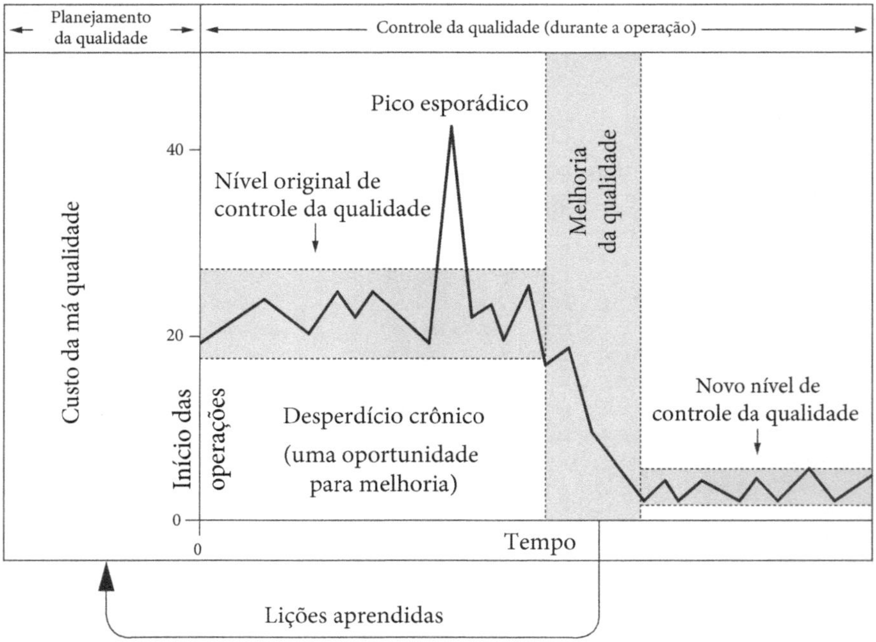

FIGURA 2.1 Trilogia Juran.

balho. A Figura 2.1 mostra um exemplo em que mais de 20% dos processos operacionais precisam ser refeitos por causa de falhas. Esse desperdício é considerado crônico - ele segue existindo até que a organização decida encontrar a causa-raiz. Mas por que temos esse desperdício crônico? Porque foi planejado dessa forma. Os projetistas não tinham como prever todos os obstáculos do processo de desenvolvimento de projeto.

Seguindo os padrões convencionais de responsabilidade, a operação não consegue se livrar desse desperdício crônico planejado. A única coisa possível é conduzir tarefas de controle - impedir que as coisas fiquem ainda piores, como mostrado na Figura 2.1. A figura mostra um pico esporádico repentino que elevou o nível de falhas para mais de 40%. Esse pico foi resultado de algum evento não previsto, como uma queda de energia, uma interrupção de processo ou uma falha humana. Como parte do processo de controle, a operação foca esse cenário e toma medidas a fim de restaurar o *status quo*. Isso geralmente recebe o nome de *ação corretiva, resolução de problemas, apagar de incêndio* e assim por diante. O resultado final é a restauração do nível de erros ao nível crônico planejado de cerca de 20%.

O gráfico também mostra que, à certa altura, o desperdício crônico foi reduzido a um nível bem abaixo do original. Esse ganho adveio do terceiro processo na Trilogia Juran: a melhoria. Na verdade, percebeu-se que o desperdício crônico era uma oportunidade de melhoria, e foram tomadas medidas para realizá-la.

O diagrama da Trilogia e as falhas

O diagrama da Trilogia Juran (Figura 2.1) se relaciona com as falhas em produtos e processos. A escala vertical, portanto, exibe unidades de medida como custo da má qualidade, taxa de erros, percentual de defeitos, taxa de chamada de serviço, desperdício e assim por diante. Nessa mesma escala, a perfeição seria o zero, e tudo que acima é ruim. Os resultados da redução de falhas são a redução do custo da má qualidade, o cumprimento de mais promessas de entrega, a redução do desperdício, a diminuição da insatisfação dos clientes e assim por diante.

Referências

Itoh, Y. (1978). "Upbringing of Component Suppliers Surrounding Toyota." International Conference on Quality Control, Tokyo.

Juran, J. M. (2004). *Architect of Quality.* McGraw-Hill, New York.

Juran, J. M., and DeFeo, J. A. (2010). *Juran's Quality Handbook: The Complete Guide to Performance Excellence,* 6th ed. McGraw-Hill, New York.

CAPÍTULO 3

O papel da liderança no desenvolvimento de uma cultura sustentável de qualidade

O desenvolvimento de uma cultura da *qualidade* permitirá que a organização se transforme e deixe de ter uma cultura voltada para si para ter uma cultura voltada para o mercado. Isso acontece quando uma organização desenvolve uma mudança sistematicamente significativa, sustentável e benéfica.

A abordagem sistemática a que chamamos de *Modelo Transformacional Juran* pode permitir que uma organização se transforme ao saber o que esperar. A transformação geralmente requer seis saltos organizacionais antes que um estado de excelência possa ser alcançado.

Cultura definida

A organização é uma sociedade. Uma *sociedade* é "um grupo social duradouro e cooperativo cujos membros desenvolveram padrões organizados de relacionamentos por meio da interação uns com os outros... um grupo de pessoas engajadas com um propósito em comum".

Uma sociedade tem hábitos e crenças arraigadas com o passar do tempo. Um local de trabalho é uma sociedade e, como tal, é mantido pelas *crenças* e *valores* compartilhados que estão profundamente arraigados nas personalidades dos seus membros. (Um local de trabalho cujos funcionários são divididos em indivíduos ou grupos que personificam crenças e valores divergentes não permanece unido. Diversas explosões sociais acabarão ocorrendo, incluindo resistências, revoltas, motins, greves, pedidos de demissão, transferências, demissões, alienações e falências.)

Os membros de uma sociedade são recompensados por obedecerem às crenças e aos valores da sociedade – suas normas – e são punidos por desobedecê-los. Essas normas abrangem não apenas valores e crenças, mas também incluem sistemas duradouros de relacionamentos, *status*, costumes, rituais e práticas.

Normas societárias são tão fortes e tão profundamente arraigadas que levam a padrões habituais de comportamento social, chamados às vezes de *padrões culturais*. No local de trabalho, é possível identificar padrões culturais que definem o desempenho, como estilos gerenciais participativos *versus* autoritários, roupas formais *versus* casuais, estilos de conversa (Sr./Sra. *versus* primeiros nomes) e um alto nível de confiança que deixa todo mundo à vontade para dizer o que realmente acha *versus* um baixo nível de confiança/alto nível de desconfiança que restringe as comunicações honestas e completas e que incita jogos, falsidade e mal-entendidos entre as pessoas.

O que a cultura tem a ver com a gestão de uma organização?

Para um salto de desempenho, é desejável – e mesmo necessário – que as normas e os padrões culturais da organização apoiem suas próprias metas de desempenho. Sem esse apoio, as metas de desempenho podem muito bem ser diluídas, encontrar resistências, ser perseguidas com indiferença ou simplesmente ignoradas. Por essas razões, as características da cultura de uma organização representam uma questão fundamental que a gerência precisa compreender e estar preparada para influenciar. Como veremos mais adiante, isso é mais difícil de fazer do que de falar; mas *pode* ser feito.

Transformando a cultura

É difícil modificar uma cultura, e as tentativas muitas vezes não dão certo, a menos que exista uma abordagem abrangente para alcançar e sustentar essa mudança. O Modelo e Mapa de Transformação Juran descreve cinco saltos diferentes e específicos que precisam ocorrer numa organização antes que a sustentabilidade seja alcançada. Sem esses saltos, uma organização pode até alcançar resultados superiores, mas eles podem não ser sustentáveis em longo prazo. Se a excelência em desempenho é o estado no qual uma organização alcança resultados superiores mediante a aplicação dos métodos universais de gestão da qualidade, então ela precisa garantir que esses métodos sejam usados com sucesso. A jornada do ponto em que a organização se encontra até o ponto em que ela quer chegar talvez exija uma mudança transformacional. Essa mudança permitirá à organização sustentar seu desempenho, alcançar um *status* de empresa de classe mundial e chegar à liderança do mercado.

Estes são os cinco saltos:

1. Liderança e gestão
2. Organização e estrutura
3. Desempenho atual
4. Cultura
5. Adaptabilidade

O Modelo de Transformação Juran (Figura 3.1) se baseia em mais de 60 anos de experiência e pesquisa do Dr. Juran e do Instituto Juran. Os cinco saltos, quando completados, ajudam a produzir um estado de excelência em desempenho. Cada salto contempla um subsistema organizacional específico que precisa mudar, e cada um é essencial para apoiar a vida organizacional – nenhum é suficiente por si próprio. Na verdade, todos os saltos delegam poder ao subsistema operacional cuja missão é alcançar a proficiência tecnológica na produção de bens, serviços e informações pelos quais os clientes pagarão para usar. Há certa sobreposição e duplicação de atividades e tarefas entre diferentes tipos de saltos. Isso é de se esperar, pois cada subsistema está inter-relacionado com os demais, e cada um é afetado pelas atividades dos outros. Os autores reconhecem que algumas questões de cada salto talvez já tenham sido consideradas pela organização do leitor – o que é ainda melhor. Se for o caso, e se você não for começar do princípio a jornada de sua organização rumo à excelência em desempenho, retome a jornada a partir do ponto em que ela atualmente se encontra. Fechar as lacunas provavelmente será parte do ciclo de planejamento estratégico de negócios de sua organização. Para fazê-lo, desenvolva metas e projetos estratégicos e operacionais de modo a alcançar essas metas e colocá-las em prática em todos os níveis e funções.

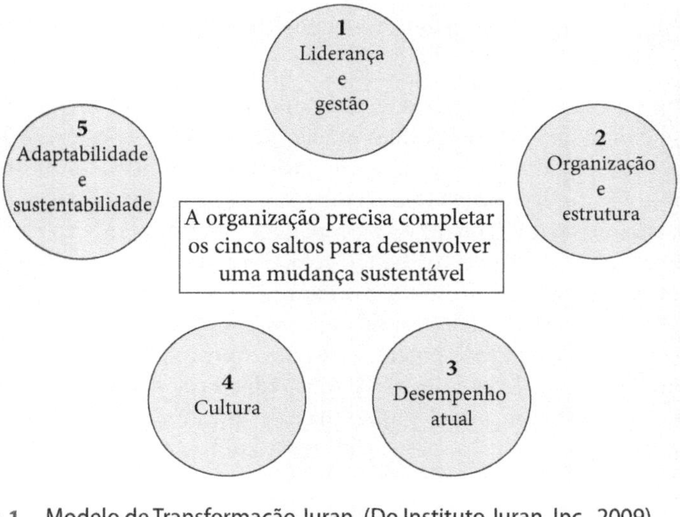

FIGURA 3.1 Modelo de Transformação Juran. (Do Instituto Juran, Inc., 2009)

Salto e mudança transformacional

Os saltos podem ocorrer a qualquer momento em uma organização, geralmente como resultado de uma iniciativa específica, como um projeto de melhoria específica (por exemplo, um projeto de melhoria Seis Sigma, um projeto de um novo serviço ou a invenção de uma nova tecnologia). Essas alterações podem produzir explosões repentinas de mudança benéfica para a organização ou sociedade, mas talvez não sejam capazes de levar a uma mudança de cultura ou de sustentá-la em meio às alterações ocorridas. Isso acontece porque essas alterações não ocorreram pelo motivo certo. Não foram intencionais, ocorreram por acaso. Mudanças que ocorrem por "acaso" não são previsíveis ou sustentáveis. O que uma organização precisa é de mudança previsível.

As organizações de hoje operam num estado de mudança permanente e imprevisível que exige adaptações de seu pessoal por meio de melhorias contínuas conforme cresce a pressão do mercado por novas melhorias. Essas melhorias podem levar meses ou mesmo anos para se materializar, pois representam o efeito cumulativo de muitos planos, políticas e projetos de saltos organizacionais coordenados e inter-relacionados. Reunidos, esses esforços diligentes gradualmente transformam a organização.

Organizações que não visam à mudança geralmente voltam atrás quando uma crise – ou o temor de uma crise iminente – desencadeia a necessidade de mudança em seu *status quo*.

Os saltos são essenciais para a vitalidade organizacional

São quatro os principais motivos pelos quais uma organização não consegue sobreviver por muito tempo sem os renovadores efeitos corretivos advindos de saltos contínuos:

1. Caso não sejam enfrentados, os *custos da má qualidade* (COPQ – *costs of poor quality*) continuarão a crescer. Eles são elevados. Um das razões é que as organizações são afligidas por uma série de crises oriundas de fontes misteriosas de custos altos e crônicos de processos com mau desempenho. Não é incomum que esses custos excedam os lucros ou representem uma parte importante dos prejuízos. Seja como for, o nível médio em geral é espantoso (porque é substancial e poderia ser *evitado*), e seu efeito na organização pode ser devastador. O COPQ representa um importante estímulo para muitas iniciativas de corte de custos, não apenas por seu grande potencial destrutivo caso não seja enfrentado, mas também porque as economias realizadas reduzindo-se o COPQ afetam diretamente o saldo financeiro. Além do mais, as economias continuam, ano após ano, contanto que as melhorias corretivas sejam irreversíveis, ou que se providenciem controles para as melhorias reversíveis.

2. Em termos empresariais, faz bastante sentido que *as misteriosas e crônicas causas de desperdício sejam descobertas, eliminadas e impedidas de retornar*. A melhoria aos saltos acaba sendo o método preferencial de ataque inicial, pois é capaz de revelar e remover causas-raiz específicas e de manter os ganhos – é exatamente para isso que é projetada. A metodologia da melhoria aos saltos pode ser descrita como a aplicação do método científico à resolução de problemas de desempenho.
3. *Mudança crônica e contínua*. Outro motivo pelo qual os saltos são fundamentais para a sobrevivência organizacional é o estado de mudança crônica e acelerada encontrado no ambiente empresarial atual. A mudança implacável se tornou tão poderosa e tão difundida que nenhum setor da organização permanece imune a seus efeitos por muito tempo. Como qualquer um ou todos os componentes de uma organização podem ser ameaçados por mudanças no meio ambiente, se uma organização deseja sobreviver, é mais provável que seja forçada a fazer mudanças básicas poderosas o bastante para proporcionar uma acomodação com novas condições. Saltos de desempenho, abrangendo diversos tipos de saltos em várias funções organizacionais, representam uma poderosa abordagem capaz de determinar contramedidas suficientemente efetivas para prevalecer contra as forças inexoráveis de mudança. Isso pode levar uma organização a se reinventar e até mesmo a reexaminar, e talvez modificar, sua competência central em termos de produtos, negócios, serviços ou mesmo de clientes.
4. *Sem melhoria contínua, as organizações morrem*. Outro motivo pelo qual os saltos são essenciais para a sobrevivência organizacional é encontrado em informações derivadas de pesquisas científicas sobre o comportamento das organizações. Os líderes podem tirar valiosas lições sobre como as organizações funcionam e sobre como geri-las ao examinarem a teoria dos sistemas abertos. O Modelo Transformacional de Juran é um meio pelo qual as organizações podem evitar sua própria extinção.

Pensamento sistêmico e mudança transformacional

Organizações são como organismos vivos. Elas são constituídas por inúmeros subsistemas, cada um desempenhando uma função vital especializada com contribuições específicas, singulares e essenciais à vida como um todo. Cada subsistema individual se dedica à sua função específica, como projeto, produção, gestão, manutenção, vendas, compras e adaptabilidade. Não se pode, porém, levar essa analogia biológica longe demais, já que organismos vivos separam os subsistemas por barreiras e estruturas físicas (como paredes celulares, o sistema nervoso, o sistema digestivo, o sistema circulatório). Já as barreiras e as estruturas dos subsistemas em organizações humanas não são físicas; são eventos, atividades e transações repetitivas. Em termos palpáveis, os padrões repetitivos são as tarefas, os procedimentos e os processos operacionais desempenhados por funções organizacionais. Teóricos de sistemas abertos chamam esses padrões de atividade de *funções*. Uma função consiste em uma ou mais atividades recorrentes dentre um padrão total de atividades que, quando combinadas, são responsáveis pelo rendimento organizacional.

A Figura 3.2 mostra um modelo que se aplica igualmente a uma organização como um todo, a subsistemas e funções organizacionais individuais (como departamentos e postos de trabalho dentro de uma organização) e a membros organizacionais individuais que realizam tarefas em qualquer função ou escalão. Todas essas entidades cumprem com, no máximo, três funções simultâneas, atuando como fornecedores, fabricantes ou consumidores. Como fabricantes, e responsáveis por transformar energia importada, as organizações recebem matérias-primas - bens, informações e/ou serviços - de seus fornecedores, que podem estar dentro ou fora da organização. A função do fabricante consiste em transformar o que foi recebido em novos produtos de algum tipo - bens, informações ou serviço. O fabricante então abastece os consumidores, que podem estar dentro ou fora da organização.

Cada uma dessas funções exige mais do que mero intercâmbio. Elas estão ligadas entre si por expectativas mutuamente acordadas (ou seja, especificações, encomendas de trabalho e procedimentos) e *feedback* quanto ao nível de cumprimento das expectativas (ou seja, queixas, relatórios de qualidade, elogios e recompensas). Observe que, no diagrama, o fabricante precisa repassar (o que é exibido por setas) ao fornecedor uma descrição detalhada de suas necessidades e exigências. Além

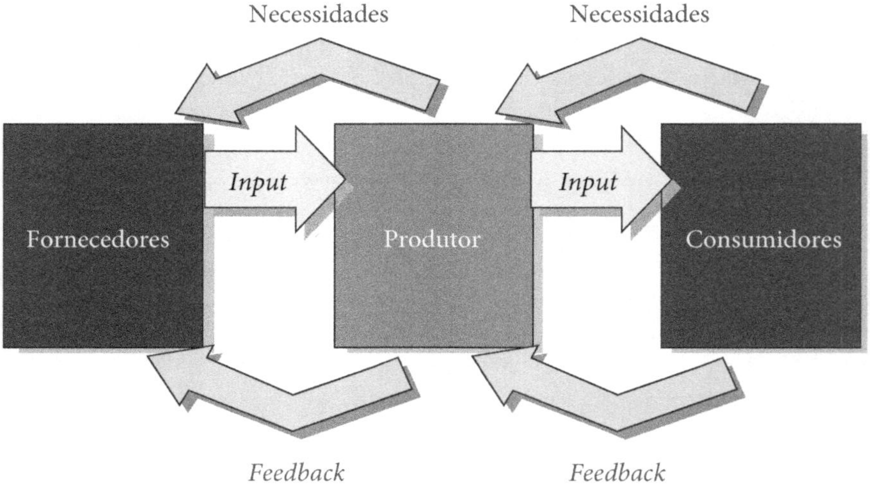

FIGURA 3.2 A Função Tripla. (Do Juran Institute, Inc., 2009)

disso, o fabricante deve dar *feedback* ao fornecedor, informando-o sobre o seu grau de satisfação. Esse *feedback* faz parte de um ciclo de controle e ajuda a garantir um desempenho consistente e adequado por parte do fornecedor. O consumidor tem as mesmas responsabilidades para com os seus fabricantes, que, na verdade, também são fornecedores (não de matérias-primas, mas do próprio produto).

Quando ocorrem defeitos, atrasos, erros ou custos excessivos, as causas podem ser encontradas em algum ponto das atividades realizadas por fornecedores, fabricantes e consumidores, no conjunto de transações entre eles ou talvez na falta de comunicação de necessidades e de *feedback*. Assim, é preciso que os esforços nos saltos revelem a causa-raiz por meio de sondagem e de exploração profundas. Se as causas forem realmente vagas, para descobri-las talvez seja necessário colocar o processo responsável sob um microscópio de poder e intensidade sem precedentes, como é feito no método Seis Sigma. Iniciativas de excelência em desempenho exigem que todos os escalões e funções sejam envolvidos, pelo menos até certo ponto, porque o desempenho de cada função está inter-relacionado e é dependente em certa medida de todas as outras. Ademais, uma mudança no comportamento de qualquer função isolada terá efeito sobre todas as outras, mesmo que isso possa não ficar aparente no momento. O inter-relacionamento de todas as funções tem implicações práticas diárias para um líder de qualquer escalão, levando-o ao imperativo de usar "pensamento sistêmico" para a tomada de decisões, sobretudo decisões que acarretem mudanças.

Pelo fato de uma organização ser um sistema aberto, sua vida depende de (1) transações bem-sucedidas com o meio ambiente externo a ela e de (2) uma coordenação apropriada das várias funções internas especializadas da organização e de seus subprodutos.

A coordenação e o desempenho apropriados das diversas funções internas dependem dos processos gerenciais de planejamento, controle e melhoria, bem como de fatores humanos como liderança, estrutura organizacional e cultura. Para administrar um sistema aberto (como uma organização), os gestores de todos os escalões precisam pensar e agir em termos sistêmicos. É preciso levar em consideração o impacto de qualquer mudança proposta não apenas na organização como um todo, mas também nas inter-relações de todas as partes. Se os líderes não forem capazes disso, mesmo mudanças pequenas podem causar grandes confusões. Eles precisam, ainda, raciocinar da seguinte forma: "Para que haja uma mudança em *x*, o que cada uma das funções precisa fornecer (*input*) para criar essa mudança, e de que maneira *x* afetará cada uma das outras funções, bem como a organização como um todo (*output* final/resultados)?". As organizações só passam por mudanças quando seu pessoal passa por mudanças, qualquer que seja a abordagem frente aos saltos. Os autores, em sua experiência, aprenderam três lições importantes:

1. *Todas as organizações precisam de uma abordagem sistemática para garantir que a mudança aconteça.* Os problemas que surgem em uma função ou etapa de um processo se originam a montante dessa função ou etapa. Pode ser que o pessoal de determinada área de trabalho não consiga solucionar o problema por conta própria, e talvez seja necessário envolver outros na resolução do problema. Sem um envolvimento sistemático das outras funções, acabará ocorrendo uma subotimização, o que resulta em custos em excesso e na insatisfação dos consumidores internos – o exato oposto do que se busca.
2. *A mudança só acontecerá com a participação ativa de todos os funcionários e ao longo do tempo.* Isso inclui não apenas as pessoas que representam a fonte do problema, mas também aquelas atingidas por ele e aquelas que darão início às mudanças para solucionar o problema (geralmente aquelas que representam a fonte do problema, e talvez outros).
3. *A mera mudança funcional não é suficiente para transformar uma organização.* A tentativa de um salto isolado ou situado apenas em uma estrutura da organização e sem um pensamento sistêmico pode facilmente criar mais problemas do que existiam no início dessa tentativa.

Tentativas de materializar uma mudança substancial organizacional como a excelência em desempenho exigem não apenas a alteração do comportamento das pessoas (como se pode tentar por meio de treinamento), mas também a redefinição de seus papéis no sistema social. Isso requer, dentre outras coisas, a mudança das expectativas que os consumidores nutrem em relação a seus fabricantes e a mudança das expectativas que os fabricantes nutrem em relação a seus fornecedores. Em outras palavras, os saltos de desempenho exigem uma capacitação de *design* organizacional para produzir um comportamento consistente e coordenado que dê suporte às metas específicas da organização. É provável que as modificações também recaiam sobre outros elementos que definem os papéis, como descrição de tarefas, adequação operacional, procedimentos operacionais, planos de controle, outros elementos do sistema de qualidade e treinamento. Para conseguir dar um salto de desempenho, não basta simplesmente treinar alguns faixas pretas em artes marciais na condição de especialistas e concluir alguns projetos. Ainda que isso possa resultar em alguns saltos, dificilmente produzirá uma mudança cultural sustentável em longo prazo. Os autores acreditam que há um excesso de organizações se atendo a simples melhorias, quando deveriam estar se esforçando em dar saltos verdadeiros.

Para chegar à excelência em desempenho, é preciso alcançar e sustentar mudanças benéficas. Vale ressaltar que ter uma ideia brilhante para uma mudança não faz, por si só, a mudança verdadeira acontecer. As pessoas precisam entender o motivo de a mudança ser necessária e o impacto que ela terá na organização antes de mudarem aquilo que fazem e talvez também como o fazem. A mudança benéfica muitas vezes sofre resistência, por vezes das próprias pessoas que mais se beneficiariam dela, sobretudo se elas têm sucesso fazendo as coisas do jeito usual. Dar início a mudanças pode ser uma tarefa desconcertante e desafiadora, então indivíduos que estão tentando implementá-las devem adquirir o *know-how* para fazê-lo.

Saltos na liderança e na gestão

Os saltos na liderança ocorrem quando os gestores respondem duas perguntas básicas:

1. Como a gestão estabelece metas de desempenho para a organização e motiva seus funcionários a alcançá-las e a arcarem com responsabilidades?
2. Como os gestores extraem o máximo da mão de obra e de outros recursos na organização e qual é a melhor maneira de gerenciá-los?

Questões envolvendo liderança são encontradas em *todos* os escalões, não apenas na cúpula da organização. Um salto na liderança e na gestão resulta em uma organização caracterizada por um objetivo único e valores compartilhados, bem como num sistema que promove a participação da mão de obra.

Cada grupo de trabalho conhece suas próprias metas e, especificamente, qual é o desempenho esperado da equipe e de cada um. Cada pessoa sabe, especificamente, qual deve ser sua contribuição para a missão geral da organização e como seu desempenho será avaliado, então poucos comportamentos erráticos ou contraproducentes chegam a ocorrer. Caso ocorram, ou se surgir algum conflito, existem diretrizes já estabelecidas norteando os comportamentos e a tomada de decisões para garantir uma resolução rápida e tranquila do problema. A liderança traz em si dois elementos principais: (1) os líderes precisam decidir e comunicar claramente aonde querem que seus funcionários vão e ainda (2) devem estimulá-los a seguir essa trajetória, deixando claro a razão de ser o melhor caminho. As palavras *líder* e *gestor* não necessariamente se referem a pessoas diferentes. Na verdade, em sua maioria, os líderes são de fato gestores, e os gestores devem ser líderes. As distinções são uma questão de intenção e atividades, e não de agentes. A liderança pode e deve ser exercitada pelos gestores, e os líderes também precisam gerir. Se liderança diz respeito a influenciar as pessoas de uma maneira positiva que atraia mais pessoas, então aqueles no topo da pirâmide administrativa (CEOs e primeiro escalão) podem ser os líderes mais efetivos, pois detêm mais autoridade formal do que qualquer outro funcionário na organização. Na verdade, os gestores de primeiro escalão costumam ser os líderes mais influentes. No caso de uma mudança radical, como a introdução do Seis Sigma Lean em uma organização, a abordagem mais eficiente é, sem dúvida, fazer o CEO liderar a mudança. O lançamento do Seis Sigma Lean se torna bem mais fácil se outros líderes, como presidentes de sindicatos, também liderarem, e o mesmo vale se a alta administração e os gerentes intermediários, os supervisores de primeira linha e os líderes de pessoal não administrativo "seguirem o líder" e apoiarem um programa de excelência em desempenho com palavras e ações. Liderança não é ditadura, pois ditadores deixam as pessoas com medo de se comportar de um modo "incorreto", chegando mesmo a oferecer benesses públicas (como gasolina grátis, como ocorreu no Turcomenistão), a libertar prisioneiros ou a encenar espetáculos públicos, tudo isso aliado à propaganda, para garantir que as pessoas seguirão o líder. Ditadores não fazem as pessoas quererem se comportar "corretamente" (o que o ditador determina como correto); as pessoas simplesmente temem não fazê-lo.

Saltos na estrutura organizacional

A criação de saltos na estrutura organizacional permite:

- Desenvolver e implantar os sistemas operacionais da organização (ou seja, sistema de qualidade, orientação a novos funcionários, treinamento, processos de comunicação e cadeias de suprimento).
- Desenvolver e colocar em prática uma estrutura formal que integra todas as funções e que provê níveis relativos de autoridade e linhas de subordinação (por exemplo, organogramas e os meios para geri-los).
- Alinhar e coordenar as respectivas funções individuais interdependentes para promover uma organização com funcionamento sincronizado e integrado.

A criação de um salto na estrutura organizacional é uma reposta a uma pergunta básica: como implantar estruturas e processos organizacionais a fim de ter o desempenho mais efetivo e eficiente rumo a nossas metas?

A estrutura gerencial consiste em *processos* interfuncionais administrados pelos responsáveis por cada processo, bem como por *funções* verticais administradas pelos gestores funcionais. Quando existe tanto uma responsabilidade horizontal quanto vertical, conflitos em potencial são resolvidos por mecanismos matriciais que exigem acordos negociados entre o gestor funcional e o responsável pelo processo interfuncional (horizontal).

Unidade e consistência na operação *tanto* de processos interfuncionais *quanto* de funções verticais são essenciais para criar saltos de desempenho e para a sobrevivência continuada da organização. Todos os membros das equipes de liderança de todos os escalões precisam estar em total acordo quanto a metas, métodos, prioridades e estilos. Isso é especialmente vital quando se está tentando promover projetos de melhoria para saltos de desempenho, já que as causas de inúmeros problemas de desempenho são interfuncionais, e suas soluções precisam ser desenvolvidas e colocadas em prática interfuncionalmente. Como resultado, numa implementação de Seis Sigma Lean, é comum encontrar, por exemplo, conselhos executivos ou de qualidade, comitês diretivos, campeões (que periodicamente se reúnem em grupo), equipes de projeto interfuncional, líderes de equipe de projeto, *Black Belts* e *Master Black Belts*. Todos esses cargos precisam lidar com a mudança e com as questões de trabalho em equipe. Há também uma tendência constante rumo à diminuição dos níveis de autoridade e de subordinação.

Há três tipos básicos de organização na gestão de qualquer trabalho funcional, além de uma abordagem emergente. Os tipos mais tradicionais e aceitos de organização são o funcional, por processo e o matricial. Eles são importantes modelos de *design*, pois já foram testados e estudados extensivamente e suas vantagens e desvantagens são bem conhecidas. Os *designs* organizacionais emergentes são as chamadas organizações em rede.

Organização funcional

Em uma organização funcional, os departamentos são estabelecidos com base na especialidade técnica. A responsabilidade e o compromisso com o processo, bem como os resultados, costumam ser distribuídos uniformemente entre os departamentos. Muitas empresas se organizam em torno de departamentos funcionais com uma hierarquia administrativa bem definida. Isso se aplica tanto às principais funções (como recursos humanos, financeiro, operações, *marketing* e desenvolvimento de produtos) quanto às seções dentro de cada departamento funcional. A organização funcional certamente tem suas vantagens: responsabilidades claras e eficiência de atividades dentro de cada função. Uma organização funcional geralmente desenvolve e incentiva o talento e promove o conhecimento especializado e a excelência no âmbito de cada função.

Portanto, esse tipo de organização propicia diversos benefícios em longo prazo, mas também cria "paredes" entre os departamentos. Essas paredes – às vezes visíveis, outras vezes invisíveis – frequentemente impõem graves barreiras à comunicação. Por isso, organizações funcionais podem resultar em tomadas de decisões muito lentas e burocráticas, bem como na criação de planos e objetivos funcionais de negócios inconsistentes com os planos e objetivos estratégicos de negócios em geral. O resultado final pode gerar operações eficientes *dentro* de cada departamento, mas resultados abaixo do ideal no atendimento a clientes externos (e internos).

Organizações geridas por processos de negócios

Muitas organizações estão fazendo experiências alternativas à estrutura funcional com o objetivo de "fazer acontecer rapidamente" no mundo atual. As empresas estão constantemente reposicionando linhas, grupos de trabalho, departamentos e divisões, e até empresas inteiras tentando aumentar a produtividade, reduzir o tempo de ciclo, elevar as receitas ou aumentar a satisfação dos clientes. É cada vez mais comum ver organizações dando guinadas de 90° rumo a estruturas baseadas em processos.

Numa organização gerida por processos, a delegação de responsabilidades está associada a um processo, e o compromisso é atribuído ao responsável pelo processo. Assim, cada processo é realizado com os recursos especializados necessários, o que elimina as barreiras associadas à organização funcional, facilitando a criação de equipes interfuncionais para gerir o processo de modo duradouro.

As organizações geridas por processos costumam atribuir responsabilidades à unidade ou às unidades que recebem os benefícios do processo em questão. Portanto, essas organizações geralmente estão associadas a um foco na capacidade de resposta, na eficiência e no cliente.

Com o passar do tempo, porém, as organizações geridas por processos correm o risco de se diluir e de solapar o nível de habilidade dentro das várias funções. Além do mais, isso pode levar a uma falta de padronização de processos e, consequentemente, resultar em ineficiências e redundâncias organizacionais. Como se não bastasse, tais organizações frequentemente requerem uma estrutura matricial de responsabilidades, que pode resultar em confusão se as diversas unidades de negócios apresentarem objetivos conflitantes. A estrutura matricial é uma combinação híbrida dos arquétipos funcional e divisional.

Meios de alcançar alto desempenho

Já se notou que, conforme os funcionários aceitam mais responsabilidades e têm maiores motivações, além de um maior conhecimento, eles livremente participam mais dos interesses do empreendimento. Eles começam a verdadeiramente se comportar como proprietários, com esforços e iniciativas mais discricionárias. Membros de equipe que arcam com responsabilidades têm a autoridade, a capacidade e o desejo de compreender a direção da organização. Consequentemente, sentem-se e comportam-se como se fossem os proprietários e se tornam dispostos a aceitar maiores responsabilidades. Seu conhecimento também é maior, o que aumenta ainda mais a motivação e a disposição em aceitar responsabilidades.

Inúmeras organizações que delegam poder já fizeram progresso suficiente para conseguirmos observar algumas características-chave de esforços bem-sucedidos. Essas observações provêm das experiências de diversos consultores, de visitas dos autores a outras empresas e de livros e artigos publicados. Tais características-chave podem nos ajudar a entender como projetar novas organizações ou reprojetar aquelas já existentes para aumentar sua eficiência. A ênfase recai em características-chave, e não numa prescrição sobre como cada organização deve operar nos mínimos detalhes. Essa lista não é exaustiva, mas forma um *checklist* bastante útil para diversas organizações.

Foco nos clientes externos

O foco incide nos clientes externos, em suas necessidades e nos produtos ou serviços que as satisfazem.

- A organização tem um desenho estrutural e hierárquico estabelecido para reduzir a variação no processo e no produto.
- Há poucos níveis organizacionais.
- Existe um foco nos negócios e nos clientes.
- São estabelecidas divisões para reduzir as não conformidades na fonte.
- As redes são sólidas.
- As comunicações fluem livremente e sem obstruções.
- Os funcionários compreendem quem são os clientes fundamentais, quais são suas necessidades e como atendê-las com suas próprias ações. Assim, todas as ações são baseadas na satisfação do cliente, e os funcionários (sejam os operadores, técnicos ou gerentes de planta) compreendem que trabalham para o cliente, e não para o gerente da planta.
- Opiniões de fornecedores e clientes são usadas para administrar os negócios.

Em organizações que delegam poder, os gestores criam um ambiente que eleva as pessoas, em vez de controlá-las. Gestores bem-sucedidos são chamados de "campeões" e se sentem bem com seus empregos, com sua organização e consigo mesmos.

Saltos no desempenho atual

A realização de saltos (ou melhorias) no desempenho atual é capaz de:

- Elevar consideravelmente os níveis de resultados que a organização está alcançando. Isso acontece quando uma ação sistemática de melhoria projeto a projeto descobre as causas-raiz dos problemas crônicos atuais e implementa soluções para eliminá-los.
- Identificar as mudanças apropriadas nos processos com problemas e reduzir os custos advindos de processos com mau desempenho.
- Instalar novos sistemas e controles para impedir o retorno da causa-raiz.

Para que um sistema consiga dar saltos no desempenho atual precisa responder a pergunta: "Como podemos reduzir ou eliminar o que está errado em nossos produtos ou processos, além da insatisfação de nossos clientes e os altos custos (desperdício) associados que prejudicam o balanço financeiro?". Um programa de salto de desempenho aborda os problemas de *qualidade* – as incapacidades em cumprir as necessidades específicas e importantes de clientes importantes, internos e externos. (Outros tipos de problemas são enfrentados por outros tipos de saltos.) *Lean*, Seis Sigma, Seis Sigma *Lean*, Ação Corretiva de Causas-Raiz e outros programas precisam fazer parte de uma abordagem sistemática para melhorar o desempenho atual. Esses métodos abordam certos problemas que sempre acontecem:

- Número excessivo de defeitos
- Quantidade indevida de atrasos
- Tempos de ciclo desnecessariamente longos
- Custos injustificados resultantes de retrabalho, sucata, entregas atrasadas, clientes insatisfeitos, substituição de bens devolvidos, perda de clientes e perda de boa vontade

Lean e Seis Sigma são métodos para melhorar o desempenho baseados em projetos e exigem equipes multifuncionais para melhorar os níveis atuais de desempenho. Cada um requer uma abordagem sistemática para completar os projetos.

Saltos nos níveis de desempenho atual são conquistados utilizando-se esses métodos. O *Lean* e o Seis Sigma colocarão seus processos com problemas sob um microscópio de precisão e clareza sem precedentes, possibilitando compreender e controlar as relações entre as variáveis de entrada e as variáveis de saída desejáveis.

A organização deve escolher qual "sistema" adotar para resolver os seus problemas: um sistema de armas "convencional" (melhoria de qualidade) ou um sistema "nuclear" (Seis Sigma). O sistema convencional é perfeitamente eficiente para muitos problemas e bem mais barato do que o sistema nuclear mais elaborado e exigente. O retorno sobre investimento é considerável em ambas abordagens, mas ainda maior com Seis Sigma, caso seus clientes estejam exigindo níveis máximos de qualidade.

Dentre os problemas que podem ser solucionados com saltos no desempenho atual, estão: um número excessivo de defeitos, atrasos em demasia, tempos de ciclo longos demais e custos em excesso.

Saltos em cultura

O resultado da conclusão de muitos saltos cria um hábito de melhoria na organização. Cada melhoria começa a criar uma cultura, porque em conjunto elas são capazes de:

- Criar um conjunto de novos padrões de comportamento e normas sociais que sustentam melhor as metas e o clima organizacional.

- Incutir em todos os escalões e funções os valores e crenças que orientam o comportamento organizacional e as tomadas de decisão.
- Determinar padrões culturais organizacionais como estilo (por exemplo: informal *versus* formal, flexível *versus* rígido, simpático *versus* agressivo, empreendedor/voltado a riscos *versus* passivo/avesso a riscos, recompensador de *feedback* positivo *versus* punidor de *feedback* negativo), extensão da colaboração interna *versus* externa e alta energia/moral *versus* baixa energia/moral. Um salto de desempenho na cultura é uma reação à pergunta básica: "Como criar uma atmosfera social que estimule os membros da organização a se alinharem avidamente rumo as metas de desempenho da organização?".

Quando os funcionários percebem que sua liderança está "aderindo ao sistema", a mudança cultural acontece. Quando uma organização ainda não chegou a num nível sustentável ou a mudança transformacional não foi encerrada, ainda há algumas questões que precisam ser enfrentadas, incluindo:

- Revisão da visão, da missão e dos valores da organização
- Orientação dos novos funcionários e das práticas de treinamento
- Recompensa e reconhecimento de políticas e práticas
- Políticas e administração de recursos humanos
- Políticas de qualidade e de satisfação dos clientes
- Comprometimento fanático com os clientes e a sua satisfação
- Compromisso com a melhoria contínua
- Padrões e códigos de conduta, incluindo ética
- Abolição de "vacas sagradas" em termos de pessoal, práticas e conteúdo fundamental de negócios
- Benefício comunitário e relações públicas

Como as normas são adquiridas?

Novos membros de uma sociedade – um bebê numa família ou um novo funcionário contratado num local de trabalho – são cuidadosamente ensinados sobre quem é quem e o que é o quê. Em resumo, ensinam-se a eles as normas e os padrões culturais daquela sociedade em particular. Com o tempo, eles descobrem que obedecer às normas e aos padrões culturais pode ser satisfatório e compensador, enquanto que a resistência ou violação das normas e dos padrões culturais podem ser insatisfatórias, já que levam à desaprovação, à condenação e, possivelmente, à punição. Se um indivíduo receber um padrão relativamente consistente de recompensas e punições ao longo do tempo, aqueles comportamentos e crenças gradualmente recompensados se tornarão parte de um conjunto pessoal de normas, valores e crenças do indivíduo. Comportamentos que forem consistentemente desaprovados ou punidos serão gradualmente descartados e deixarão de ser repetidos. Como resultado, o indivíduo terá sido socializado.

Como as normas são modificadas?

Cabe destacar que a socialização pode levar muitos anos até ser concluída. Este é um importante pré-requisito para se alterar com sucesso a cultura de uma organização, que precisa ser compreendida e prevista pelos agentes da mudança, como a alta administração. Os antigos padrões precisam ser extintos e substituídos por novos, mas isso leva tempo e exige um esforço consistente e persistente. Essa é a realidade. Veja o que a antropóloga Margaret Mead tem a dizer sobre aprender novos comportamentos e crenças:

> *Uma maneira eficaz de estimular o aprendizado de novos comportamentos e atitudes é pela vinculação rápida e consistente de alguma satisfação em relação a eles, o que pode assumir a forma de consistentes elogios, aprovação, privilégios, elevação de status social, integração reforçada com o grupo ou recompensa material. Isso é especialmente importante quando a mudança desejada é tal que as vantagens são de lenta materialização – por exemplo, levam meses ou mesmo anos para se avaliar uma mudança em termos de nutrição, ou para se registrar um efeito positivo de rendimento advindo de uma nova maneira de plantar mudas de orquídeas. Nesse caso, a lacuna entre o novo comportamento e os resultados, que só reforçará o comportamento quando for integralmente avaliado, precisa ser preenchida de outras maneiras.*

Ela continua:

> *O aprendizado de novos comportamentos e atitudes pode ser alcançado submetendo o aprendiz a uma série de situações em que o novo comportamento é tornado altamente satisfatório – sem exceção, se possível – e o antigo, não satisfatório.*

> *Novas informações psicologicamente disponíveis para um indivíduo, se contrárias a seus comportamentos, crenças e atitudes, podem nem ser percebidas. Mesmo que ele seja verdadeiramente forçado a reconhecer sua existência, ele pode anulá-las por racionalização, ou elas podem ser esquecidas quase de imediato.*

> *... Quando comportamentos, crenças e atitudes de um indivíduo são compartilhados com membros de seu grupo social, pode ser necessária uma alteração nas metas ou nos sistemas de comportamento do grupo como um todo antes que o comportamento de determinado indivíduo possa ser alterado de algum modo. Isso só irá acontecer quando a necessidade do indivíduo de ser aceito pelo grupo for bastante alta – seja por sua própria formação psicológica ou por sua posição na sociedade.*

Isso implica que, para alcançar saltos na cultura, é preciso que a equipe de liderança em todos os níveis compartilhe, exiba e reforce normas e padrões culturais desejados de comportamento – essas normas precisam ser consistentes, contínuas e persistentes.

Não espere que as normas ou comportamentos culturais mudem simplesmente pela publicação da declaração de valores da organização em material impresso oficial ou por sua descrição em discursos e exortações. Normas e padrões culturais reais não têm qualquer relação com os valores descritos ou proclamados em exortações. O mesmo vale para o verdadeiro fluxo de influência, comparado ao fluxo apresentado no organograma. (Novos funcionários aprendem rapidamente quem é quem e o que é o que de fato, diga o que disser a publicidade oficial.)

Um gestor enérgico pode, em virtude de sua personalidade e de seu comprometimento, influenciar o comportamento de seguidores individuais *em curto prazo* mediante recompensas, reconhecimento e exclusão seletiva de recompensas. Os autores conhecem organizações que, na introdução de um esforço Seis Sigma ou similar, apresentaram mensagens a seus funcionários na seguinte linha:

> *A organização não pode lhe dizer no que acreditar, e não estamos pedindo que você acredite na nova iniciativa Seis Sigma, ainda que esperemos que isso aconteça. Podemos nutrir, porém, a expectativa de que você se comporte de determinada maneira com relação a ela. Portanto, saiba que se espera que você a apoie, ou pelo menos saia do seu caminho, e não resista. Daqui por diante, recompensas e promoções serão dadas para aqueles que apoiarem e participarem energicamente das atividades Seis Sigma. Aqueles que não as apoiarem e não participarem delas ficarão inelegíveis a aumentos ou promoções e serão deixados para trás, ou mesmo substituídos por outros dispostos a apoiá-las.*

Trata-se de uma linguagem bastante forte, e tais empresas muitas vezes alcançam resultados em curto prazo. No entanto, caso um líder enérgico siga em frente sem garantir que a nova iniciativa esteja arraigada às normas e aos padrões culturais da organização (a ponto de os membros individuais terem acolhido esses novos valores e práticas por conta própria), não é incomum que o novo impulso esmoreça por falta de reforço consistente e persistente.

Resistência à mudança

Curiosamente, mesmo com tal reforço, a mudança – inclusive a mudança benéfica – muitas vezes encontra resistência. O agente em potencial da mudança precisa compreender a natureza da resistência e como evitá-la ou preveni-la.

O exemplo do caso do organograma de controle mostrou que a resistência à mudança deve-se principalmente à perturbação que ocorre no padrão cultural do local de trabalho quando a mudança é proposta ou tentada. Pessoas que têm sucesso – e que, portanto, sentem-se à vontade – atuando no sistema social ou técnico atual não querem ver sua existência confortável perturbada, sobretudo por uma mudança "ilegítima".

Quando uma mudança técnica ou social é introduzida em um grupo, seus membros imediatamente temem que, sob o novo sistema, sua segurança e seu nível de conforto possam variar bastante (no caso piorar) em comparação ao sistema atual. Sob a ameaça da temerária possibilidade de não conseguir mais alcançar um bom desempenho ou de perder *status*, o impulso humano natural é resistir à mudança. Os membros do grupo têm muito em jogo no sistema atual, e um novo sistema exigirá que eles não apenas abdiquem do sistema atual, mas que também acolham o novo modo de conduta em toda sua incerteza e imprevisibilidade. Isso é uma pílula amarga. É incrível o quanto o menor dos desvios em relação às normas culturais é capaz de perturbar os membros de uma sociedade.

Como a resistência à mudança se manifesta? Por vezes, a resistência é intensa, dramática e até mesmo violenta. O Dr. Juran nos lembra de alguns exemplos, como a reação à ideia de que o universo seria heliocêntrico, postulada por astrônomos europeus no século XIV. Essa ideia bateu de frente com as crenças culturais e religiosas predominantes, que defendiam a Terra como o centro do universo. Essa crença passara de geração em geração por muito antepassados, líderes religiosos, avós e pais. (Além do mais, em dias de céu limpo, era possível ver a olho nu o Sol "girando" em torno da Terra.) A reação a essa ideia nova, aparentemente "absurda" e inaceitável, foi imediata e violenta. Se aqueles que acreditam no universo heliocêntrico estão corretos, então os que acreditam na Terra como o centro de tudo estão incorretos – uma noção inaceitável, ilegítima e insensata. Para acreditar na nova ideia, era preciso rejeitar e jogar fora a antiga. Mas a antiga estava profundamente arraigada na cultura. Por isso, os astrônomos "blasfemos" foram queimados na fogueira.

Outro exemplo vem do Dr. Juran: quando as estradas de ferro fizeram a conversão das locomotivas movidas a vapor para as movidas a óleo diesel na década de 1940, os trabalhadores ferroviários nos Estados Unidos desaprovaram. É inseguro, até mesmo imoral, eles protestaram, confiar toda uma carga férrea de pessoas e bens valiosos a um solitário operador responsável por uma condução a diesel. As locomotivas "sempre" haviam sido operadas por duas pessoas, um engenheiro responsável pela condução e um foguista que abastecia a fornalha. Caso um *ficasse* incapacitado, o outro podia assumir a função. Mas e se o engenheiro da locomotiva a diesel tivesse um ataque cardíaco e morresse? As paralisações resultantes foram tantas que um acordo foi fechado para manter o foguista no emprego nas locomotivas a diesel. Os trabalhadores ferroviários, obviamente, estavam na verdade protestando contra sua provável perda de *status* e empregos.

Normas úteis para alcançar uma transformação cultural Para transformar uma cultura, é preciso um forte apoio por parte da mão de obra, e certas normas culturais parecem ser essenciais para arregimentar o apoio necessário. Se tais normas ainda não fazem parte de sua cultura, talvez seja preciso alguns saltos culturais para implantá-las. Algumas das normas mais facilitadoras são as seguintes:

- *Uma crença de que a qualidade de um produto ou processo tem no mínimo a mesma importância, ou até mais importância, do que a mera quantidade produzida.* Essa crença resulta em decisões que favorecem a qualidade: itens defeituosos não avançam além da linha nem saem pela porta; erros crônicos e atrasos são corrigidos.
- *Um comprometimento fanático em atender às necessidades dos clientes.* Todo mundo sabe quem são seus clientes (aqueles que recebem os resultados do seu trabalho) e até que ponto suas necessidades estão sendo atendidas (basta perguntar). Membros de organizações, se necessário, largam tudo e se desdobram para ajudar clientes que precisam de ajuda.
- *Um compromisso fanático em elevar as metas e a melhoria contínua.* Sempre há uma oportunidade econômica de melhorar produtos ou processos. Organizações que praticam a melhoria contínua conseguem acompanhar o ritmo de seus concorrentes, ou mesmo ultrapassá-los.

Organizações que não praticam a melhoria contínua ficam para trás e se tornam irrelevantes, ou pior – deixam de existir. O *design* de produtos e a melhoria de processos promovidos pelo Seis Sigma são capazes de, se executados apropriadamente, produzir ótimos *designs* econômicos e processos praticamente isentos de defeitos, resultando em clientes bastante satisfeitos e em custos acentuadamente reduzidos. As vendas e as economias resultantes acabam se revelando diretamente no balanço financeiro da organização.

- *Um código de conduta e um código de ética voltados para o cliente.* Esse código é publicado, ensinado em orientações a novos funcionários e levado em consideração em avaliações de desempenho e na distribuição de recompensas. Espera-se que todos, o tempo todo, comportem-se e tomem decisões em conformidade com o código. O cumprimento do código é fiscalizado, caso necessário, por gerentes de todos os escalões. O código vale para todos, mesmo para os membros do conselho – e talvez especialmente para eles, tendo em vista o seu poder de influenciar todos os demais.
- *Uma crença de que a adaptação pela mudança contínua não apenas é boa como também necessária.* Para sobreviverem, as organizações precisam desenvolver um sistema para descobrir tendências sociais, governamentais, internacionais ou tecnológicas que possam impulsionar seus negócios. Além disso, as organizações precisam criar e manter estruturas e processos que possibilitem uma reação rápida e efetiva a essas novas tendências.

Tendo em vista a dificuldade de prever tendências no mundo contemporâneo (em constante mutação), é vital que as organizações contem com tais processos e estruturas em condições e operantes. Caso você não consiga aprender e se adaptar ao que aprendeu, sua organização pode ficar para trás repentina e inesperadamente e acabar no ferro velho. As inúmeras fábricas enferrujadas e abandonadas pelo mundo todo são um testemunho das consequências de não acompanhar as tendências e, consequentemente, ser deixado para trás.

Políticas e normas culturais Políticas são diretrizes para medidas administrativas e tomadas de decisão. Os manuais das organizações costumam começar por uma declaração da política de qualidade da entidade. Essa declaração situa o valor relativo que os membros da organização devem atribuir à produção de produtos de alta qualidade, em distinção à mera quantidade de produtos produzidos (*produtos de alta qualidade* são bens, serviços ou informações que atendem a importantes necessidades dos clientes ao mais baixo custo com poucos – ou nenhum – defeitos, atrasos ou erros). Produtos de alta qualidade geram satisfação por parte dos clientes, além de receitas de vendas, demanda ou vendas repetidas e custos baixos com baixa qualidade (desperdício desnecessário). Só na última frase há motivos de sobra para buscar a melhoria da qualidade. A inclusão de uma declaração de valor no manual de qualidade da organização reforça algumas das normais culturais e padrões essenciais para alcançar uma cultura de qualidade e, derradeiramente, saltos de desempenho.

Tenha em mente que, se a declaração de valor, desenvolvida para servir como um guia para a tomada de decisões, for ignorada e não aplicada na prática, ela se torna inútil, servindo apenas como um meio de ludibriar clientes e funcionários em curto prazo. Não tenha dúvida, porém, de que os clientes e os funcionários logo irão descobrir a verdade e desprezar a política de qualidade, descartando-a como uma farsa que diminui a própria organização e degrada a credibilidade administrativa.

Saltos em adaptabilidade

Para dar um salto em adaptabilidade e sustentabilidade, precisa-se:

- Criar estruturas e processos que revelem e prevejam mudanças ou tendências no meio ambiente potencialmente promissoras ou ameaçadoras para a organização.
- Criar processos que avaliem informações do meio ambiente e que as encaminhem para a pessoa ou para o cargo apropriado na organização.
- Participar da criação de uma estrutura organizacional que facilite uma rápida ação de adaptação para explorar tendências promissoras e evitar desastres ameaçadores.
- De uma resposta para a pergunta: Como preparar minha organização para reagir de forma rápida e eficaz a mudanças inesperadas?

A sobrevivência de uma organização, como a de vários sistemas abertos, depende da sua capacidade de detectar e reagir a ameaças e oportunidades, tanto internas como externas, que se apresentam. Para detectar ameaças e oportunidades em potencial, uma organização precisa não apenas coletar dados e informações sobre o que acontece, mas também descobrir o significado e a significância (frequentemente) ilusória que os dados oferecem para a organização. Por fim, uma organização precisa tomar as medidas apropriadas para minimizar as ameaças e explorar as oportunidades identificadas pelos dados e informações.

Para que se consiga fazer tudo isso, é preciso contar com as estruturas organizacionais apropriadas, algumas das quais já podem até existir (um cargo de inteligência, o uso de um ciclo de adaptação, um Conselho de Informação sobre Qualidade), e com um sistema de dados de qualidade. O Conselho de Informação sobre Qualidade atua, entre outras funções, como uma "voz do mercado". *Dados* são definidos como "fatos" (como nome, endereço e idade) ou como "parâmetros de alguma realidade física, expressos em números e unidades de medida que possibilitam a tomada de decisões pela nossa organização". Esses parâmetros são a matéria-prima da *informação*, definida como "respostas às perguntas" ou o "significado revelado pelos dados, quando analisados". A típica organização contemporânea parece aos autores estar repleta de dados, mas desprovida de informações úteis. Mesmo quando uma organização possui múltiplas bases de dados, restam ainda muitas dúvidas quanto à qualidade desses dados e, portanto, quanto à capacidade da organização de dizer a verdade sobre a pergunta a ser respondida.

Gestores contestam a confiabilidade dos relatórios, sobretudo se as mensagens contidas nos dados forem desfavoráveis. Chefes de departamentos questionam a precisão das declarações financeiras e as cifras referentes a vendas, especialmente quando trazem más notícias.

Muitas vezes, numerosas bases de dados chegam a respostas incongruentes ou contraditórias à mesma questão. Isso ocorre porque cada base de dados foi projetada para responder perguntas formuladas num dialeto específico ou baseadas nas definições exclusivas de termos usados por um departamento ou função específico, mas não por todas as funções. Os dados muitas vezes ficam armazenados em locais isolados e não publicados, fora de vista exatamente daquelas pessoas que poderiam se beneficiar deles se soubessem de sua existência. Todos aqueles que dependem de dados para embasar decisões estratégicas ou operacionais são deixados quase desamparados se os dados não estiverem disponíveis ou se não forem confiáveis. Como um médico pode decidir a respeito de um tratamento se o aparelho de raios X e os resultados dos exames não estão disponíveis? Como uma equipe de vendas pode planejar promoções se não sabe como os seus produtos estão vendendo em comparação com a concorrência? E se os mesmos vendedores soubessem que a exata base de dados que poderia responder suas perguntas específicas já existe, mas é usada em benefício exclusivo de outra parte da organização? Fica claro, assim, que é difícil dar saltos em adaptabilidade quando não se consegue obter os dados e informações necessários ou quando não se pode confiar na veracidade das informações obtidas. Algumas organizações que dependem vitalmente de dados atualizados e confiáveis se desdobram para obter informações úteis. Contudo, apesar de esforços consideráveis, muitas organizações ainda assim continuam sendo atormentadas por problemas crônicos de qualidade.

A rota para a adaptabilidade: o ciclo de adaptação e seus pré-requisitos

Um salto em adaptabilidade é capaz de criar estruturas e processos que:

- Detectam mudanças ou tendências no meio ambiente interno e externo cujo potencial seja promissor ou ameaçador para a organização.
- Interpretam e avaliam as informações.
- Encaminham as informações destiladas para os cargos ou pessoas da organização encarregados de agir para evitar ameaças e explorar oportunidades. Trata-se de um ciclo contínuo e permanente.

O ciclo pode ser mais precisamente conceitualizado como uma *espiral*, já que segue girando sem parar (ver Figura 3.3). Diversas ações são pré-requisitos para colocar o ciclo em movimento e criar saltos em adaptabilidade. Embora cada pré-requisito seja essencial, e todos sejam suficientes, talvez o mais fundamental seja o Conselho de Informação sobre Qualidade e o sistema de dados sobre qualidade. Tudo o mais flui a partir de dados oportunos e confiáveis – dados que devem descrever precisamente os aspectos da realidade vitais para a organização.

Pré-requisitos para o ciclo de adaptação: saltos

- Liderança e gestão
- Estrutura organizacional
- Desempenho atual
- Cultura

Pré-requisitos
Pensamento e gestão de processos
Pensamento sistêmico
Capacidade de formação de rede
Autoconscientização sobre responsabilidades
Elementos/Trilogia estão em prática
Um sistema de dados sobre qualidade de última geração
7. Agentes da ação
Fornecem feedback sobre ações anteriores
1. Sensores
Reúnem dados e informações do meio ambiente
6. Gestão
Toma medidas para evitar ameaças e explorar oportunidades
Ciclo de adaptação
2. Função de inteligência
Recebe e processa dados e informações
5. Função de inteligência
Encaminha informações sobre ameaças e oportunidades em potencial para a equipe de gestão
3. Função de inteligência
Interpreta dados e informações
4. Função de inteligência
Avalia informações para revelar ameaças e oportunidades

FIGURA 3.3 Ciclo de adaptação – para detectar e reagir a ameaças e oportunidades organizacionais. (De DeFeo and Barnard, 2004, p. 291)

Uma jornada em torno do ciclo de adaptação

Uma função de inteligência reúne dados e informações junto ao meio ambiente interno e externo. No mínimo, precisamos conhecer alguns dos itens básicos a seguir.

Do meio ambiente interno

- A capacidade de processamento dos sistemas de medidas e dados
- A capacidade de processamento dos processos fundamentais repetitivos
- O desempenho dos processos fundamentais repetitivos (recursos humanos, vendas, *design*, engenharia, aquisições, logística, produção, armazenamento, transporte, finanças, treinamento, rendimentos, tipos e níveis de defeitos e ciclos de tempo)
- As causas dos problemas de desempenho mais importantes
- As informações do painel de instrumentos gerenciais; *scorecards* (desempenho rumo a metas)

- Os custos internos e custos da má qualidade (COPQ – *cost of poor quality*)
- As características da cultura organizacional (o quanto ela apoia ou subverte as metas)
- As necessidades dos funcionários
- A fidelidade dos funcionários

Do meio ambiente externo

- As necessidades dos clientes, agora e no futuro (o que os clientes ou clientes em potencial esperam da organização ou de seus produtos)
- Os *designs* ideais dos produtos (bens, serviços e informações)
- Os níveis de satisfação dos clientes
- Os níveis de fidelidade dos cientes
- As tendências cientificas, tecnológicas, sociais e governamentais que podem afetar a organização
- As descobertas das pesquisas de mercado e *benchmarking* (comparando a organização aos concorrentes e às melhores práticas)
- Descobertas da inteligência de campo (qual o nível de desempenho dos produtos ou serviços em uso)

Você pode adicionar à lista outras informações de interesse vital para a sua organização. Essa lista pode parecer longa, e pode parecer (e realmente ser) caro reunir todas essas informações. Você pode ficar tentado a descartá-la pelo seu custo ou por ser desnecessária. Entretanto, para que sua organização consiga sobreviver, não há alternativa senão reunir esse tipo de informação de maneira periódica e regular. Felizmente, como parte do controle rotineiro e dos procedimentos de rastreamento já deve estar em prática, sua organização provavelmente já reúne boa parte desses dados e informações. Coletar as demais é relativamente fácil de justificar, tendo em vista as consequências de permanecer inconsciente, surdo e cego a informações vitais.

Informações sobre questões internas são coletadas junto a relatórios rotineiros de produção e qualidade, cifras de vendas, relatórios de contas a pagar e a receber, relatórios financeiros mensais, cifras referentes a remessas, estoques e outras práticas-padrão de controle e monitoramento. Além disso, levantamentos especialmente desenvolvidos – por escrito e mediante entrevistas – podem ser usados para revelar questões como o estado das atitudes e necessidades dos funcionários. Diversos desses instrumentos de levantamento estão disponíveis nas prateleiras do mercado. Estudos formais para determinar a capacidade dos sistemas de mensuração e dos processos repetitivos são rotineiramente conduzidos caso você esteja usando o Seis Sigma em sua organização. Mesmo que esse não seja o caso, tais estudos representam uma parte integral de qualquer sistema contemporâneo de qualidade. Os *scorecards* são amplamente utilizados em organizações que anualmente fazem planejamento e desenvolvimento estratégico. Os índices disponibilizam à gestão, por meio de um painel de instrumentos, os alertas de problemas em áreas organizacionais específicas. Relatórios finais de projetos operacionais por equipes de melhoria da qualidade, equipes de projeto Seis Sigma e outros projetos postos em prática como parte da execução do plano anual de negócios estratégicos são fontes excelentes de "lições aprendidas" e de ideias para futuros projetos. As ferramentas e técnicas para conduzir estudos de COPQ de modo contínuo estão amplamente disponíveis, e os resultados dos estudos de COPQ acabam sendo importantes para nortear projetos para novos saltos, já que identificam áreas específicas carentes de melhorias. Em suma, materiais e ferramentas para coletar informações a respeito do funcionamento interno da sua organização estão amplamente disponíveis e são fáceis de usar.

Já a coleta de informações sobre as condições no meio ambiente externo é um pouco mais complexa. Algumas abordagens requerem um *know-how* considerável e bastante cuidado. A determinação das necessidades dos clientes é um exemplo de atividade que parece simples, mas que, na realidade, requer algum *know-how* para ser realizada com sucesso. Em primeiro lugar, ela é proativa. Clientes atuais e potenciais são pessoalmente contatados e questionados para que descrevam suas necessidades em termos dos benefícios que desejam de determinados produtos, serviços ou informações. Muitos entrevistados descrevem suas necessidades em termos de um problema a ser resolvido ou de uma característica do produto. Respostas como essas precisam ser traduzidas para descreverem os benefícios que o entrevistado deseja, e não apenas o problema a ser resolvido ou a característica do produto que ele gostaria de encontrar. Ferramentas e técnicas para determinar projetos ideais de produtos e serviços existentes e futuros também estão disponíveis. Essas habilidades exigem um treinamento considerável, mas as recompensas são enormes. Dentre tais abordagens, podemos citar *Quality by Design*, *Design* para Seis Sigma (DFSS - *Design for Six Sigma*) e TRIZ, uma técnica desenvolvida na Rússia para projetar futuras necessidades dos clientes e características de produtos. As pesquisas são geralmente utilizadas para se ter uma ideia da satisfação dos clientes, pois uma "ideia" talvez seja o mais perto que se pode chegar dos sentimentos e percepções dos clientes. Estes vislumbres podem ser úteis se revelarem padrões distintos de percepções quando grandes proporções de uma mesma população respondem muito favoravelmente ou muito desfavoravelmente a uma determinada questão. Mesmo assim, resultados de pesquisas mal podem ser considerados "dados", ainda que tenham suas aplicações se forem levados em consideração com bastante cautela. As limitações da metodologia de pesquisa por levantamento obscurecem a própria clareza dos resultados das pesquisas. (Qual é a verdadeira diferença entre uma nota 2 e uma nota 3? Um entrevistado poderia dar respostas diferentes a mesma pergunta às 8h da manhã e às 3h da tarde, por exemplo. Uma elevação no índice de satisfação de um mês para o outro pode não ter significado algum se o grupo de indivíduos entrevistados no segundo mês não for exatamente o mesmo grupo que foi entrevistado no primeiro mês. Mesmo que fossem os mesmos indivíduos, a primeira objeção levantada anteriormente – sobre o horário – ainda se aplica para confundir os resultados.)

Uma abordagem mais útil para avaliar a "satisfação" dos clientes, ou mais precisamente as reações detalhadas aos produtos e serviços que obtêm de você, pode ser obtida pelo estudo de fidelidade entre os clientes, realizado a cada seis meses com entrevistadores treinados junto às mesmas pessoas. Os resultados desse estudo vão bem além dos resultados obtidos com uma pesquisa, e são quantificados e visualizados. Os clientes e os ex-clientes são instados a responderem perguntas padronizadas e cuidadosamente elaboradas acerca dos produtos e do desempenho da organização. Os entrevistadores aprofundam as respostas com perguntas complementares e com perguntas de esclarecimento. A partir dessas respostas, inúmeras informações reveladoras são obtidas e publicadas em um gráfico. Assim, é possível descobrir não apenas as características dos produtos ou serviços que deixam os entrevistados satisfeitos ou insatisfeitos, mas também como quanto o defeito X (entregas atrasadas, por exemplo) teria de ser melhorado para fazer com que os ex-clientes voltassem a fazer negócio com você.

Eis mais um exemplo: é possível representar graficamente o montante de vendas (volume e receita) resultante de um conjunto de melhorias específicas. Também é possível descobrir quais "deficiências" devem ser trabalhadas e as consequências financeiras de fazê-lo ou não. Os resultados provenientes dos estudos de fidelidade dos clientes são poderosos norteadores do planejamento estratégico e tático, bem como da atividade de saltos de melhoria.

Para descobrir tendências científicas, tecnológicas, sociais e governamentais que podem afetar a organização, é preciso simplesmente fazer uma varredura por inúmeras publicações empresariais, jornais, redes de notícias, *sites*, etc., estabelecendo o máximo de contatos profissionais. Você pode subcontratar pesquisas regulares para receber, digamos, resumos semanais com informações referentes a tipos bastante específicos de questões. Embora seja possível optar dentre inúmeros tipos de fontes de informação envolvendo tendências, não parece haver lá muita escolha entre adquirir ou não tais informações. O truque é saber distinguir as informações úteis das inúteis.

Um produto básico para qualquer função de inteligência é descobrir como as vendas e o desempenho dos produtos e serviços da organização se comparam com os dos concorrentes e dos potenciais concorrentes. Pesquisas de mercado e técnicas de inteligência de campo são recursos-padrão na maioria dos empreendimentos comerciais, e existe uma abundância de livros sobre esses temas.

Ao concluir o ciclo de adaptação, a organização será capaz de dar um salto em adaptabilidade que levará à sustentabilidade. Quando não se consegue dar um salto desses, isso talvez não indique um problema em curto prazo, apenas em longo prazo. Lembremos da crise econômica que atingiu a economia global em 2008. Havia muitas organizações globais consideradas líderes em seus mercados - quando os negócios iam bem. Durante a crise, inúmeros desses líderes de desempenho acabaram falindo, se fundiram com outros ou declararam falência apenas para ressurgir como uma organização diferente. Por que tantas organizações tiveram problemas? Segundo a nossa teoria, embora essas organizações fossem competentes em atender as necessidades dos seus clientes, elas não estavam de olho nas necessidades da sociedade. Isso levou a uma falta de informações que, caso estivessem disponíveis, teriam proporcionado tempo suficiente para "cavar trincheiras" para suportar os efeitos da crise. Para impedir que isto aconteça, a criação de uma organização adaptável de alto desempenho pode levar a um melhor desempenho quando as coisas não estiverem tão boas.

Referências

DeFeo, J. A., and W. W. Barnard. (2004). *Juran Institute's Six Sigma Breakthrough and Beyond: Quality Performance Breakthrough Methods*. McGraw-Hill, New York.

Juran Institute, Inc. (2009). *Quality 101: Basic Concepts and Methods for Attaining and Sustaining High Levels of Performance and Quality*, version 4. Juran Institute, Inc., Southbury, Conn.

CAPÍTULO 4

Alinhamento das metas de qualidade com o planejamento estratégico

Este capítulo descreve os meios pelos quais uma organização precisa alinhar as metas de qualidade com sua visão, missão e planejamento estratégico. O processo de planejamento e implementação estratégicos esclarece como uma organização pode integrar e alinhar os métodos para alcançar excelência em desempenho. Também são abordadas questões muito importantes como o que fazer para alinhar as metas com a visão e a missão organizacionais, como implementar essas metas por toda a organização e como auferir os benefícios do planejamento estratégico.

Planejamento estratégico e qualidade: os benefícios

Planejamento estratégico é uma abordagem sistemática para definir metas comerciais em longo prazo e planejar como alcançá-las. Depois que uma organização estabelece suas metas de longo prazo, um planejamento estratégico eficaz permite que ela crie um plano de negócios, o que inclui metas anuais, recursos e ações imprescindíveis para alcançá-las.

Muitas organizações se definiram como as melhores no desenvolvimento de produtos e serviços de alta qualidade para seus clientes. Ao fazê-lo, superaram o desempenho daquelas que não o fizeram. Esse desempenho está relacionado não apenas com a qualidade de seus bens e serviços, mas com os negócios em si: mais vendas, menos custos e uma cultura melhor mediante a satisfação dos clientes, e derradeiramente um maior sucesso no mercado para suas partes interessadas.

É preciso incorporar essas metas ao processo de planejamento estratégico e aos planos anuais de negócios. Isso garantirá que o novo foco se torne parte do plano e não acabe competindo com prioridades bem estabelecidas por recursos. Caso contrário, até as mudanças com as melhores intenções fracassarão.

Muitos líderes compreendem o significado do planejamento estratégico no que se refere à elaboração do planejamento estratégico e das metas e objetivos financeiros a serem alcançados. Frequentemente, eles não incluem a implementação das metas, submetas e metas anuais de *qualidade* ou a alocação de recursos e ações para alcançá-las. Tentaremos destacar essa diferença e usar o termo *planejamento e implementação estratégica* ao longo deste capítulo. Muitas organizações superaram fracassos com programas de mudança e alcançaram resultados duradouros mediante a implementação estratégica.

O Seis Sigma, o Seis Sigma *Lean* e, em anos anteriores, o TQM, tornaram-se processos bem difundidos e foram candidatos naturais para inclusão no planejamento estratégico de muitas organizações. A integração desses métodos voltados para a qualidade e para o cliente com o planejamento estratégico foi importante para o sucesso dessas organizações.

Diferentes organizações adotaram diferentes termos para esse processo. Algumas usaram o termo japonês *hoshin kanri*. Outras traduziram parcialmente a expressão e a chamaram de *planejamento honshin*. Outras, ainda, adotaram uma tradução grosseira do termo e a chamaram de *desdobramento de diretrizes*. Numa versão anterior do Prêmio Nacional de Qualidade Malcolm Baldrige, esse processo foi chamado de planejamento de qualidade estratégica. Mais tarde, esse critério de premiação foi rebatizado de *planejamento estratégico*.

Determinar se a alta gerência deve alinhar a qualidade com o planejamento é uma decisão exclusiva de cada organização. O que é decisivo é a importância de integrar importantes iniciativas de mudança ou programas de qualidade com o planejamento estratégico. Os benefícios potenciais do planejamento e da implementação estratégicos são claros:

- As metas ficam claras – o processo de planejamento força o esclarecimento de quaisquer aspectos mais vagos.
- O processo de planejamento torna, assim, as metas alcançáveis.
- O processo de monitoramento ajuda a assegurar que as metas sejam alcançadas.
- A redução dos desperdícios crônicos é *programada* por meio do processo de melhoria.
- A criação de um novo foco nos clientes e na qualidade é colocada em prática conforme são feitos progressos.

O que é planejamento e implementação estratégicos?

Trata-se de uma abordagem sistemática para integrar ao planejamento estratégico da organização métodos de excelência em qualidade e em negócios sistêmicos e focados no cliente. O planejamento estratégico é um processo sistemático pelo qual uma organização define suas metas em longo prazo com relação à qualidade e aos clientes, e as integra *pari passu* com metas financeiras, de recursos humanos, *marketing*, e pesquisa e desenvolvimento num único e coeso plano de negócios. A partir daí, o plano é colocado em prática por toda a organização.

Como um componente de um eficaz sistema de gestão de negócios, o planejamento estratégico permite que uma organização planeje e execute saltos estratégicos organizacionais. Em longo prazo, o efeito pretendido de tais saltos é alcançar uma vantagem competitiva ou garantir a condição de *liderança de qualidade.*

O planejamento estratégico evoluiu nas últimas décadas até se tornar uma parte integrante de muitos processos de mudança organizacional, como Seis Sigma e Excelência Operacional (OpEx). Atualmente, ele faz parte dos fundamentos que sustentam o sistema mais amplo de gestão dos negócios para a organização. Um modelo simples de planejamento e implementação estratégicos é mostrado na Figura 4.1. Ele será usado ao longo deste capítulo.

O planejamento estratégico e sua implementação também representam um elemento-chave do Prêmio Nacional de Qualidade Malcolm Baldrige dos Estados Unidos e do Prêmio da Fundação Europeia para Gestão da Qualidade (EFQM, na sigla em inglês), bem como de outras premiações internacionais e estaduais. Os

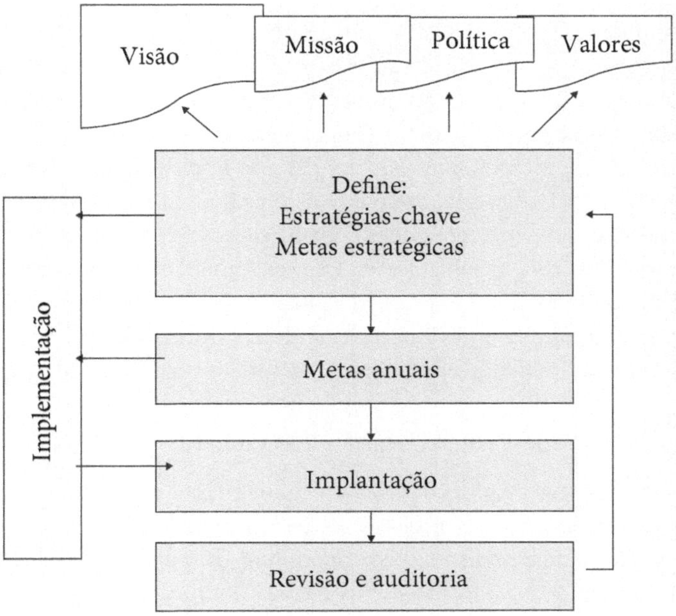

FIGURA 4.1 Modelo de planejamento estratégico. (De Juran e DeFeo, 2010)

critérios desses prêmios valorizam a qualidade voltada para o cliente e a excelência em desempenho operacional como estratégicas para o negócio, devendo fazer parte do planejamento geral. Uma avaliação crítica dos ganhadores do Prêmio Nacional de Qualidade Malcolm Baldrige demonstra que as organizações premiadas superaram o desempenho daquelas não premiadas (Tabela 4.1).

TABELA 4.1 Prêmio Nacional de Qualidade Malcolm Baldrige para Melhor Desempenho (De *Businessweek*, 1998)

	1988-1996 Investimentos	Valor em 01/12/1997	Mudança percentual
Todos os premiados	US$ 7.496,54	US$ 33.185,69	342
Standard & Poor's 500	US$ 7.496,54	US$ 18.613,28	148

Fonte: National Institute of Standards and Technology

De 1995 a 2002, foi demonstrado o quanto a qualidade pode ser lucrativa. O *Índice Baldrige* superou o desempenho do índice acionário S&P 500 por oito anos seguidos, às vezes chegando a superar o S&P 500 por margens de 4:1 ou 5:1. O Índice Baldrige foi suspenso em 2004 quando passou a reconhecer e premiar pequenas empresas e entidades educacionais junto com suas categorias normais do Prêmio Nacional de Qualidade. A inclusão de organizações de menor porte distorceu o Índice Baldrige, ainda que os resultados do estudo original, quando ambos os lados estavam em pé de igualdade, falem por si: a qualidade compensa.

Godfrey (1997) observou que, para ser eficaz, a implementação estratégica deve ser usada como uma ferramenta, como um meio para um fim, e não como uma meta em si. Ela deve ser um empreendimento capaz de envolver pessoas de todas as áreas da organização e precisa englobar atividades já existentes, não apenas adicionar mais atividades a setores já atulhados. A implementação estratégica precisa, ainda, ajudar a alta gerência a enfrentar decisões difíceis, estabelecer prioridades e não apenas a começar novas atividades, mas também a eliminar atividades atuais que não agregam valor.

Metas de qualidade e de satisfação dos clientes

Essas importantes metas são incorporadas e apoiadas por uma hierarquia de metas nos níveis inferiores: submetas, projetos, etc. Metas de melhoria são metas voltadas à criação de um salto no desempenho de um produto, de um processo de atendimento ou de pessoas ao focar as necessidades dos clientes, dos fornecedores e dos acionistas. O planejamento incorpora a *voz do cliente* e a alinha a si, o que permite que as metas sejam legítimas e equilibra as metas financeiras (importantes para os acionistas) com aquelas importantes para os clientes. Ele também elimina a preocupação de que existam dois planejamentos, um para as finanças e outro para a qualidade.

Uma metodologia sistemática e estruturada para o estabelecimento de metas anuais e a alocação de recursos precisa incluir o seguinte:

- *Alocação de recompensas.* A comparação do desempenho com as metas de melhoria recebe um peso substancial no sistema de qualificação de mérito e reconhecimento. Para isso é preciso haver uma mudança na estrutura para recompensar os comportamentos corretos.
- *Participação exigida e universal.* As metas, relatórios, revisões, etc. são desenvolvidos para conseguir a participação da hierarquia da organização. Essa participação envolve cada funcionário em cada escalão, oferecendo suporte à iniciativa de mudança e ajudando a alcançar os resultados desejados.
- *Uma língua comum.* Termos-chave, como *qualidade*, *benchmarking* e *implementação de estratégia de qualidade* devem adquirir significados-padrão para que as comunicações se tornem cada vez mais precisas.
- *Treinamento.* É comum que todos os funcionários passem por treinamento referente a vários conceitos, processos, métodos, ferramentas, etc. Organizações que treinam assim sua mão de obra, em todas as funções, em todos os escalões e no momento certo, estão bem preparadas para superar o desempenho de outras organizações em que tal treinamento ficou restrito ao departamento de qualidade ou aos gestores.

Por que a implementação estratégica? Os benefícios

A primeira pergunta que costuma surgir nos estágios iniciais do planejamento estratégico de uma organização é: para início de conversa, para que fazer planejamento estratégico? Para respondê-la, é preciso analisar os benefícios colhidos pelas organizações que de fato realizaram esse planejamento. Elas relatam que o planejamento estratégico:

- Concentra os recursos da organização nas atividades essenciais para elevar a satisfação dos clientes, diminuir os custos e aumentar o valor para os acionistas (veja a Tabela 4.1)
- Cria um sistema de planejamento e implementação adaptável, flexível e disciplinado
- Incentiva a cooperação interdepartamental
- Proporciona um método para executar saltos ano após ano
- Delega poder aos líderes, gestores e funcionários ao alocar os recursos que colocam em prática as iniciativas planejadas
- Elimina iniciativas desnecessárias e dispendiosas que não constam do planejamento
- Elimina a existência de muitos planejamentos potencialmente conflituosos – o planejamento financeiro, o planejamento de *marketing*, o planejamento de tec-

nologia e o planejamento de qualidade
- Concentra recursos para garantir que os planejamentos financeiros sejam alcançáveis

Por que a implementação estratégica? Os riscos

Diferentes organizações já tentaram colocar em prática a Gestão da Qualidade Total, bem como outros sistemas de gestão de mudanças. Algumas organizações chegaram a resultados incríveis; outras se decepcionaram com os resultados, muitas vezes alcançando poucos ganhos no balanço financeiro final e um baixo aumento da satisfação dos clientes. Alguns desses esforços foram classificados como fracassos, e uma das causas principais dessas decepções é a incapacidade de incorporar os "programas de qualidade" aos planos de negócios da organização.

Outros motivos para o fracasso são os seguintes:

- O planejamento estratégico foi atribuído aos departamentos de planejamento, não aos gestores. Esses planejadores careciam de treinamento em conceitos e métodos, e não estavam entre os tomadores de decisões da organização, o que levou a um planejamento estratégico que não incluía metas de melhoria voltadas para a satisfação dos clientes, para a melhoria dos processos, etc.
- Departamentos individuais buscaram suas próprias metas departamentais, deixando de integrá-las às metas organizacionais em geral.
- Novos produtos e serviços continuaram a ser desenvolvidos com falhas advindas de projetos anteriores que foram repassadas aos novos modelos, ano após ano. Os novos projetos não foram avaliados ou melhorados e, consequentemente, não foram voltados à satisfação dos clientes.
- Projetos sofreram atrasos e desperdícios devido a uma falta de participação, e acabaram antes que resultados positivos pudessem ser alcançados.
- Partiu-se do pressuposto de que as metas de melhoria se aplicavam apenas aos bens fabricados e aos processos de fabricação. Os clientes ficaram irritados por receberem bens defeituosos; também ficaram irritados por receberem faturas incorretas e entregas atrasadas. Os processos comerciais responsáveis pelas faturas e entregas não foram submetidos a um planejamento moderno de qualidade e a melhorias, pois tais metas não constavam no planejamento anual.

As deficiências nos processos anteriores de planejamento estratégico tiveram suas origens na falta de uma abordagem sistemática e estruturada para integrar os programas em um único planejamento. À medida que mais organizações se familiarizaram com a implementação estratégica da qualidade, muitas adotaram suas técnicas, que tratam a gestão voltada para a mudança da mesma forma que a gestão voltada para as finanças é tratada: como uma ação no âmbito da organização como um todo.

Lançando planejamento e implementação estratégicos

A elaboração de um planejamento estratégico focado na qualidade e no cliente requer que os líderes se tornem treinadores e professores, envolvidos de forma pessoal e consistente, que eliminem a atmosfera de culpabilidade e que tomem suas decisões com base nos melhores dados disponíveis.

Juran (1988) declarou: "Você precisa da participação das pessoas que serão afetadas, não apenas na execução do planejamento, mas no planejamento propriamente dito. Você precisa ser capaz de ir devagar, sem surpresas, e usar locais de teste para identificar alguns dos aspectos danosos para então corrigi-los".

O processo de implementação estratégica

O processo de implementação estratégica exige que a organização incorpore o foco no cliente em sua missão, sua visão, seus valores, suas políticas, suas estratégias e suas metas, bem como em projetos de curto e longo prazo. Os projetos são as atividades do dia a dia, mês a mês, que ligam as atividades de melhoria da qualidade, os esforços de engenharia e as equipes de planejamento de qualidade aos objetivos empresariais da organização.

Os elementos necessários para estabelecer a implementação estratégica geralmente são similares entre todas as organizações. No entanto, as particularidades de cada organização acabam determinando a sequência e o ritmo de utilização e até que ponto elementos adicionais precisam ser providenciados.

Há, sem dúvida, uma abundância de jargões para comunicar o processo de implementação estratégica. Dependendo da organização, podem ser usados termos diferentes para descrever conceitos similares. Por exemplo, aquilo que uma organização chama de *visão* outra pode chamar de *missão* (veja a Tabela 4.2).

TABELA 4.2 Visão e missão organizacionais (De Juran e DeFeo, 2010)

Definições selecionadas	
Missão	Em que negócio estamos inseridos
Visão	Futuro desejado da organização
Valores	Princípios a serem obedecidos para cumprir a visão, ou princípio que será atendido ao cumprir a visão
Política	Como operaremos e qual é nosso compromisso com os clientes e a sociedade

As definições de elementos de planejamento estratégico citadas a seguir são de uso bastante difundido e são usadas neste capítulo:

- *Visão.* O futuro desejado para uma organização ou empresa. Imaginação e inspiração são componentes importantes de uma visão. Normalmente, uma visão pode ser encarada como a meta derradeira da organização, a qual pode levar de cinco a sete anos para ser alcançada.
- *Missão.* Trata-se do objetivo ou da razão de ser da organização e costuma declarar, por exemplo, o que ela faz e quem atende.
  - A presença da JetBlue no Aeroporto Internacional JFK é inigualável. Levando-se em consideração a quantidade de passageiros embarcados, a JetBlue transporta quase o equivalente ao total de todas as outras companhias aéreas que operam no JFK. Com sua consolidação no maior mercado de viagens dos Estados Unidos, a JetBlue garante sua lucratividade mesmo em mercados difíceis. "Nossa missão é trazer o lado humano de volta ao transporte aéreo". (JetBlue, 2008)
- *Estratégias.* Os meios para cumprir a visão. As estratégias são poucas e definem os fatores-chave para o sucesso, como preço, valor, tecnologia, fatia de mercado e cultura, que a organização deve buscar. As estratégias às vezes são chamadas de *objetivos-chave* ou *metas de longo prazo.*
- *Metas anuais.* O que a organização precisa alcançar ao longo de um período de um a três anos; o alvo ou a reta final para onde os esforços operacionais estão direcionados. As metas são divididas entre de *longo prazo* (de dois a três anos) e de *curto prazo* (de um a dois anos). O cumprimento das metas sinaliza a execução bem-sucedida da estratégia.
  - A JetBlue deseja preservar sua experiência básica de voos únicos, de baixo custo e de alta qualidade, adicionando ao mesmo tempo ofertas de produtos especiais para todos os clientes.
- *Ética e valores.* O que a organização defende e no que ela acredita.
  - Durante quatro anos consecutivos, a JetBlue figurou no primeiro lugar em atendimento aos clientes dentre as empresas aéreas de baixo custo, segundo a J.D. Power & Associates. É o excepcional atendimento ao cliente que continua a impulsionar e a diferenciar a JetBlue. Parcerias com a Sirius XM e com a Direct TV, e um aumento no espaço para as pernas tornaram a experiência de voo mais agradável para o cliente.
- *Políticas.* Um guia para as ações administrativas. Uma organização pode estabelecer políticas em diversas áreas: qualidade, meio ambiente, segurança, recursos humanos, etc. Essas políticas orientam a tomada de decisões no dia a dia.
- *Iniciativas e projetos.* Devem envolver equipes multifuncionais formadas para se encarregar de uma meta implementada, e cuja conclusão bem-sucedida garante que as metas estratégicas sejam alcançadas. Uma iniciativa ou projeto implica na alocação de indivíduos selecionados em uma equipe, os quais recebem a res-

ponsabilidade, as ferramentas e a autoridade para alcançar a meta ou as metas específicas.

- Depois de seis anos de planejamento e três anos de construção, o terminal 5 da JetBlue foi inaugurado no JFK. O terminal 5 oferece aos clientes da JetBlue estacionamento próprio e acesso facilitado à companhia. Ele compreende 26 portões, oferece o melhor em comodidades e concessões, e pela proximidade com a pista, pode ser ainda mais eficiente em seus processos. O terminal 5 só faz avançar a presença da JetBlue no mercado de viagens de Nova York.

- *Planejamento de implementação.* Para transformar uma visão em ação, a visão precisa ser subdividida e traduzida em partes sucessivamente menores e mais específicas – estratégias-chave, metas estratégicas, etc. – chegando ao patamar de projetos e até mesmo de ações departamentais. O planejamento detalhado para a decomposição e distribuição por toda a organização é chamado de *planejamento de implementação* e inclui a atribuição de papéis e responsabilidades, bem como a identificação dos recursos necessários para colocar em prática e cumprir as metas dos projetos (Figura 4.2).
- Scorecards *e indicadores-chave de desempenho.* Parâmetros que ficam visíveis por toda a organização para avaliar até que ponto o planejamento estratégico está sendo cumprido.
  - Ao final de 2008, a JetBlue era a sétima maior empresa aérea de transporte de passageiros nos Estados Unidos, realizando 600 voos por dia.

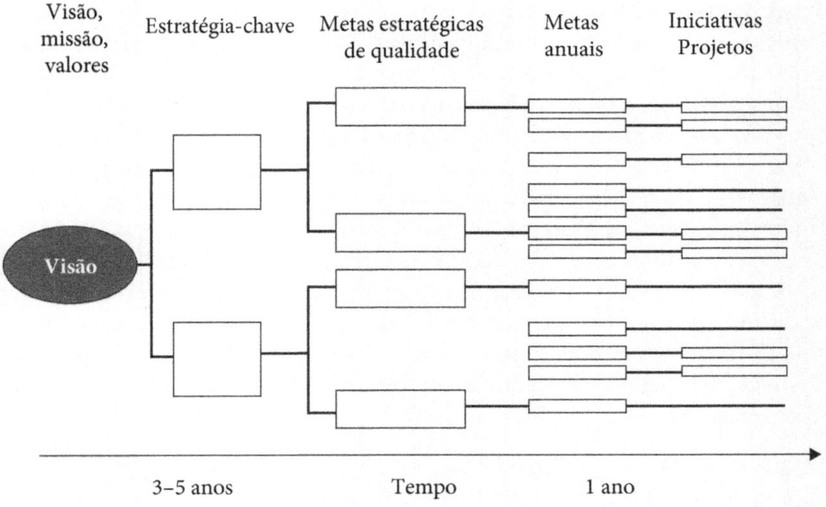

FIGURA 4.2 Implementando a visão. (De Juran e DeFeo, 2010)

Desenvolvendo os elementos do planejamento e desenvolvimento estratégicos

Estabelecendo uma visão

O desenvolvimento estratégico começa por uma visão centrada no cliente. Dentre as organizações que estão conseguindo fazer a transição para um modelo mais colaborativo, a chave do sucesso reside no desenvolvimento e na observação diária de uma visão estratégica comum. Quando se consegue entrar em acordo sobre uma direção em geral, é possível ser flexível quanto aos meios para trilhá-la (Tregoe e Tibia, 1990):

> *Visões realmente poderosas são definidas com simplicidade. Os Dez Mandamentos, a Declaração de Independência, um discurso de Winston Churchill durante a Segunda Guerra Mundial - todos apresentam mensagens tão simples e diretas que são quase palpáveis. Nossa estratégia corporativa deve ser igualmente convincente.*

Uma visão deve definir os benefícios que um cliente, um funcionário, um acionista ou uma sociedade pode esperar de uma organização. Eis alguns exemplos:

- A Samsung, a maior fabricante mundial de produtos digitais de alta tecnologia, é orientada por uma visão singular: "liderar o movimento de convergência digital". A Samsung acredita que, com a inovação tecnológica atual, encontraremos as soluções de que precisamos para enfrentar os desafios de amanhã. Da tecnologia vem a oportunidade - das empresas crescerem, dos cidadãos em mercados emergentes prosperarem tirando proveito da economia digital, e das pessoas inventarem novas possibilidades. É nossa meta desenvolver tecnologias inovadoras e processos eficientes que criem novos mercados, enriqueçam as vidas das pessoas e continuem a fazer da Samsung uma líder de mercado confiável.
- A Sentara Health (sediada no nordeste dos Estados Unidos): "Temos o compromisso de crescer até nos tornarmos uma das organizações líderes em atendimento de saúde no país ao criarmos sistemas inovadores de atendimento que ajudem as pessoas a alcançarem e manterem os melhores estados possíveis de saúde".
- A Kaiser Permanente (um grande sistema de saúde sediado nos Estados Unidos): "Estamos comprometidos em proporcionar a nossos membros um atendimento de qualidade a um bom custo/benefício. Nossos médicos e gestores trabalham juntos para melhorar o atendimento, o serviço e o desempenho geral da nossa organização".

Cada uma das visões precedentes oferece uma perspectiva bem diferente da direção e do caráter da organização, e cada uma passa uma imagem geral aos clientes e funcionários sobre o rumo traçado. Para a organização, a visão proporciona, muitas vezes pela primeira vez em sua história, um retrato claro de para onde ela está indo e por que esse foi o caminho escolhido.

Para serem completas, as declarações de visão também devem ser atraentes e compartilhadas por toda a organização. Muitas vezes é boa ideia impor uma visão desafiadora para a organização, mas possível de ser cumprida dentro de três a cinco anos, e estipular uma conquista mensurável (por exemplo, ser a melhor). Ao criarem uma visão, as organizações devem levar em consideração seus clientes, os mercados em que querem competir, o meio ambiente em que operam e o estado atual da cultura organizacional.

Por si só, declarações de visão são pouco mais do que palavras. A publicação de uma declaração de visão não informa a um membro da organização sobre o que ele deve fazer de diferente em relação ao que fez no passado. O processo de implementação estratégica e o planejamento estratégico são a base para transformar a visão em realidade. As palavras da visão são apenas um lembrete daquilo que a organização está buscando. A visão deve ser colocada em prática por meio de feitos e ações.

Algumas armadilhas devem ser evitadas ao se formar uma visão:

- Concentrar a visão exclusivamente nos acionistas e não nos clientes
- Achar que depois que um planejamento estratégico está no papel ele será colocado em prática sem exigir mais trabalho
- Não conseguir explicar a visão como um benefício aos clientes, funcionários, fornecedores e outros grupos interessados
- Criar uma visão que seja ou fácil demais ou difícil demais de cumprir
- Não levar em consideração os efeitos que as rápidas mudanças da economia global terão daqui a três ou cinco anos
- Deixar de envolver funcionários-chave de todos os escalões na criação da visão
- Não realizar *benchmark* junto à concorrência ou não considerar todas as possíveis fontes de informação quanto a necessidades futuras, capacidades internas e tendências externas

Entre em acordo sobre a sua missão

A maioria das organizações dispõe de uma declaração de missão. Uma declaração de missão serve para responder a pergunta: "Em que negócio nós estamos?". É comum que a missão seja confundida com a visão e que seja até mesmo publicada como tal. Uma declaração de missão deve esclarecer o objetivo ou a razão de ser da organização. Ela ajuda a deixar claro o que a organização é.

Eis a seguir alguns exemplos:

- *Samsung*. Tudo o que fazemos é orientado pela nossa missão: ser a melhor "empresa eletrônica/digital".

- *Amazon.com.* Nossa visão é ser a empresa mais focada nos clientes de todo o mundo, construindo um local onde as pessoas possam ir para encontrar e descobrir qualquer coisa que desejem comprar *online*.
- *Dell.* Ser a empresa de maior sucesso no mundo e proporcionar a melhor experiência aos clientes nos mercados que eles compartilham.
- *eBay.* Ser a pioneira em comunidades com base no comércio, sustentadas pela confiança e inspiradas pela oportunidade. A eBay reúne milhões de pessoas todos os dias nos âmbitos local, nacional e internacional por meio de uma gama de *sites* voltados a comércio, pagamentos e comunicações.
- *Facebook.* Uma rede social que ajuda as pessoas a se comunicar de forma mais eficiente com seu amigos, familiares e colegas de trabalho. Nossa empresa desenvolve tecnologias que facilitam o compartilhamento de informações por meio de um gráfico social, o mapeamento digital das conexões sociais do mundo real entre as pessoas. Qualquer um pode se inscrever no Facebook e interagir com as pessoas que conhece dentro de um ambiente confiável.
- *Google.* Organizar as informações do mundo e torná-las universalmente acessíveis e úteis.
- *Ritz-Carlton Hotel.* Um lugar onde o verdadeiro cuidado e conforto de nossos hóspedes é a nossa maior missão.
- *Sentara Health.* Vamos nos concentrar, planejar e agir de acordo com nossos compromissos com nossa missão comunitária, nossos clientes e com os mais elevados padrões de qualidade no atendimento médico a fim de cumprir nossa visão para o futuro.

No exemplo da Sentara, as referências à liderança e ao futuro podem levar o leitor a confundir essa declaração de missão (em que negócio nós atuamos) com a declaração de visão (o que buscamos nos tornar). Só a organização pode decidir se essas palavras pertencem à declaração de missão. É ao debater tais questões que a organização chega a um consenso em sua visão e sua missão.

Juntas, uma visão e uma missão proporcionam uma direção comum e acordada para a organização inteira. Essa direção pode ser usada como base para as decisões tomadas cotidianamente.

Para determinar quais devem ser as estratégias-chave, talvez seja preciso analisar cinco áreas da organização e obter os dados necessários sobre:

- Fidelidade e satisfação dos clientes
- Custos relacionados à má qualidade ou a produtos, serviços e processos deficientes
- Cultura organizacional e satisfação dos empregados
- Processos comerciais internacionais (incluindo fornecedores)
- *Benchmark* da concorrência

Quando analisadas, cada uma dessas áreas pode formar a base para fichas de avaliação do tipo *balanced scorecard* voltadas aos negócios (ver "O *scorecard*" mais adiante neste capítulo). Os dados precisam ser analisados para descobrir pontos fortes, pontos fracos, oportunidades e ameaças específicos com relação a clientes, qualidade e custos. Quando concluídas, as estratégias-chave podem ser criadas ou modificadas para expressar metas mensuráveis e observáveis de longo prazo.

Desenvolva metas anuais

Uma organização estabelece metas estratégicas específicas e mensuráveis que precisam ser alcançadas para que a estratégia mais ampla tenha sucesso. Essas metas quantitativas orientarão os esforços da organização na busca por aplicar cada estratégia. Na acepção empregada aqui, uma *meta* é um alvo em que se está mirando. Uma meta precisa ser específica e quantificável (mensurável), e deve ser alcançada dentro de um período específico. A princípio, uma organização pode não saber até que ponto se deve especificar uma determinada meta, mas, com o passar do tempo, os sistemas de mensuração melhorarão, e o estabelecimento de metas ficará mais específico e mais mensurável.

Apesar da particularidade inerente a cada setor e a cada organização, certas metas podem ser amplamente adotadas. Há sete áreas que impõem requisitos mínimos para garantir que as metas apropriadas sejam estabelecidas:

1. *Desempenho do produto.* As metas nessa área se referem às características do produto que determinam a resposta às necessidades dos clientes, como agilidade de serviço, consumo de combustível, tempo médio entre falhas e cortesia. Essas características de produto influenciam diretamente seu potencial de vendas e as receitas arrecadadas.
2. *Desempenho competitivo.* Sempre foi uma meta nas economias baseadas em mercado, mas raramente é parte do plano de negócios. A tendência de fazer do desempenho competitivo uma meta de negócios em longo prazo é recente, mas irreversível. Ela difere de outras metas por estabelecer o alvo com relação à concorrência, o que, numa economia global, representa um alvo em rápido movimento. Por exemplo: "todos os nossos produtos serão considerados os 'melhores em sua classe' depois de um ano da sua introdução em comparação com os produtos dos cinco maiores concorrentes".
3. *Melhoria empresarial.* As metas nessa área podem ser voltadas para a melhoria das deficiências em produtos ou serviços, ou para a redução do custo com desperdício por má qualidade no sistema. As metas de melhoria são implementadas por meio de uma estrutura formal de projetos de melhoria da qualidade com atribuição das responsabilidades associadas. Coletivamente, esses projetos têm como foco a redução das deficiências na organização, levando a um melhor desempenho.

4. *Custo da má qualidade.* As metas relacionadas à melhoria da qualidade geralmente incluem uma meta de redução dos custos incorridos por má qualidade ou desperdício no processo. Esses custos não são conhecidos com precisão, embora suas estimativas sejam bem altas. Ainda assim, é viável, por meio de estimativas, incluir essa meta no plano de negócios e implementá-la com sucesso para rebaixar os níveis. Uma típica meta é reduzir o custo de má qualidade anualmente em 50% por três anos.
5. *Desempenho dos processos comerciais.* Só recentemente as metas nessa área entraram para o planejamento estratégico de negócios. Elas dizem respeito ao desempenho dos principais processos, multifuncionais por natureza, como desenvolvimento de novos produtos, gestão da cadeia de suprimento e tecnologia da informação, além de subprocessos como contas a receber e aquisições. Para tais macroprocessos, um problema especial é decidir quem deve ter a responsabilidade por alcançar a meta. Analisamos isto mais adiante em "Implantação para quem?".
6. *Satisfação dos clientes.* O estabelecimento de metas específicas para a satisfação dos clientes ajuda a manter a organização focada no cliente. Claramente, a implantação destas metas requer uma boa quantidade de dados confiáveis a respeito do nível atual de satisfação/insatisfação e de quais fatores contribuirão para aumentar a satisfação e remover a insatisfação. Caso as necessidades mais importantes sejam conhecidas, as estratégias da organização podem ser alteradas para que se atenda melhor a elas.
7. *Fidelidade e retenção de clientes.* Além da mensuração direta da satisfação dos clientes, é ainda mais útil compreender o conceito de fidelidade dos clientes. A fidelidade dos clientes é uma medida do comportamento de compra entre o cliente e o fornecedor. Um cliente que precisa de um produto oferecido por um fornecedor A e que compra exclusivamente junto a esse fornecedor é definido como um cliente com 100% de fidelidade em relação a A. Um estudo de fidelidade abre a organização a uma melhor compreensão do poder de venda dos produtos a partir do ponto de vista dos clientes, e produz o incentivo para determinar o que deve ser feito para satisfazer melhor as necessidades dos clientes. A organização pode fazer estudos de *benchmark* para descobrir qual é o desempenho da concorrência, e então estabelecer metas para superar esse desempenho (ver Tabela 4.3).

As metas selecionadas para o plano anual de negócios são escolhidas a partir de uma lista de indicações feita por todos os níveis da hierarquia. Apenas algumas dessas indicações sobreviverão ao processo de triagem e farão parte do plano de negócios da organização como um todo. Já outras indicações podem acabar entrando apenas nos planos de negócios de escalões inferiores da organização. Muitas indicações serão adiadas por não conseguirem atrair a prioridade necessária e, portanto, não receberão recursos da organização.

TABELA 4.3 Metas de qualidade no plano de negócios

(De Juran e DeFeo, 2010)

Desempenho de produto (foco no cliente): Diz respeito às características de desempenho que determinam a resposta às necessidades dos clientes, como agilidade de serviço, consumo de combustível, tempo médio entre falhas e cortesia. (Produtos incluem bens e serviços.)
Desempenho competitivo: Alcançar e superar o desempenho da concorrência sempre foi uma meta. A novidade está em incluir isso no plano de negócios.
Melhoria do desempenho: Esta é uma nova meta. Ela se impõe pelo fato de que a taxa de melhoria da qualidade acaba decidindo quem será o líder de qualidade no futuro.
Redução do custo da má qualidade: A meta aqui diz respeito a ser competitivo em termos de custos. Os parâmetros dos custos da má qualidade precisam ser baseados em estimativas.
Desempenho dos processos do negócio: Diz respeito ao desempenho dos principais processos multifuncionais, como cobranças, aquisições e lançamento de novos produtos.

A alta gerência deve ser uma fonte importante de indicações de metas estratégicas, já que recebe dados importantes de fontes como membros do conselho executivo, contatos com o cliente, revisões periódicas de desempenho comercial, contatos com a alta gerência de outras organizações, acionistas e queixas de funcionários.

Metas que afetam o poder de vendas de produtos e a geração de receitas devem se basear primordialmente em alcançar e superar a qualidade encontrada no mercado. Algumas dessas metas dizem respeito a projetos com um longo tempo de atravessamento, como, por exemplo, o desenvolvimento de um novo produto envolvendo um tempo de ciclo de vários anos, a informatização de um importante processo comercial ou um grande projeto de construção que levará vários anos. Em tais casos, a meta deve ser estabelecida tendo em vista a concorrência estimada como predominante quando esses projetos forem concluídos, a fim de deixar esta concorrência para trás.

Em setores que são monopólios naturais (como alguns tipos de serviços públicos), as organizações muitas vezes conseguem fazer comparações usando bancos de dados do setor. Em algumas organizações também há uma concorrência interna – os desempenhos dos braços regionais são comparados entre si.

Alguns departamentos internos também podem ser monopólios internos. No entanto, a maioria dos monopólios internos têm concorrentes em potencial: fornecedores externos que oferecem os mesmos serviços. O desempenho do fornecedor interno pode ser comparado com as propostas do fornecedor externo.

Uma terceira base, amplamente usada para estabelecer metas, é o histórico de desempenho. No caso de alguns produtos e processos, a base histórica é um auxílio à estabilidade desejada. Para outros casos, sobretudo para aqueles que envolvem custos cronicamente altos por má qualidade, a base histórica fez muitos estragos ajudando a perpetuar um desempenho cronicamente dispendioso. Durante o estabelecimento de metas, a alta gerência deve permanecer alerta em relação ao mau uso dos dados históricos. Metas para custos cronicamente altos pela má qualidade devem se basear em saltos planejados usando-se o processo de melhoria aos saltos descrito em *Juran's Quality Handbook*, 6ª ed., Capítulo 5, "Quality Improvement: Creating Breakthroughs in Performance".

O papel da liderança

Uma passo fundamental para qualquer planejamento estratégico é a participação da alta gerência como um conselho executivo. Seus membros geralmente são executivos-chave, e a alta gerência precisa se unir como uma equipe para entrar em acordo sobre a direção estratégica da organização. O conselho é formado para supervisionar e coordenar todas as atividades estratégicas voltadas para o cumprimento do planejamento estratégico, além de ser responsável pela execução do planejamento estratégico de negócios e pelo monitoramento dos indicadores-chave de desempenho. No mais alto escalão da organização, um conselho executivo deve se reunir mensal ou trimestralmente.

Os executivos são responsáveis por garantir que todas as unidades de negócio tenham um conselho similar nos níveis subordinados da organização. Em tais casos, os conselhos são interligados, ou seja, os membros de conselhos de escalões mais altos atuam como diretores dos conselhos inferiores (ver Figura 4.3).

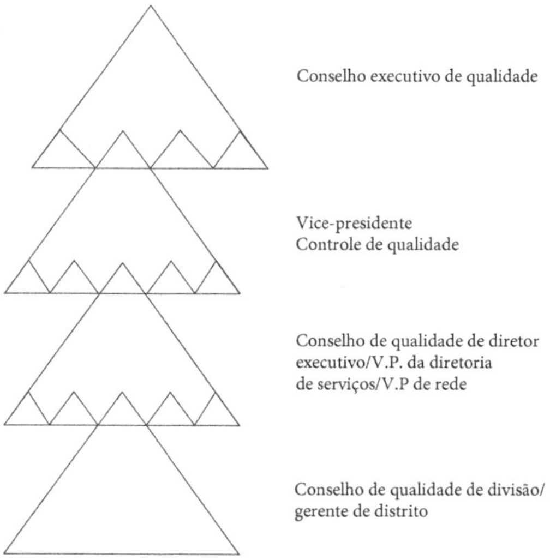

FIGURA 4.3 Como os conselhos de qualidade são ligados entre si. (De Juran, 1994)

Caso o conselho ainda não exista, a organização deve criar um. Numa organização global, os processos são complicados demais para que sejam administrados funcionalmente, e um conselho garante uma equipe multifuncional trabalhando em conjunto para maximizar a eficiência e a eficácia dos processos. Ainda que isso possa parecer fácil, na prática não o é. Os membros da equipe sênior de gestão talvez não queiram abrir mão dos monopólios de que desfrutaram no passado. O gerente de vendas e *marketing*, por exemplo, está acostumado a ter responsabilidade exclusiva pela criação de produtos, enquanto o gerente de manufatura sempre teve liberdade na fabricação dos produtos. Em curto prazo, esses gerentes talvez não abram mão facilmente de seus monopólios para atuar em equipe.

Metas de subdivisão e implementação

A implementação de metas é a conversão delas em planos e projetos operacionais. *Implementação*, na acepção usada aqui, significa a subdivisão das metas e a alocação das submetas em níveis inferiores. Essa conversão requer uma cuidadosa atenção com detalhes como as ações necessárias para cumprir as metas, os recursos necessários e os cronogramas e marcos temporais planejados. Uma implementação bem-sucedida exige o estabelecimento de uma infraestrutura para administrar o planejamento. As metas são distribuídas para equipes multifuncionais, funções e indivíduos (veja a Figura 4.4).

Assim que houver consenso sobre as metas estratégicas, elas precisam ser subdivididas e comunicadas aos escalões inferiores. O processo de implementação também inclui a divisão de metas amplas em partes gerenciáveis (metas ou projetos em curto prazo). Eis a seguir alguns exemplos:

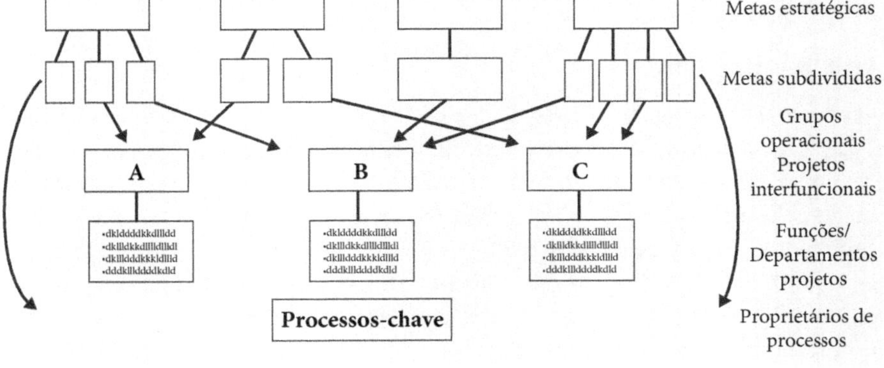

FIGURA 4.4 Implementação das metas estratégicas. (De Juran e DeFeo, 2010)

A meta de uma companhia aérea de alcançar 99% de chegadas dentro do horário pode exigir iniciativas específicas a curto prazo (de 8 a 12 meses) para lidar com questões como:

- A política de atrasar partidas para acomodar voos em conexão atrasados
- As tomadas de decisão dos funcionários nos portões de embarque
- A disponibilidade de equipamento para limpar o avião
- A necessidade de revisões em procedimentos departamentais para limpar o avião
- O comportamento e a conscientização dos funcionários

A meta de um hospital de melhorar o estado de saúde das comunidades atendidas pode exigir iniciativas que:

- Reduzam a incidência de doenças e enfermidades previsíveis
- Melhorem o acesso dos pacientes ao atendimento
- Melhorem as condições de tratamento de enfermidades crônicas
- Desenvolvam novos serviços e programas em resposta a necessidades da comunidade

Tal implementação alcança alguns objetivos essenciais:

- A subdivisão continua até identificar ações específicas a serem realizadas
- A alocação continua até atribuir responsabilidade específica pela realização de ações específicas

Aqueles que recebem a responsabilidade reagem determinando os recursos necessários e comunicando-os aos escalões superiores. Muitas vezes, o conselho precisa definir projetos específicos, completos com atribuições de equipes e seus membros, para assegurar que as metas sejam cumpridas (veja a Figura 4.5). (Para mais informações sobre processos de melhoria, veja *Juran's Quality Handbook*, 6ª ed., Capítulo 5, "Quality Improvement: Creating Breakthroughs in Performance".)

Quem implementa?

O processo de implementação se inicia pela identificação das necessidades da organização e da alta gerência. Essas necessidades determinam o que precisa ser realizado na prática. O processo de implementação conduz a um conjunto ideal de metas pela análise dos recursos necessários. Os projetos específicos visam às metas subdividas. No início dos anos 1980, por exemplo, a meta de fazer o recém-projetado Ford Taurus/Sable se tornar o "melhor de sua classe" foi dividida em mais de 400 submetas específicas, cada qual relacionada com uma característica específica do produto. O esforço total de planejamento foi enorme e exigiu mais de 1.500 equipes de projeto.

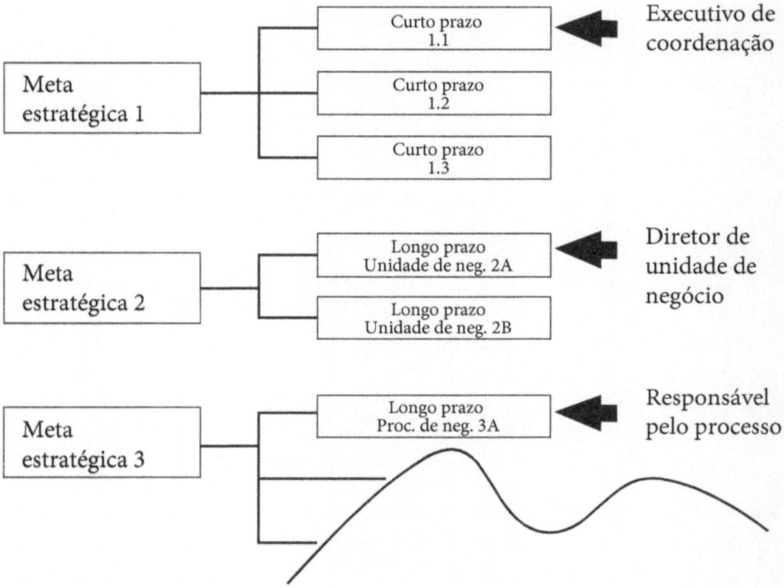

FIGURA 4.5 Submetas. (De Juran e DeFeo, 2010)

Até certo ponto, a implementação pode seguir linhas hierárquicas, como de corporação para divisão e de divisão para função. No entanto, esse arranjo simples fracassa quando as metas dizem respeito a processos comerciais interfuncionais e a problemas que afetam os clientes.

A maior parte das atividades em uma organização é posta em prática pelo uso de redes interconectadas de processos comerciais. Cada processo comercial é um sistema multifuncional constituído por uma série de operações sequenciais. Não tem, portanto, um único "responsável" e não existe uma resposta óbvia para a pergunta "Quem implementa?". A implementação é, assim, feita por equipes multifuncionais. Quando da conclusão do projeto em equipe, um responsável é definido. Ele (que pode ser mais de uma pessoa) passa então a monitorar e manter esse processo comercial. (Ver *Juran's Quality Handbook*, 6ª ed., Capítulo 8, "Business Process Management: Creating an Adaptable Organization".)

Uma ferramenta útil para a implementação

O diagrama em forma de árvore é uma ferramenta gráfica que ajuda no processo de implementação (veja a Figura 4.5). Ele exibe a relação hierárquica das metas, das metas de longo prazo, das metas de curto prazo e dos projetos, além de indicar qual é a atribuição de cada um na organização. Um diagrama em árvore é útil para a visualização da relação entre metas e objetivos ou equipes e metas. Ele também oferece uma maneira visual de determinar se todas as metas estão sendo sustentadas.

Mensure o progresso com KPIs

Há vários motivos pelos quais a mensuração do desempenho é necessária e por que deve haver uma abordagem organizada para isso.

- As medidas de desempenho indicam até onde os objetivos foram alcançados e, portanto, quantificam o progresso rumo ao cumprimento das metas.
- As medidas de desempenho são necessárias para monitorar o processo de melhoria contínua, que é central para as mudanças necessárias para se tornar competitivo.
- As medidas de desempenho individual, de equipes e de unidades de negócios são necessárias para revisões periódicas de desempenho por parte da gestão.

Depois que as metas são estabelecidas e subdivididas em submetas, parâmetros-chave (indicadores de desempenho) precisam ser estabelecidos. Um sistema de mensuração que monitora claramente o desempenho em relação aos planos tem as seguintes propriedades:

- Indicadores fortemente vinculados às metas estratégicas, à visão e à missão da organização.
- Indicadores que incluem o interesse dos clientes, ou seja, os parâmetros com foco nas necessidades e exigências dos clientes internos e externos.
- Uma pequena quantidade de parâmetros-chave facilmente disponíveis, relacionados aos processos fundamentais, prontos para serem consultados em decisões executivas.
- Identificação de desperdício crônico ou custo de má qualidade.

A organização médica Poudre Valley Health System (PVHS), por exemplo, estabeleceu parâmetros para seus processos quando da implementação de seu plano de negócios e foi capaz de monitorar e quantificar o seguinte:

- A melhoria e a manutenção da satisfação dos funcionários aos 10% superiores da taxa de desocupação de todas as organizações norte-americanas.
- O aumento da participação de mercado na área de serviços ao estabelecer estratégias de mercado específicas. Ao subdividir as áreas de serviços em fatias de mercado primária/local e total/nacional, o PVHS visava controlar 65% de sua fatia de mercado primária e 31,8% da fatia de mercado total até 2012.
- O suporte ao desenvolvimento das instalações ao abrir um centro oncológico.
- A melhoria das relações entre médicos ao dar início a uma ferramenta de levantamento sobre o envolvimento dos médicos, alcançando um total de 80% de

satisfação.

- O reforço da posição financeira da empresa ao alcançar uma unidade de flexibilidade financeira de 11 e cumprir com um plano de cinco anos.

Os melhores parâmetros da implementação do processo de planejamento estratégico são simples, quantitativos e gráficos. Uma planilha básica descrevendo os parâmetros-chave e como eles serão implementados é mostrada na Figura 4.6. Trata-se simplesmente de um método para monitorar os parâmetros.

Conforme as metas são estabelecidas e implementadas, os meios para alcançá-las a cada nível precisam ser analisados para garantir que satisfarão o objetivo que sustentam. Em seguida, a alocação proposta de recursos precisa ser comparada com o resultado proposto e a relação custo/benefício avaliada. Exemplos de tais parâmetros são os seguintes:

- Resultados financeiros
  - Ganhos
  - Investimento
  - Retorno sobre o investimento
- Desenvolvimento de pessoal
  - Treinado
  - Ativo em equipes de projeto
- Número de projetos
  - Empreendidos

Metas anuais de qualidade	Mensurações específicas	Frequência	Formato	Fonte de dados	Nome

Figura 4.6 Mensuração das metas de qualidade. (De Juran e DeFeo, 2010)

    - Em andamento
    - Concluídos
    - Cancelados
- Desenvolvimento de novos produtos e/ou serviços
    - Número ou percentual de lançamentos bem-sucedidos de produtos
    - Retorno sobre o investimento dos esforços de desenvolvimento de novos produtos
    - Custo de desenvolvimento de um produto *versus* custo do produto que ele substitui
    - Percentual de receita atribuível a novos produtos
    - Percentual de ganho de fatia de mercado atribuível a produtos lançados nos últimos dois anos
    - Percentual de lançamentos de produtos dentro do prazo
    - Custo da má qualidade associado ao desenvolvimento de novos produtos
    - Número de alterações de engenharia nos primeiros 12 meses após a introdução
- Gestão da cadeia de suprimento
    - Tempos de atravessamento de fabricação — taxas de ocupação
    - Giro do estoque
    - Percentual de entregas dentro do prazo
    - Rendimento da primeira passada (*first-pass yield*)
    - Custo da má qualidade

A seguir temos um exemplo dos parâmetros utilizados por um banco para monitorar a qualidade dos caixas:

- Velocidade
    - Número de clientes na fila
    - Tempo de espera na fila (temporalidade)
    - Tempo por transação
    - Rotatividade de transações sem espera ou por correio
- Precisão
    - Diferenças entre os caixas nas somas de dinheiro ao final do dia
    - Montante desembolsado/montante manuseado

Depois que o sistema de mensuração é colocado em prática, ele precisa ser revisado periodicamente para garantir que as metas sejam cumpridas.

Revisando o progresso

Um processo de revisão formal e eficiente aumenta a probabilidade de cumprimento das metas. Ao planejar ações, uma organização deve examinar as lacunas entre o estado atual mensurado e a meta que é perseguida. O processo de revisão examina as lacunas entre aquilo que foi conquistado e a meta (veja a Figura 4.7).

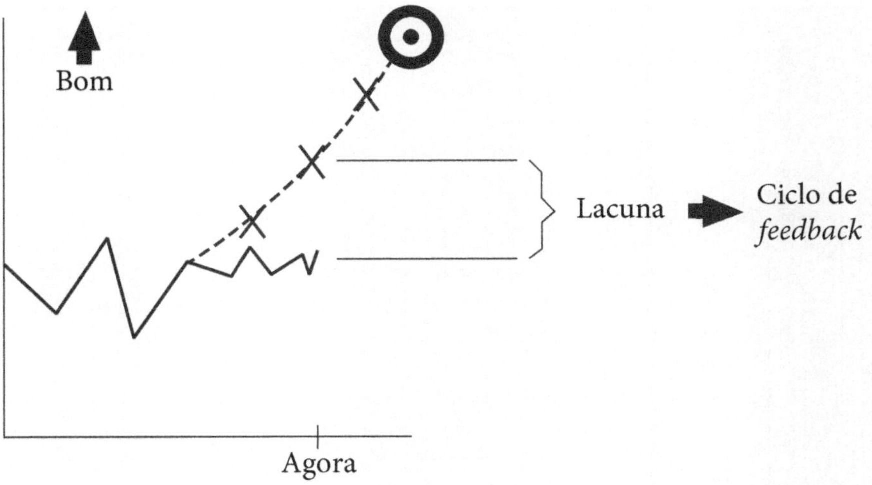

FIGURA 4.7 Revisão. (De Juran e DeFeo, 2010)

Mensurações frequentes do processo de implementação estratégica exibidas de forma gráfica ajudam na identificação das lacunas a serem corrigidas, mas, para que isso ocorra, é preciso aplicar um ciclo de *feedback* com uma atribuição clara da responsabilidade e da autoridade por essas diferenças. Além da revisão dos resultados, revisões de progresso são necessárias para identificar problemas potenciais em projetos em andamento antes que seja tarde demais para tomar medidas efetivas. Cada projeto deve ter pontos de revisão planejados e específicos, similares àqueles na Figura 4.8.

Atualmente, as organizações incluem indicadores-chave de desempenho, conforme discutido nas seções a seguir.

Qualidade competitiva

Esses parâmetros dizem respeito àquelas qualidades que influenciam o poder de venda dos produtos, como prontidão de serviço, prestatividade, cortesia no serviço de pré e pós-venda e precisão no preenchimento de encomendas. No caso dos automóveis, as qualidades incluem velocidade máxima, aceleração, distância de frenagem e segurança. Para algumas características de produto, os dados necessários precisam ser coletados junto aos clientes através de negociação, persuasão ou aquisição. Para outras características de produto, é viável adquirir os dados mediante testes de laboratório. Em outros casos, ainda, é necessário realizar pesquisas de mercado.

Projetos	Líderes de projeto	Mensurações básicas	Metas	Plano inicial	Pontos de revisão				Líder da revisão
					Recursos	Análise	Plano	Resultados	

FIGURA 4.8 Plano de revisão de progresso. (De Juran e DeFeo, 2010)

Algumas organizações operam como monopólios naturais, como serviços públicos básicos regionais. Em tais casos, a associação do setor coleta e publica dados de desempenho. No caso de monopólios internos (como na preparação de folhas de pagamento ou no transporte), às vezes é viável garantir informações competitivas junto a organizações que oferecem serviços similares para venda.

Desempenho na melhoria

Esta avaliação é importante para organizações que empreendem melhoria de qualidade de projeto em projeto. Como os projetos não são comuns entre si, a avaliação coletiva fica limitada ao resumo de características como:

- *Número de projetos.* Empreendidos, em andamento, concluídos, cancelados.
- *Resultados financeiros.* Montante arrecadado, montante investido, retorno sobre o investimento.
- *Pessoas envolvidas como membros das equipes de projeto.* Observe que um parâmetro-chave é a proporção das equipes de gestão da organização que está de fato envolvida em projetos. Idealmente, esta proporção deve ser superior a 90%. Na grande maioria das organizações, a real proporção fica em menos de 10%.

Custos da má qualidade

Os *custos da má qualidade* são aqueles custos que desapareceriam se nossos produtos e processos fossem perfeitos e não gerassem desperdício. Esses custos são enormes. Nossa pesquisa indica que de 15 a 20% de todo o trabalho realizado consistia em retrabalho, porque produtos e processos não estavam perfeitos.

Tais custos não são conhecidos com precisão. Na maioria das organizações, o sistema de contabilidade fornece apenas uma pequena parte das informações necessárias para quantificar o custo da má qualidade, e é preciso bastante tempo e esforço a fim de ampliar o sistema de contabilidade para que se consiga uma cobertura total. A maioria das organizações chegou à conclusão de que esses esforços não compensam os custos.

Porém, essa lacuna pode ser em parte preenchida por estimativas que proporcionam à alta gerência informações aproximadas quanto ao custo total da má qualidade e às principais áreas de concentração. Essas áreas de concentração se tornam, então, a meta para projetos de melhoria da qualidade. A partir daí, os projetos concluídos fornecem cifras bastante precisas quantos aos custos de qualidade antes e depois das melhorias.

Falhas de produtos e processos

Embora o sistema de contabilidade não forneça uma avaliação do custo da má qualidade, muitas estimativas estão disponíveis por meio de parâmetros de deficiências de produtos e processos, seja em unidades naturais de medida ou em equivalentes pecuniários – por exemplo, custo da má qualidade por dólar de vendas, dólares de custo de vendas, hora de trabalho ou unidade enviada. A maioria dos parâmetros se presta a somas em níveis cada vez mais altos. Essa característica permite que metas em unidades de medida idênticas sejam estabelecidas em múltiplos níveis: corporativo, por divisão e por departamento.

Desempenho dos processos comerciais

Apesar da ampla predominância e importância dos processos comerciais, só recentemente o seu desempenho passou a ser controlado. Um fator que contribuiu para isso foi sua natureza multifuncional. Esses processos não têm um responsável óbvio e, portanto, nenhuma responsabilização clara e exclusiva para seu desempenho. A responsabilidade só é clara para os microprocessos subordinados, mas o sistema de controles da alta gerência precisa incluir um controle dos macroprocessos. Isso requer o estabelecimento de metas em termos de tempos de ciclo, defeitos, etc., e os meios para avaliar os desempenhos frente a estas metas.

O *scorecard*

Para permitir que os altos gerentes "fiquem por dentro" do andamento da implementação estratégica da qualidade, é necessário o desenvolvimento de um conjunto de relatórios, ou *scorecard*. Na verdade, o plano estratégico determina a escolha dos temas e identifica os parâmetros necessários para o *scorecard* da alta gerência.

O *scorecard* deve ser constituído por diversos componentes convencionais:

- Indicadores-chave de desempenho (nos mais altos escalões da organização)
- Relatórios quantitativos sobre desempenho, baseados em dados
- Relatórios detalhados abordando questões como ameaças, oportunidades e eventos pertinentes
- Realização de auditorias (veja "Auditorias de negócios", mais adiante neste capítulo)

Esses componentes convencionais são suplementados conforme necessário para lidar com as particularidades de cada organização. O resultado final deve ser um conjunto de relatórios que auxilie os altos gerentes a cumprirem as metas de modo similar a como o conjunto de relatórios financeiros auxilia a alta gerência a cumprir as metas financeiras.

A liderança tem a derradeira responsabilidade sobre o desenvolvimento de tal *scorecard*. Em grandes organizações, o desenvolvimento deste conjunto de relatórios exige a contribuição dos escritórios corporativos e também dos escritórios das divisões. No âmbito das divisões, as contribuições devem se dar na forma de fontes multifuncionais.

O conjunto de relatórios deve ser especialmente desenvolvido para ser lido rapidamente e permitir uma fácil concentração naquelas questões excepcionais que exigem atenção e ação. Relatórios na forma tubular devem apresentar os três aspectos essenciais: metas, desempenhos reais e divergências. Relatórios em forma gráfica devem, no mínimo, exibir tendências de desempenhos em comparação às metas. A escolha do formato só deve ser feita depois da descoberta das preferências dos clientes, ou seja, da alta gerência.

Relatórios administrativos geralmente são publicados mensal ou trimestralmente. O cronograma é estabelecido para que coincida com o cronograma das reuniões do conselho ou do corpo revisor principal. O editor do *scorecard* costuma ser o diretor de qualidade (gestor de qualidade, etc.), que geralmente também é o secretário do conselho.

Os *scorecards* acabaram se tornando um instrumento cada vez mais importante para corporações de todo o mundo, a tal ponto que chegam a ir além do seu objetivo original. Agora, os *scorecards* são criados não apenas para documentar o balanço financeiro de uma organização, mas também para julgar o quanto uma organização é ecologicamente amigável. Um *Scorecard* de "Contagem Climática" de Organizações estabelece um *ranking* de organizações de diferentes ramos quanto às suas práticas para reduzir o aquecimento global e criar práticas de negócios mais verdes. Organizações que estão empreendendo esforços genuínos nesse sentido recebem notas mais altas. Assim como nos *scorecards* comuns, as informações ficam disponíveis ao público, e oferece-se a oportunidade para estabelecer uma imagem pública ainda mais positiva. Os itens incluem:

- Indicadores de liderança (como qualidade dos componentes adquiridos)
- Indicadores simultâneos (como resultados em testes de produto, condições de processos e serviço aos clientes)
- Indicadores de atraso (como *feedback* de dados dos clientes e devoluções)
- Dados sobre o custo da má qualidade

O *scorecard* deve ser revisado formalmente num cronograma regular, pois formalidade dá legitimidade e *status* aos relatórios, enquanto o agendamento de revisões dá legitimidade. O fato de os altos gerentes participarem das revisões indica ao restante da organização elas são de grande importância.

Muitas organizações aliaram suas mensurações das áreas de finanças, clientes, operações e recursos humanos aos *painéis de instrumentos* ou *balanced scorecards.*

Auditorias de negócios

Uma ferramenta essencial para os altos gerentes é a auditoria. Por *auditoria* nos referimos à revisão independente do desempenho. *Independente* significa que os auditores não têm qualquer responsabilidade direta pela adequação do desempenho sendo auditado.

O objetivo das auditorias é proporcionar informações independentes e isentas aos gerentes operacionais e a outros que precisam conhecê-las. Para certos aspectos do desempenho, esses "outros" podem incluir os altos gerentes.

Para garantir a qualidade, a alta gerência precisa confirmar que:

- Os sistemas estão em prática e operando apropriadamente.
- Os resultados desejados estão sendo alcançados.

Depois de crescer para englobar uma ampla gama de áreas, as auditorias de qualidade passaram a ser utilizadas por uma profusão de setores, incluindo a ciência. O Royal College of Pathologists implementa auditorias de qualidade em diversos de seus relatórios de pesquisa. A auditoria de qualidade assegura que indivíduos e equipes estejam obedecendo aos procedimentos e padrões esperados e que seu trabalho esteja em conformidade com a missão do estudo.

Estas auditorias podem se basear em critérios desenvolvidos externamente, em objetivos internos específicos ou em alguma combinação de ambos. Três conjuntos bem conhecidos de critérios para auditar o desempenho de uma organização são aqueles do Prêmio Nacional de Qualidade para a Excelência Malcolm Baldrige, dos Estados Unidos, do Prêmio da Fundação Europeia para Gestão da Qualidade (EFQM, na sigla em inglês) e do Prêmio Deming, do Japão. Todos eles fornecem critérios similares para avaliar a excelência comercial em toda a organização.

Tradicionalmente, as auditorias de qualidade são usadas para garantir que os produtos obedeçam às especificações e que as operações obedeçam aos procedimentos. Nos escalões da alta gerência, a matéria analisada pelas auditorias de qualidade fornece respostas para perguntas como:

- Nossas políticas e metas são apropriadas para a missão da nossa organização?
- A qualidade dos nossos produtos proporciona satisfação aos nossos clientes?
- Nossa qualidade é competitiva com a meta móvel do mercado?
- Estamos fazendo progresso na redução do custo da má qualidade?
- A colaboração entre nossos departamentos funcionais é adequada para garantir a otimização do desempenho da organização?
- Estamos cumprindo com nossas responsabilidades com a sociedade?

Perguntas como essas não são respondidas por auditorias tecnológicas convencionais. Ademais, auditores que conduzem auditorias tecnológicas raramente contam com a experiência administrativa e o treinamento necessários para conduzir auditorias de qualidade voltadas para os negócios. Como consequência, organizações que desejam realizar auditorias de qualidade voltadas para os negócios geralmente o fazem usando altos gerentes ou consultores externos como auditores.

Juran (1988) declarou:

> *Uma das coisas que os altos gerentes devem fazer é manter uma auditoria sobre a condução dos processos gerenciais para o cumprimento do plano. Agora, quando você conduz uma auditoria, tem três coisas a fazer. Uma é identificar quais são as perguntas que precisam de respostas. Isso não é delegável; os altos gerentes precisam participar da identificação dessas perguntas. Em seguida, você tem de reunir as informações necessárias para responder as perguntas. Isso pode ser delegado, mas é isso o que dá mais trabalho, coletar e analisar os dados. E ainda há as decisões sobre o que fazer à luz dessas respostas, o que também não é delegável. É algo de que a alta gerência precisa participar.*

Auditorias realizadas por executivos nos mais altos escalões da organização e das quais o próprio presidente participa pessoalmente costumam ser chamadas de *auditorias do presidente* (Kondo, 1988), e podem ter grande impacto na organização. A natureza da matéria é tão fundamental que os auditores abrangem todas as principais funções. A participação pessoal dos altos gerentes simplifica o problema de comunicação com os altos escalões e aumenta a probabilidade de que as medidas sejam tomadas em breve. O próprio fato de os altos gerentes participarem pessoalmente mostra à organização a prioridade que se está dando à qualidade e o tipo de liderança exercida por eles – que estão atuando como líderes reais, e não como líderes de torcida (Shimoyamada, 1987).

Referências

Businessweek. (1998). "Malcolm Baldrige National Quality Award Winner Performance." Data: *National Institute of Standards and Technology*. http://www.businessweek.com/

Godfrey, A. B. (1997). "A Short History of Managing Quality in Health Care." In Chip Caldwell, ed., *The Handbook for Managing Change in Health Care*. ASQ Quality Press, Milwaukee, Wis.

JetBlue Airways, Terminal 5, JFK International Airport (2008), http://phx .corporate-ir.net/External.File?item=UGFyZW50SUQ9MzMzOD AzfENoaWxkSUQ9MzE2NTMwfFR5cGU9MQ==&t=1.

Juran, J. M. (1988). *Juran on Planning for Quality*. Free Press, New York.

Juran, J. M. (1994). *Managerial Breakthrough*. McGraw-Hill, New York.

Juran, J. M. and DeFeo, J. A. (2010). *Juran's Quality Handbook: The Complete Guide to Performance Excellence*, 6th ed. McGraw-Hill, New York.

Kondo, Y. (1988). "Quality in Japan." In J. M. Juran, ed., *Juran's Quality Control Handbook*, 4th ed. McGraw-Hill, New York. (Kondo oferece uma discussão detalhada das auditorias de qualidade por altos gestores japonêses, incluindo a auditoria do presidente. Ver Chapter 35F, "Quality in Japan", sob "Internal QC Audit by Top Management".)

Shimoyamada, K. (1987). "The President's Audit: QC Audits at Komatsu." *Quality Progress*, January, pp. 44–49. (Special Audit issue.)

Tregoe, B., and Tobia, P. (1990). "Strategy and the New American Organization." *Industry Week*, August 6.

CAPÍTULO 5

Inovação de produtos

O desenvolvimento de novos produtos (bens e serviços) é vital para todas as organizações. É o que alimenta as futuras vendas, o desempenho e a competitividade. O Planejamento Voltado para a Qualidade, um dos universais descrito em capítulos anteriores e utilizado aqui, é um processo sistemático de desenvolvimento de novos produtos (tanto bens quanto serviços) e processos que garante o atendimento das necessidades dos clientes.

Os métodos para projetar produtos inovadores recebem nomes como Projeto para Seis Sigma, Projeto para *Lean*, Projeto para Qualidade de Classe Mundial e Engenharia Simultânea, Projeto Ágil para *Software*. Este capítulo terá como foco os métodos e as ferramentas comuns a cada um deles e às vezes ausentes em funções típicas de inovação e desenvolvimento de produtos. Os autores irão se referir a isso como *método e ferramentas da Quality by Design* (*Qualidade por Projeto*), que permitem que uma organização desenvolva saltos no âmbito de produtos e serviços a fim de impulsionar as receitas.

Analisando o primeiro processo da Trilogia: projetando produtos inovadores

A capacidade de uma organização satisfazer seus clientes depende da robustez dos processos na fase de projetos, já que neles se originam os bens vendidos e os serviços oferecidos.

O processo na fase de projeto é o primeiro dos três elementos da Trilogia Juran. Trata-se de uma das três funções básicas pelas quais a gestão garante a sobrevivência da organização. O processo na fase de projeto permite que a inovação aconteça por meio do projeto de produtos (bens, serviços ou informações) juntamente com os processos – incluindo seus controles – para produzir o resultado final. Quando o projeto está completo, os outros dois elementos – controle e melhoria – entram em cena para melhorar continuamente o projeto conforme as necessidades dos clientes e a tecnologia vão mudando.

O modelo universal de *Quality by Design* de Juran é usado desde 1986 e proporciona uma estrutura que pode ser incorporada à função de desenvolvimento de novos produtos de uma organização, ou utilizada independentemente numa aplicação projeto a projeto, se necessário.

O modelo Juran é útil especialmente para projetar produtos e reprojetar processos de modo simples e econômico. Os autores já testemunharam o projeto de produtos, processos e serviços excelentes usando esse modelo.

Entre os exemplos, podemos citar o premiado programa de segurança de um fabricante com várias unidades: um sistema informatizado que permite tanto ao departamento de vendas quanto ao de fabricação rastrear o andamento de uma encomenda ao longo de todo seu processo, para que os clientes possam se manter informados sobre o exato *status* de seu pedido, e um sistema de faturamento reprojetado, muito mais rápido e eficiente que seu predecessor.

O modelo Juran de *Quality by Design*

Um projeto moderno e estruturado da qualidade é a metodologia utilizada para planejar tanto características que respondam às necessidades dos clientes quanto o processo que será utilizado para criar essas características. *Quality by Design* (QbD) diz respeito aos processos de desenvolvimento de produtos e serviços em organizações. Observe a responsabilidade dupla daqueles que planejam: proporcionar características que atendam às necessidades dos clientes e proporcionar um processo que atenda às necessidades operacionais. No passado, a ideia de que o projeto de um produto se atinha à compreensão das características que ele deveria ter era o feliz domínio dos profissionais de *marketing*, de vendas e de pesquisa e desenvolvimento. Mas essa nova dupla responsabilidade exige que a empolgação gerada pela compreensão das características e das necessidades dos clientes seja temperada ao fogo da compreensão operacional.

Ou seja, será que os processos são capazes de produzir as características necessárias sem gerar desperdício? Para responder essa pergunta é preciso compreender tanto as capacidades dos processos atuais quanto as especificações dos clientes. Se os processos atuais não conseguem satisfazer as exigências, o projeto moderno precisa incluir a alternativa de descobrir processos alternativos que consigam.

A Trilogia Juran indica que a palavra *qualidade* incorpora dois significados: primeiro, a presença de características que levam à satisfação dos clientes; segundo, a ausência de falhas nestas características. Em resumo, falhas em características criam insatisfações.

1. A remoção das falhas é o objetivo da melhoria da qualidade.
2. A criação de características é o objetivo da *Quality by Design*.

Kano, Juran e outros há muito tempo concordaram que a ausência da falhas, ou seja, a inexistência de insatisfação dos clientes, não pode nos levar à crença de que a satisfação se encontra, assim, ao alcance. Podemos prontamente concluir que a insatisfação diminui à medida que as falhas são removidas. Porém, não podemos concluir que a satisfação esteja aumentando, porque a remoção de fatores irritantes não leva à satisfação – leva apenas a uma menor insatisfação.

A satisfação só pode advir da presença de características adequadas. Satisfação e insatisfação não são termos opostos. É incrível a quantidade de organizações que simplesmente não entendem isso. Tomemos, por exemplo, um típico questionário de satisfação encontrado em muitos hotéis. Eles estão repletos de perguntas "fechadas", como: "Numa escala de 1 a 5, como você avalia isto?". Eles não perguntam: "O quanto você gosta disto?", o que é o exato oposto da pergunta "O quanto você não gosta disto?". Portanto, qualquer autointitulado questionário de satisfação que não permita um questionamento "aberto", como "O que devemos fazer que ainda não estamos fazendo?" ou "Existe algum outro local que ofereça um serviço que não oferecemos?", sempre acabará recaindo em dimensões parciais da avaliação da qualidade. O que, então, uma pontuação de 3,5 para um ramo de uma cadeia de hotéis realmente significa quando comparado a 4,0 pontos de outro ramo? Esses números nos dizem muito pouco. Seus assim chamados índices de satisfação são, na verdade, índices de insatisfação.

A definição de *adequação ao uso* leva em consideração ambas as dimensões da qualidade – a presença de características e a ausência de falhas. As questões capciosas são: quem decide o que *adequação* significa? Quem decide o que *objetivo* significa? O usuário é quem decide o que *uso* significa, assim como o que *adequação* significa. Qualquer outra resposta acaba levando a debate e mal-entendidos. Os fornecedores raramente levam vantagem aqui. Os usuários, sobretudo a sociedade como um todo, geralmente é quem acaba ganhando. Por exemplo, consideremos você como um consumidor. Alguma vez você já utilizou uma chave de fenda como um pé-de-cabra para abrir uma lata de tinta? Alguma vez já a utilizou para perfurar orifícios na tampa de um pote para que o seu filho pudesse ficar observando insetos? Alguma vez já a utilizou como um cinzel para remover um pedaço de madeira ou de metal que estava lhe atrapalhando numa tarefa caseira? É possível que você tenha respondido sim para alguma(s) dessas perguntas, mas... espere um pouco! Uma chave de fenda deveria ser utilizada como uma chave de fenda!

Assim, vemos que a palavra *uso* tem dois componentes, o uso *pretendido* e o uso *real*. Quando o usuário utiliza algo da maneira pretendida, tanto o fornecedor quanto o usuário ficam satisfeitos. A conformidade com as especificações e a adequação ao objetivo se encaixam. Mas e quando um usuário não utiliza algo da maneira pretendida, como no exemplo da chave de fenda? Como ficam, então, as especificações e a adequação? Qual necessidade esse objeto está satisfazendo ao usuário? Aqui encontramos outra conjuntura: o usuário pode criar empregos engenhosos para um produto. Por exemplo:

> *"2000" usos do WD-40.* O WD-40 foi formulado anos atrás para satisfazer as necessidades do programa espacial norte-americano. Pouca gente conhece as origens do nome da marca. WD é uma sigla de *water displacement* (deslocamento d'água), e 40 é simplesmente a 40ª fórmula que a companhia desenvolveu. Mas quando o produto foi levado para o mercado de consumidores, muitos novos tipos de usos foram descobertos pelos usuários. Certas pessoas afirmaram que ele era excelente para remover marcas de riscos em pisos. Outras disseram que ele era capaz de remover facilmente adesivos de lâmpadas, adesivos de inspeção colados em para-brisas e chiclete do cabelo de crianças. A companhia se deliciou com tudo isso, mas não divulgou todos esses novos e engenhosos usos para o consumo público. Algumas pessoas também afirmaram que quando borrifavam o produto em anzóis ou em iscas conseguiam fisgar mais peixes. Gente com artrite começou a jurar que sentia um alívio ao borrifar o produto num cotovelo dolorido. Não vamos tão longe assim. E quanto aos usos em que o produto obviamente não pode funcionar? Em latim há uma palavra para isso: *ab-usus* (ou abuso), onde o prefixo *ab* significa simplesmente "não".

Alguns exemplos ajudarão: retornemos à chave de fenda. Pode-se argumentar que usar a chave de fenda como pé-de-cabra, cinzel ou perfuradora é abuso de seu objetivo original de projeto. Mas claramente muitos fabricantes forneceram um produto que pode aguentar esse abuso, permitindo que tais usos recaiam novamente na coluna "pretendido" (quer isso tenha resultado de processos judiciais ou de alguma outra fonte). Outro exemplo: ao examinar as caixas-pretas das aeronaves comerciais (que, aliás, são laranjas), percebe-se que elas sobrevivem em circunstâncias em que as aeronaves não sobrevivem. A compreensão do uso em todas as suas formas é o que os projetos modernos buscam alcançar.

Por fim, os projetos e planejamentos modernos, como vemos repetidas vezes, buscam criar características em resposta à compreensão que temos das necessidades dos clientes. Estamos nos referindo às *características voltadas aos clientes.* A soma de todas as características é o novo produto, serviço ou processo.

Um tipo diferente de planejamento de produto em que se incluem características alheias às necessidades expressas, para que sejam então exploradas pelos clientes, está além do escopo deste capítulo. Os adesivos Post-It da 3M e a própria Internet são exemplos de produtos sobre os quais não chegamos a expor necessidades coletivas, mas não conseguimos imaginar a vida sem eles, depois que acolhemos suas características.

O problema do *Quality by Design*

O modelo de *Quality by Design* e seus métodos, ferramentas e técnicas foram desenvolvidos porque, na história da sociedade moderna, organizações demonstraram um fracasso consistente na produção de bens e serviços que invariavelmente satisfizessem seus clientes. Na condição de cliente, todos, em algum momento, já ficaram incomodados com atrasos em voos, tratamento médico inconsistente com as melhores práticas, brinquedos que não funcionam, um novo *software* que não é tão rápido ou fácil de usar quanto o previsto, um governo que reage com uma velocidade extremamente lenta (se é que reage) ou uma lava-roupas doméstica de última tecnologia que não limpa as roupas como as anteriores. Essas grandes e frequentes lacunas em qualidade são, de fato, o resultado combinado de inúmeras lacunas menores, ilustradas na Figura 5.1.

O primeiro componente da lacuna na qualidade é a *lacuna na compreensão*, isto é, a falta de compreensão sobre são as necessidades dos clientes. Às vezes essa lacuna é maior porque o produtor simplesmente não leva em consideração quem são os clientes e do que eles precisam. Mais frequentemente, essa lacuna existe porque a organização fornecedora nutre uma confiança excessiva em sua capacidade de compreender exatamente o que o cliente precisa. A última lacuna de percepção da Figura 5.1 também advém de uma incapacidade de compreender as necessidades

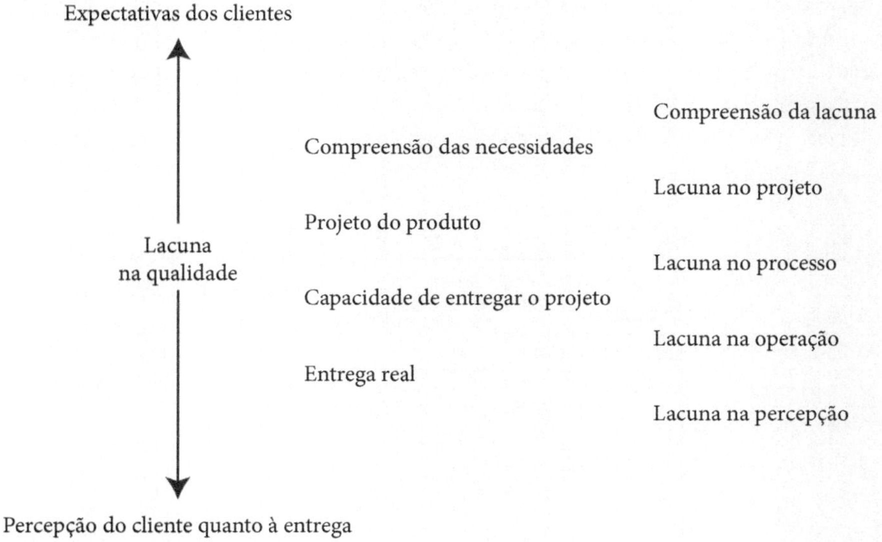

FIGURA 5.1 A lacuna na qualidade. (Inspirado em Parasuraman et al., 1985, pp. 41-50)

do cliente. Os clientes não avaliam uma nova peça do vestuário ou a continuidade na prestação de um serviço básico simplesmente pelos méritos técnicos do produto. A reação deles depende da percepção que fazem do bem em questão ou dos benefícios prestados pelo serviço.

O segundo constituinte da lacuna na qualidade é a *lacuna no projeto*. Mesmo que conhecessem perfeitamente as necessidades e percepções do cliente, muitas organizações ainda seriam incapazes de criar projetos para bens e serviços completamente consistentes com essa compreensão. Parte dessa incapacidade se dá porque o pessoal que compreende os clientes e as disciplinas utilizadas para compreender essas necessidades muitas vezes está sistematicamente isolado daqueles que de fato criam os projetos. Além disso, os *designers* – quer sejam responsáveis pelo projeto de equipamentos sofisticados ou de delicados serviços humanos – muitas vezes não dispõem das simples ferramentas que lhes permitiriam combinar seu conhecimento técnico com a compreensão das necessidades dos clientes para criar um produto verdadeiramente superior.

A terceira lacuna é a *lacuna de processo*. Muitos projetos esplêndidos fracassam porque o processo pelo qual o produto físico é criado ou o serviço é prestado não é capaz de obedecer ao projeto de forma consistente ao longo do tempo. Essa incapacidade processual é uma das falhas mais persistentes e atormentadoras na lacuna de qualidade total.

A quarta lacuna é a *lacuna de operações*. Os meios pelos quais o processo é operado e controlado podem criar falhas adicionais na entrega do bem ou serviço final.

O *Quality by Design* proporciona o processo, os métodos, as ferramentas e as técnicas para fechar cada uma dessas lacunas e, portanto, assegurar que qualquer lacuna final seja mínima. A Tabela 5.1 resume os passos básicos do *Quality by Design*. O restante desta seção explicará os detalhes e dará exemplos para cada um desses passos.

TABELA 5.1 Passos do *Quality by Design* (De Juran, 2013)

1. Estabelecer: o projeto e as metas do *design*
2. Definir e identificar: os clientes
3. Descobrir: as necessidades dos clientes
4. Projetar: o produto ou serviço
5. Desenvolver: o processo
6. Entregar: a transferência para as operações

Modelo *Quality by Design* de Juran

Analisamos a seguir item a item com maior profundidade.

Passo 1 – Estabelecer: o projeto e as metas do *design*

Um projeto do tipo *Quality by Design* é o trabalho organizado necessário para preparar uma organização para entregar um produto, serviço ou processo, seja novo ou revisado. Os passos ou atividades a seguir estão associados com o estabelecimento de um projeto *Quality by Design*:

1. Identificação dos projetos necessários para colocar em prática a estratégia de vendas ou de geração de receitas da organização.
2. Preparação de uma declaração de metas para cada projeto.
3. Estabelecimento de uma equipe para tocar o projeto.

Identificação de projetos

A decisão de quais projetos devem ser colocados em prática geralmente é fruto do *design* estratégico e de negócios de uma organização. Normalmente, o *design* para projetos de qualidade cria produtos novos e atualizados necessários para alcançar metas estratégicas específicas, para atender necessidades novas e modificadas dos clientes, para obedecer a exigências legais ou dos clientes ou para tirar proveito de uma tecnologia emergente.

A alta gerência precisa assumir a liderança na identificação e no apoio a projetos fundamentais do tipo *Quality by Design*. Atuando como um conselho de *design*, um conselho ou uma entidade similar, a gestão precisa cumprir com os seguintes papéis-chave:

1. *Estabelecimento de metas de* design. *Marketing*, vendas e funções similares de gestão identificam oportunidades de mercado e necessidades dos clientes que não estão sendo atendidas. Ao estabelecer essas metas, a gestão dá início ao processo de criar novos produtos, serviços ou processos para atender às necessidades não atendidas.
2. *Indicação e* seleção de projetos. A gestão, ou o conselho, seleciona os projetos fundamentais de design apropriados para alcançar as metas de negócios estratégicos e de clientes.
3. Seleção de equipes. Depois que um projeto é identificado, uma equipe é indicada para tocar o projeto ao longo dos passos restantes do processo de design voltado para a qualidade. Uma equipe pode ser indicada por um gerente de projeto na função de desenvolvimento de produto.
4. Apoio à equipe de projeto. Novas tecnologias e processos geralmente são necessários para alcançar novas metas de *design*. Cabe à gestão garantir que cada

equipe de *design* esteja bem preparada, treinada e equipada para perseguir suas metas. Esse apoio pode incluir o seguinte:

a) Fornecer educação e treinamento em ferramentas de *design*.
b) Indicar um líder de projeto bem treinado para ajudar a equipe a trabalhar de forma eficaz e aprender o processo de *design* voltado para a qualidade.
c) Revisar regularmente o progresso da equipe.
d) Aprovar a revisão das metas de projeto.
e) Identificar ou ajudar com quaisquer problemas que possam atrapalhar a equipe.
f) Oferecer conhecimento técnico como recurso para análise de dados.
g) Prover recursos para coletas de dados não usuais, como estudos de mercado.
h) Comunicar os resultados do projeto.

5. *Monitoramento do progresso*. O conselho é responsável por manter o processo de *Quality by Design* nos trilhos, avaliar seu progresso e fazer correções de rumo para aumentar a efetividade do processo como um todo. Depois que o conselho revisa as fontes para projetos em potencial, ele seleciona um ou mais desses projetos para atenção imediata. Em seguida, ele precisa preparar uma declaração de metas para o projeto.

Preparação de uma declaração de metas

Depois que o conselho identifica a necessidade de um projeto, ele deve preparar uma declaração de metas que incorpore a(s) meta(s) específica(s) do projeto. A declaração de metas é um guia por escrito para a equipe, descrevendo a intenção e o objetivo do projeto. A meta de equipe descreve:

- O escopo do projeto, ou seja, o produto e os mercados a serem atingidos
- As metas do projeto, ou seja, os resultados a serem alcançados (alvos de vendas)

A composição por escrito das declarações de metas requer uma sólida compreensão da força motriz por trás do projeto. A meta ajuda a responder as seguintes perguntas:

- Por que a organização deseja fazer este projeto?
- O que o projeto conquistará depois que for implementado?

Uma declaração de metas também promove um consenso entre aqueles que ou serão afetados pelo projeto ou que irão contribuir com tempo e recursos necessários para planejar e implementar a meta do projeto.

Como exemplos, podem-se citar os seguintes:

- A meta da equipe é colocar no mercado um refrigerador de baixo consumo, livre de fluorcarbonos e que seja 25% mais barato de produzir do que os modelos similares.

- A equipe criará um controle preciso, a custo mínimo, para o estoque em todas as lojas.

Ainda que essas declarações de metas descrevam o que será feito, elas ainda estão incompletas. Falta-lhes a clareza e a especificidade necessárias de uma declaração de metas completa de *Quality by Design* que incorpore a(s) meta(s) de um projeto. Declarações de metas bem escritas definem o escopo do projeto ao incluírem um ou mais dos seguintes itens:

Desempenho inerente Como o produto final se sairá em uma ou mais dimensões (por exemplo, tempo de resposta em 24 horas) e como isso irá afetar o escopo do projeto.

Desempenho comparativo Como o produto final se sairá com relação à concorrência (por exemplo, o menor tempo de resposta na região metropolitana) é algo relevante.

Reação dos clientes Como os clientes avaliarão o produto em comparação com outros produtos disponíveis? Por exemplo, uma organização pode ser bem avaliada por ter um serviço de entrega mais pontual do que a sua rival mais próxima.

Voz do mercado Quem são ou serão os clientes ou o público-alvo do produto, e qual será a fatia ou o nicho de mercado que ele conseguirá capturar (por exemplo, ele irá se tornar a fonte "preferida" para todos os viajantes a negócios no território nacional)?

Falhas de desempenho Como o produto final se sairá com relação a falhas (por exemplo, terá uma taxa de falhas inferior a 200 a cada 1 milhão de horas de uso)?

Prevenção de restrições desnecessárias É importante evitar uma especificação exagerada do produto para a equipe; por exemplo, se o produto for voltado para o transporte aéreo, a especificação de dimensões precisas na meta pode ser restritiva demais. Pode haver diversas maneiras de atender ao mercado de transporte aéreo.

Base para estabelecer metas de qualidade Além do escopo do projeto, uma declaração de metas precisa incluir a(s) meta(s) do projeto. Uma consideração importante ao se estabelecer metas de qualidade é escolher a base em que as metas serão estabelecidas.

Tecnologia como base Em muitas organizações, já é tradição estabelecer as metas de qualidade sobre uma base tecnológica. A maioria das metas é publicada com especificações e procedimentos que definem os alvos de qualidade para os escalões de supervisão e de não supervisão.

O mercado como base Metas de qualidade que afetam o poder de venda de um produto devem se basear primordialmente no alcance ou na superação da qualidade encontrada no mercado. Como o mercado e a concorrência sem dúvida mudarão enquanto o *design* voltado para a qualidade está em andamento, as metas devem ser estabelecidas de modo a igualar ou superar a concorrência estimada como predominante quando o projeto estiver concluído. Alguns fornecedores internos são monopólios internos, como a preparação de folha de pagamento, a manutenção de instalações, o serviço de copa e o transporte interno. Contudo, a maioria dos monopólios internos tem concorrentes em potencial. Há fornecedores externos que oferecem os mesmos serviços. Portanto, o desempenho do fornecedor interno pode ser comparado com as propostas oferecidas por um fornecedor externo.

Benchmarking como base *Benchmarking* é um rótulo recente para o conceito de estabelecer metas com base naquilo que se sabe das conquistas de outros. Uma meta comum é a exigência de que a confiabilidade de um novo produto seja no mínimo igual àquela do produto que ele está substituindo e no mínimo igual àquela do produto mais confiável da concorrência. Implícito no uso de *benchmarking* está o conceito de que as metas resultantes são alcançáveis porque já foram alcançadas por outros.

Histórico como base Uma quarta e amplamente usada base para estabelecer metas de qualidade é o histórico de desempenho, ou seja, as metas são baseadas do desempenho passado. Às vezes este patamar é elevado para estimular a melhoria. Para alguns produtos e processos, a base histórica é um auxílio para a estabilidade necessária. Em outros casos, principalmente aqueles que envolvem custos cronicamente altos pela má qualidade, a base histórica ajuda a perpetuar um desempenho cronicamente dispendioso. Durante o processo de estabelecimento de metas, a equipe de gestão deve estar em alerta para o uso indevido da base histórica.

Metas como um objetivo móvel É sabido que as metas de qualidade devem se manter em evolução para reagir às mudanças que surgem no horizonte: novas tecnologias, novos concorrentes, ameaças e oportunidades. Ainda que as organizações que adotaram métodos de gestão de qualidade pratiquem este conceito, elas podem não se sair tão bem provendo os meios para avaliar o impacto destas mudanças e para revisar as respectivas metas.

Metas de projeto Metas específicas de projeto (isto é, o que se espera da equipe de projeto) fazem parte de uma declaração eficaz de metas. Para dar conta da tarefa, a equipe precisa mentalmente começar pelo fim. Quanto mais ela estiver focada na aparência do resultado final, mais fácil será alcançar uma conclusão bem-sucedida.

Mensuração da meta Além de declarar o que será realizado e quando, uma meta de projeto precisa mostrar como a equipe irá medir se alcançou ou não as metas previstas. É importante investir algum tempo definindo como o sucesso será medido. A seguir são listadas quatro variáveis que podem ser medidas:

1. Qualidade
2. Quantidade
3. Custo
4. Tempo, velocidade, agilidade

Políticas para novos produtos As organizações precisam contar com diretrizes claras em relação à qualidade e ao desenvolvimento de produtos. A maioria deve dizer respeito a todos os novos produtos, mas políticas específicas podem estar relacionadas a produtos individuais, linhas de produtos ou grupos. Dentre essas políticas, as mais fundamentais são as seguintes:

1. *Falhas em* designs *novos e herdados.* Muitas organizações estabeleceram a política clara de que nenhum novo produto ou componente de produto apresentará taxas de falhas mais elevadas do que o produto ou o componente que está substituindo. Além disso, as organizações muitas vezes exigem que qualquer *design* herdado tenha certo nível de desempenho; caso contrário, ele precisa ser substituído por um *design* mais confiável. A confiabilidade mínima para os *designs* herdados deve obedecer a um ou mais dos seguintes critérios: (1) confiabilidade do concorrente ou do *benchmark*, (2) exigências do cliente, ou (3) uma meta um pouco mais rigorosa do que as exigências dos clientes ou do *benchmark*.

2. *Uso pretendido* versus *uso não pretendido.* Será que escadas articuladas devem ser projetadas para que o usuário possa ficar de pé no degrau mais alto sem causar dano, ainda que esteja claramente escrito no degrau "Não Pise Aqui"? Será que um hospital deve projetar sua sala de emergência para lidar com volumes de pacientes de rotina não emergenciais que batem à sua porta? Essas são perguntas que precisam ser resolvidas antes de iniciar o projeto. As respostas podem ter um impacto significativo no produto final e precisam ser desenvolvidas tendo em vista a estratégia da organização e o ambiente em que seus produtos serão utilizadosados.

3. Exigências de processos formais de Quality by Design. Um processo estruturado e formal é necessário para assegurar que os projetistas dos produtos identifiquem seus clientes e projetem produtos e processos que atendam às necessidades desses clientes com o mínimo de falhas. Uma formalidade estruturada é muitas vezes evitada como uma barreira à criatividade, mas nada poderia ser mais equivocado. Um projeto de *Quality by Design* formal identifica pontos em que a criatividade é demandada e então incentiva, apoia e possibilita essa criatividade. O *design* formal também garante que a criatividade tenha como foco os

clientes e que os *designs* criativos sejam, por fim, entregues livres das influências destrutivas de falhas.

4. *Custódia de designs e controle das mudanças.* É preciso haver uma cláusula específica para garantir que os *designs* aprovados sejam documentados e acessíveis. Quaisquer mudanças nos *designs* precisam ser validadas, receber as aprovações apropriadas, ser documentadas e impreterivelmente incorporadas ao produto ou processo. É preciso que se delegue autoridade, responsabilidade e recursos a indivíduos específicos a fim de manter os *designs* finais e administrar o controle das mudanças.

Constituição de uma equipe

A abordagem interfuncional para completar um projeto de *Quality by Design* é eficaz por diversos motivos:

- O envolvimento em equipe promove o compartilhamento de ideias, experiências e uma noção de comprometimento em ser uma parte que ajudará a "nossa" organização a alcançar sua meta.
- A diversidade dos membros da equipe suscita um conhecimento operacional mais completo sobre o produto e os processos a serem planejados. O *design* de um produto requer uma rigorosa compreensão de como as coisas são feitas em muitas partes da organização.
- A representação de vários departamentos ou funções promove a aceitação e a implementação do novo plano por toda a organização. Produtos e processos projetados com a participação ativa das áreas afetadas tendem a ser tecnicamente superiores e mais prontamente aceitos por aqueles que precisam implementá-los.

Passo 2 – Definir e identificar: os clientes

Este passo pode parecer desnecessário; os projetistas e *designers*, sem dúvida, já sabem quem são os seus clientes – o motorista de um automóvel, o depositante numa conta bancária, o paciente que toma a medicação. Mas esses não são os únicos clientes – e talvez nem mesmo sejam os clientes mais importantes. Os clientes compreendem todo um elenco de personagens que precisa ser entendido integralmente.

Em geral, há dois grupos principais de clientes: os clientes externos – aqueles que não fazem parte da organização produtora – e os clientes internos – aqueles que participam da organização produtora.

Tipos de clientes externos

O termo *cliente* muitas vezes é usado de forma vaga; ele pode se referir a uma organização como um todo, a uma unidade de uma organização maior ou a apenas uma pessoa. Há muitos tipos de clientes, alguns óbvios, outros ocultos. A seguir encontra-se uma lista das principais categorias para ajudar a orientar a identificação completa dos clientes.

O comprador Trata-se de alguém que compra o produto para si mesmo ou para outrem, como, por exemplo, qualquer pessoa que compra comida para sua família. O usuário ou cliente final é alguém que finalmente se beneficia do produto, como o paciente que vai até um local de atendimento de saúde para fazer exames diagnósticos.

Comerciantes Comerciantes são pessoas que compram produtos para revender, como atacadistas, distribuidores, agentes de viagem, corretores e qualquer um que lide com o produto, como um funcionário de supermercado que coloca o produto na prateleira.

Produtores Produtores são organizações e pessoas que usam o produto ou o rendimento final como insumo para produzir seu próprio produto, como, por exemplo, uma refinaria que recebe petróleo bruto e processa-o em diferentes produtos para uma variedade de outros clientes.

Fornecedores Aqueles que fornecem insumos para os processos são fornecedores, como, por exemplo, o fabricante de velas de ignição para um automóvel ou o escritório de advocacia que presta consultoria sobre questões ambientais legais para uma organização. Os fornecedores também são clientes. Eles precisam de informações com relação à especificação do produto, *feedback* sobre falhas, previsibilidade de encomendas e assim por diante.

Clientes em potencial Aqueles que atualmente não usam o produto, mas que podem se tornar clientes, são considerados clientes em potencial, como um viajante a negócios que aluga um carro e que pode decidir comprar um modelo similar quando chegar o momento de comprar um carro para uso pessoal.

Clientes ocultos Os clientes ocultos compreendem uma vasta diversidade de clientes que passam facilmente despercebidos porque não são os primeiros em quem pensamos. Eles podem exercer grande influência sobre o *design* de um produto: reguladores, críticos, líderes de opinião, serviços de testes, pagadores, a mídia, o público em geral, aqueles direta ou potencialmente ameaçados pelo produto, os responsáveis pelas políticas corporativas, os sindicatos de trabalhadores e as associações profissionais.

Clientes internos Todos em uma organização cumprem três papéis: fornecedor, produtor e cliente. Cada indivíduo recebe algo de alguém, realiza algo com isso e o repassa para um terceiro indivíduo. A eficácia no atendimento das necessidades desses clientes internos pode exercer um impacto importante na satisfação dos clientes externos. É preciso alguma análise para identificar os clientes internos, já que muitos desses relacionamentos tendem a ser informais, resultando numa percepção nebulosa de quem são os clientes e como eles serão afetados. Se uma organização decidir, por exemplo, introduzir a produção *just-in-time* em uma de suas plantas, isso terá efeitos consideráveis sobre as aquisições, remessas, vendas, operações, e assim por diante.

A maioria das organizações tenta colocar em prática um mecanismo que permite a funções aparentemente concorrentes negociarem e resolverem diferenças com base na meta superior de satisfazer as necessidades dos clientes. Isso pode incluir reuniões semanais entre líderes departamentais ou a publicação de manuais de procedimentos. No entanto, estes mecanismos muitas vezes não funcionam porque as necessidades dos clientes internos não são completamente compreendidas, e a comunicação entre as funções acaba se rompendo. É por isso que a meta prioritária no processo de *design* voltado para a qualidade é identificar quem são os clientes internos, descobrir suas necessidades e planejar como elas podem ser satisfeitas. Essa também é mais uma razão para se contar com uma equipe multifuncional no planejamento; são pessoas propensas a reconhecer os interesses manifestados pelos clientes internos.

Identificando os clientes

Além da orientação geral da última seção, na maior parte das vezes também vale a pena desenhar um diagrama de fluxo relativamente de alto nível dos processos relacionados ao produto sendo planejado. A análise detida do diagrama muitas vezes leva a novos *insights*, identificando clientes que possam ter passado despercebidos e refinando a compreensão de como os clientes interagem com o processo. A Figura 5.2 é um exemplo desse tipo de diagrama e revela que "o papel" do cliente na verdade se divide em dois papéis: o encaminhamento da encomenda e o uso do produto. Eles podem ou não ser cumpridos pelos mesmos indivíduos, mas são dois papéis diferentes, e cada um precisa ser compreendido em termos de suas necessidades.

Passo 3 – Descobrir: as necessidades do cliente

O terceiro passo do *Quality by Design* é descobrir as necessidades tanto dos clientes externos quanto dos produtores internos do produto. Dentre as atividades-chave, estão as seguintes:

- Planejar como descobrir as necessidades dos clientes.
- Coletar uma lista de necessidades do cliente em sua linguagem.
- Analisar e priorizar as necessidades dos clientes.

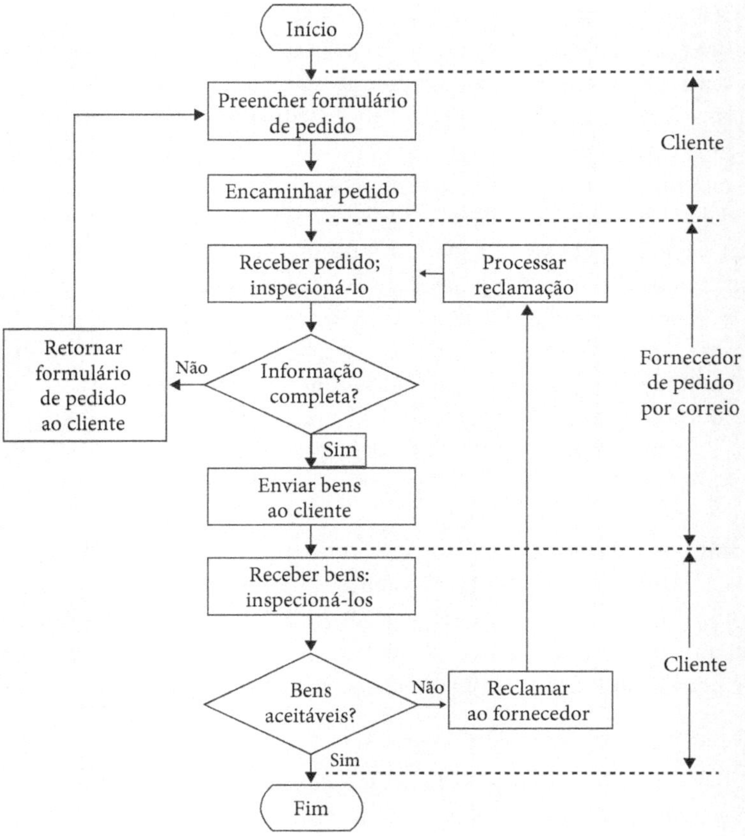

FIGURA 5.2 Diagrama de fluxo e os clientes. (De Juran, 1999, p. 3.12)

- Traduzir as necessidades dos clientes para a "nossa" linguagem.
- Estabelecer unidades de medida e sensores.

Nossa experiência pessoal nos diz que as necessidades dos seres humanos são, ao mesmo tempo, variadas e complexas. Isso pode ser especialmente desafiador para uma equipe de *design*, já que as ações dos clientes nem sempre são consistentes com aquilo eles afirmam precisar. O desafio do *Quality by Design* é identificar as necessidades mais importantes a partir do leque completo das necessidades expressas ou assumidas pelo cliente. Somente então é que o produto poderá encantá-lo.

Quando um produto é projetado, há, na verdade, dois aspectos relacionados, mas distintos, naquilo que está em desenvolvimento: os elementos tecnológicos, decorrentes de suas características, e os elementos humanos, decorrentes dos benefícios recebidos pelos clientes. Ambos os aspectos precisam ser considerados.

Descobrir as necessidades dos clientes é uma tarefa complexa. A experiência nos mostra que os clientes não costumam declarar o que desejam em termos exatos; muitas vezes, sequer mencionam algumas de suas necessidades básicas. A precisão dos extratos bancários, a competência de um médico, a confiabilidade de um computador e a correção gramatical de uma publicação podem ser assumidas como óbvias, mas nem chegar a ser expressas sem sondagem.

Os clientes podem expressar suas necessidades relatando problemas que experimentam e sua expectativa de que um produto possa resolvê-los. Por exemplo, um cliente pode dizer: "nem sempre consigo atender meu telefone, mas não quero que as pessoas que me telefonam achem inconveniente ou fiquem irritados com sistemas de atendimento pouco práticos". Ou o cliente pode dizer: "A dignidade da minha mãe e seu amor pelas pessoas são muito importantes para mim. Quero encontrar um lar para idosos que tenha estrutura e a trate como pessoa, não como paciente". Quando a necessidade não é expressa nesses termos, a arte e a ciência de descobrir as necessidades estão em compreender exatamente o benefício que o cliente espera.

Quando as características de um produto atendem às necessidades de um cliente, há satisfação. Se o produto não consegue apresentar a característica prometida livre de defeitos, o cliente se sente insatisfeito. Mesmo que o produto funcione da maneira como foi projetado, um produto concorrente, por virtude de um serviço ou desempenho superior, pode dar ao cliente maior satisfação.

Necessidades expressas e necessidades reais

É comum os clientes expressarem suas necessidades a partir do seu ponto de vista, usando sua própria linguagem. Eles podem expressar suas necessidades em termos dos bens e serviços que desejam comprar. Contudo, suas verdadeiras necessidades são os benefícios que creem que receberão.

Para ilustrar:

O cliente deseja comprar:	O benefício que o cliente necessita pode incluir:
Massa fresca	Nutrição e sabor
O mais recente computador pessoal	Escrever relatórios de modo rápido e fácil Encontrar informações na Web Ajudar os filhos a aprender matemática
Seguro-saúde	Segurança contra desastre financeiro Acesso a serviço de saúde de alta qualidade Escolha entre prestadores de serviço de saúde
Passagem aérea	Transporte, conforto, segurança e conveniência

Quando não se consegue perceber a diferença entre as necessidades expressas e as necessidades reais, pode haver uma repercussão negativa no poder de venda do produto projetado. Compreender as necessidades reais não significa que os projetistas podem desprezar as declarações dos clientes e aplicar sua própria compreensão técnica superior como se fossem as necessidades reais dos clientes. Compreender as necessidades reais significa perguntar e responder questões como essas:

- Por que o cliente está comprando este produto?
- Qual serviço ele espera?
- Como o cliente se beneficiará do produto?
- Como o cliente o utiliza?
- O que gerou reclamações dos clientes no passado?
- Por que os clientes deram preferência aos produtos da concorrência no lugar dos nossos?

Necessidades percebidas

É natural que os clientes expressem suas necessidades com base em suas próprias percepções, que podem diferir das percepções dos fornecedores quanto ao que constitui qualidade de produto. Os projetistas podem se deixar enganar caso fiquem avaliando se percepções dos clientes estão certas ou erradas em vez de se concentrar em como elas influenciam os hábitos de compra dos clientes. Embora tais diferenças entre clientes e fornecedores possam causar problemas, elas também podem ser uma oportunidade. Uma compreensão superior das percepções dos clientes pode levar a vantagens competitivas.

Necessidades culturais

As necessidades dos clientes, sobretudo dos clientes internos, vão além de produtos e processos. Elas incluem necessidades primárias de segurança empregatícia, autorrespeito, respeito pelos outros, continuidade de padrões habituais e ainda outros elementos do que chamamos amplamente de *valores culturais*; é muito raro que sejam claramente expressos. Qualquer mudança proposta se torna uma ameaça a esses importantes valores e, por isso, encontrará resistência até que a natureza da ameaça seja entendida.

Necessidades rastreáveis para uso não pretendido

Muitas falhas de qualidade surgem porque um cliente usa o produto de um modo diferente daquele previsto pelo fornecedor. Essa prática assume muitas formas. Pacientes visitam salas de emergência para atendimento não emergencial. Trabalhadores são designados a processos para os quais não foram treinados. Um equipamento não recebe a manutenção preventiva especificada.

Fatores como segurança podem agregar custos, mas podem muito bem resultar numa redução dos custos em geral ao ajudar a evitar o custo mais alto decorrente dá má utilização do produto. É essencial saber o seguinte:

- Qual será o verdadeiro uso (e o mau uso)?
- Quais são os custos associados?
- Quais são as consequências de aderir apenas ao uso previsto?

Segurança humana

A tecnologia coloca produtos perigosos nas mãos de amadores que nem sempre possuem as habilidades necessárias para operá-los com segurança. Ela também cria subprodutos perigosos que ameaçam a saúde, a segurança e o meio ambiente humanos. Isso se estende até um ponto em que boa parte do esforço de *design* de produtos e processos precisa ser dirigida para reduzir esses riscos até um patamar aceitável. Inúmeras leis, penais e civis, ordenam esses esforços.

Amigável

O *status* de amador de muitos usuários deu origem ao termo amigável (*user-friendly*) para descrever a característica de produtos que permitem que amadores utilizem prontamente produtos tecnológicos. A linguagem das informações publicadas, por exemplo, deve ser *simples, não ambígua* e *prontamente compreensível.* (Os mais famosos transgressores incluem documentos legais, manuais operacionais do proprietário, formulários administrativos, etc. Formulários amplamente utilizados, como os do governo para restituição de impostos, devem ser testados em campo com uma amostra das mesmas pessoas que mais tarde precisarão preenchê-los.) A linguagem das informações publicadas também deve ser *amplamente compatível.* (Por exemplo, novos lançamentos de *software* devem ser "ascendentemente compatíveis com lançamentos anteriores".)

Presteza do serviço

Os serviços devem ser imediatos. Na nossa cultura, um importante elemento da concorrência é a presteza do serviço. Cronogramas interconectados (como nas entregas postais ou em viagens aéreas) são outra fonte de demanda crescente por agilidade. Outro exemplo é o uso crescente da produção *just-in-time*, que exige entregas confiáveis de materiais para minimizar os estoques. Todos esses exemplos demonstram a necessidade de se incluir o elemento presteza no *design* para atender às necessidades dos clientes.

Necessidades dos clientes relacionadas a falhas

No caso da ocorrência de uma falha de produto, um novo conjunto de necessidades dos clientes acaba surgindo: como corrigir o serviço e como ser compensado pelas perdas associadas e pela inconveniência. Claramente, a solução ideal para tudo isso é planejar a qualidade para que não haja quaisquer falhas. Neste ponto, examinaremos quais são as necessidades dos clientes quando as falhas acontecem.

Garantias

As leis que regem as vendas implicam a existência de certas garantias dadas pelo fornecedor. Porém, em nossa complexa sociedade, passa a ser necessário providenciar contratos por escrito específicos para definir exatamente o que está coberto pela garantia e por quanto tempo. Além disso, é preciso ficar claro quem arca com quais responsabilidades.

Efeito do atendimento ao consumidor nas vendas

Embora as reclamações estejam relacionadas principalmente com a insatisfação com produtos, existe ainda um efeito colateral nas vendas. Uma pesquisa nesta área indicou o seguinte: dos clientes insatisfeitos, cerca de 70% não fazem reclamações. As proporções daqueles que de fato reclamam variam de acordo com o tipo de produto envolvido. Os motivos para não apresentar reclamações são principalmente (1) a crença de que o esforço de apresentar uma reclamação não vale a pena, (2) a crença de que reclamar não faria qualquer diferença e (3) falta de conhecimento sobre como reclamar. Mais de 40% dos reclamantes ficaram insatisfeitos com as medidas tomadas como resposta pelos fornecedores. Novamente, os percentuais variam de acordo com o tipo de produto.

O poder de vendas futuro é fortemente influenciado pelas medidas tomadas em relação às reclamações. Essa forte influência também se estende à fidelidade de marca. Mesmo clientes de marcas populares responsáveis por grandes transações, como aquisição de bens duráveis, serviços financeiros e serviços automotivos, acabarão reduzindo sua intenção de compra quando perceberem que suas reclamações não são resolvidas.

Essa mesma pesquisa concluiu que uma abordagem organizada para lidar com as reclamações proporciona um alto retorno sobre o investimento. Os elementos de tal abordagem organizada podem incluir:

- Uma central de respostas com recursos humanos disponíveis 24 horas aos clientes e/ou um número telefônico com ligação gratuita
- Treinamento especial para os funcionários que atendem os telefones
- Solicitação ativa de reclamações para minimizar a perda de clientes no futuro

Mantendo os clientes informados

Os clientes temem ser vítimas de ações secretas do fornecedor, surpresas com quais não contavam no momento da compra. Quando tais segredos são descobertos e divulgados, o dano à imagem do fornecedor com relação à qualidade pode ser grande. Numa boa parte dos casos, os produtos estão aptos ao uso, apesar de algumas inconformidades, mas em outros a questão pode ser discutível. Em outros casos ainda, o envio é no mínimo antiético e, na pior das hipóteses, ilegal.

Os clientes também querem ser informados de casos envolvendo falhas de produto. Há muitas situações em que uma interrupção no serviço acaba forçando os clientes a esperarem por um período indefinido até o serviço ser reestabelecido. Exemplos óbvios são cortes de energia e atrasos no transporte público. Em casos desse tipo, os clientes ficam impacientes. Como eles são incapazes de solucionar o problema, dependem do fornecedor, e por isso mesmo querem saber sobre a natureza do problema e, especialmente, sobre a previsão de solução. Muitos fornecedores são negligentes na hora de manter seus clientes informados e, portanto, comprometem sua imagem. Em contraste, algumas empresas aéreas movem mundos e fundos para manter seus clientes informados quantos às razões de um atraso e o que está sendo feito para solucionar o problema.

Faça uma lista das necessidades dos clientes na linguagem deles

Para que uma lista das necessidades dos clientes tenha um significado considerável no *design* de um novo produto, as necessidades precisam ser expressas em termos dos benefícios desejados. Em outras palavras, é recomendável captar as necessidades dos clientes pela sua própria voz. Ao se concentrar nos benefícios desejados pelos clientes em vez de nos meios de entregar o benefício, os *designers* compreendem melhor o que os clientes precisam e como eles usarão o produto. A declaração das necessidades em termos dos benefícios desejados também pode revelar oportunidades de melhoria da qualidade que geralmente não podem ser vistas quando nos concentramos exclusivamente nas características.

Analise e priorize as necessidades dos clientes

As informações adquiridas junto aos clientes muitas vezes são amplas, vagas e volumosas demais para serem usadas diretamente no *design* de um produto. Tanto a especificidade quanto a prioridade são necessárias para garantir que o *design* realmente atenda às necessidades e que o tempo seja investido em um *design* voltado para as necessidades verdadeiramente mais importantes. As atividades a seguir ajudam a assegurar essa precisão e esse foco:

- Organização, consolidação e priorização da lista de necessidades tanto para clientes internos quanto externos
- Determinação da importância de cada necessidade tanto para clientes internos quanto externos
- Subdivisão de cada necessidade em termos precisos para que uma resposta específica de design possa ser identificada

- Tradução dessas necessidades na linguagem de fornecimento da organização
- Estabelecimento de mensurações específicas e de métodos de mensuração para cada necessidade

Uma das melhores ferramentas de *design* para analisar as necessidades dos clientes é a planilha de *design* voltado para a qualidade.

Planilhas de *Quality by Design*

O *design* de novos produtos pode gerar muitas informações que são ao mesmo tempo úteis e necessárias. Porém, sem uma maneira sistemática de abordar a organização e a análise dessas informações, a equipe de *design* pode ficar sobrecarregada por seu volume e perder a mensagem que elas contêm.

Ainda que os projetistas tenham desenvolvido várias abordagens para organizar essa informação, a ferramenta de *design* mais conveniente e básica é a planilha de *Quality by Design*. Essa planilha é uma ferramenta altamente versátil que pode ser adaptada para inúmeras situações. O processo de *Quality by Design* lança mão de diversos tipos de planilhas, como:

- Planilha das necessidades dos clientes
- Planilha de análise de necessidades
- Planilha de design de produto ou serviço
- Planilha de *design* de processos
- Planilha de controle de processos

Além de registrar informações, essas ferramentas são particularmente úteis para analisar as relações entre os dados captados e facilitar a conversão gradual das necessidades dos clientes em características, e então em aspectos e planos de processo. Essa conversão está ilustrada na Figura 5.3. A análise dos clientes e de suas necessidades proporciona a base para o *design* do produto. O resumo desse *design* alimenta o *design* do processo, o qual alimenta a planilha de controle.

A tradução das necessidades deles para a "nossa" linguagem

As necessidades dos clientes que foram identificadas podem ser enunciadas em diversas linguagens, incluindo:

- A linguagem do cliente
- A linguagem do fornecedor ("nossa")
- Uma linguagem comum

Um antigo aforismo sustenta que os britânicos e os norte-americanos estão separados por uma língua comum. O aparecimento de uma língua ou dialeto comum pode ser um convite para problemas, pois ambas as partes creem que se entendem bem e esperam ser compreendidas. Falhas de comunicação devido a diferenças não

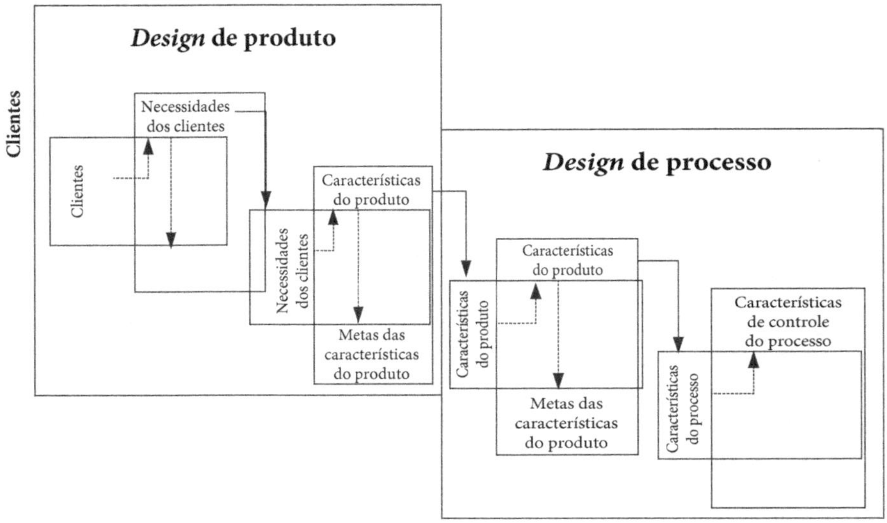

FIGURA 5.3 Sequência de atividades. (Do Juran Institute, Inc., 2013)

percebidas podem levar ainda a outros mal-entendidos que só pioram a dificuldade. É imperativo, portanto, que os projetistas tomem medidas extraordinárias para assegurar que compreendem bem as necessidades dos clientes ao traduzi-las sistematicamente. A necessidade de tradução se aplica tanto a clientes externos quanto internos, e várias funções organizacionais empregam dialetos que muitas vezes não são entendidos por outras funções.

Uma terminologia vaga constitui um caso especial de tradução que pode surgir até (ou especialmente) entre clientes e fornecedores que acreditam estar falando o mesmo dialeto. Palavras idênticas têm múltiplos significados. Palavras descritivas não descrevem com precisão tecnológica.

Traduzindo e medindo as necessidades dos clientes

A necessidade do cliente por desempenho demonstra como as necessidades de mais alto nível se subdividem em inúmeras necessidades detalhadas. O desempenho inclui todas as necessidades detalhadas e precisas a seguir:

Planilha de design de produto Todas as informações sobre a tradução e a mensuração de uma necessidade do cliente precisam ser registradas e organizadas. É recomendado que esses dados fiquem à mão durante o *design* do produto. O exemplo na Figura 5.4 mostra algumas necessidades já preparadas para o uso no *design* de um produto. As necessidades, sua tradução e sua mensuração são colocadas no lado esquerdo da planilha. O restante desta será discutido na próxima seção.

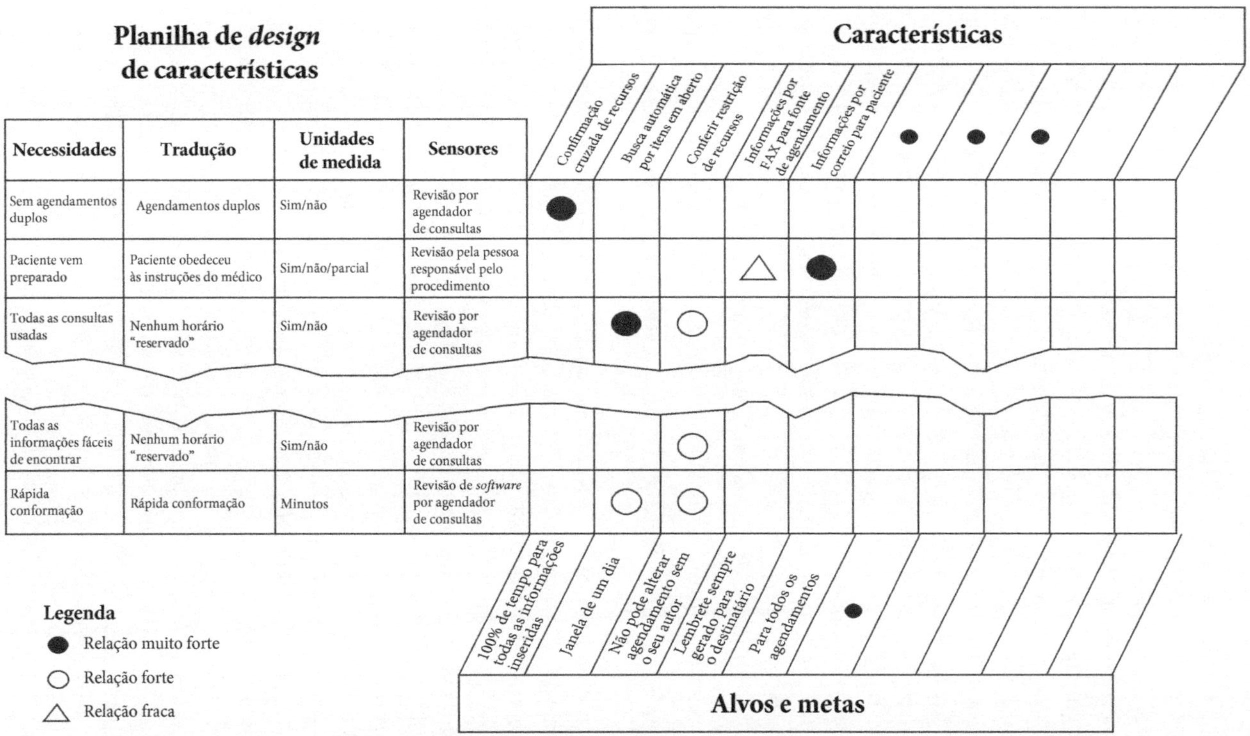
Planilha de design de características
Características
Necessidades
Tradução
Unidades de medida
Sensores
Confirmação cruzada de recursos
Busca automática por itens em aberto
Conferir restrição de recursos
Informações por FAX para fonte de agendamento
Informações por correio para paciente
Sem agendamentos duplos
Agendamentos duplos
Sim/não
Revisão por agendador de consultas
Paciente vem preparado
Paciente obedeceu às instruções do médico
Sim/não/parcial
Revisão pela pessoa responsável pelo procedimento
Todas as consultas usadas
Nenhum horário "reservado"
Sim/não
Revisão por agendador de consultas
Todas as informações fáceis de encontrar
Nenhum horário "reservado"
Sim/não
Revisão por agendador de consultas
Rápida conformação
Rápida conformação
Minutos
Revisão de software por agendador de consultas
100% de tempo para todas as informações inseridas
Janela de um dia
Não pode alterar agendamento sem o seu autor
Lembrete sempre gerado para o destinatário
Para todos os agendamentos
Alvos e metas
Legenda
Relação muito forte
Relação forte
Relação fraca

FIGURA 5.4 Planilha de *design* de produto. (Do Juran Institute, Inc., 2013)

Passo 4 – *Design*: o produto ou serviço

Assim que os clientes e suas necessidades são compreendidos por completo, estamos prontos para o *design* da organização. A maioria das organizações conta com algum processo para o *design* e a inserção de novos produtos no mercado. Neste passo do processo de *Quality by Design*, nosso foco será o papel da qualidade no desenvolvimento de produtos e como este papel se combina aos aspectos técnicos do desenvolvimento e do *design* apropriados para um setor específico. No âmbito do desenvolvimento de produtos, o *design* de produtos é um processo criativo baseado em grande parte em conhecimento tecnológico ou funcional.

Tradicionalmente, os *designers* de produtos costumam ser engenheiros, analistas de sistema, gerentes operacionais e muitos outros profissionais. Já na arena da qualidade, os *designers* podem incluir qualquer indivíduo cuja experiência, posição e *expertise* possam contribuir com o processo de *design*. A produção final do *design* de produtos diz respeito a *designs* detalhados, desenhos, modelos, procedimentos, especificações, e assim por diante.

Aqui, há dois objetivos gerais em termos de qualidade:

1. Determinar que características e metas oferecerão o benefício ideal ao cliente.
2. Determinar o que é preciso para que os *designs* possam ser levados a cabo sem falhas.

No caso dos serviços de *design*, o escopo dessa atividade é por vezes desconcertante. Quando se oferece um atendimento de saúde, por exemplo, onde o produto de diagnóstico e tratamento acaba e onde começam os processos de exames laboratoriais, as tabelas de revisão e assim por diante? Uma maneira útil de pensar essa distinção é considerar que o produto é tudo aquilo que está "na cara do cliente", ou seja, tudo aquilo que o cliente vê e experimenta. O paciente vê e experimenta a interação com o médico, o tempo de espera, a clareza das informações, e assim por diante. A eficácia e a eficiência do transporte de amostras de sangue até e no laboratório chegam a ter um efeito nesses aspectos, mas na verdade são características do processo que leva o produto final ao cliente.

Em se tratando do *design* de produtos físicos, também pode valer a pena pensar sobre o escopo do *design* do produto. Considerando os benefícios que os clientes desejam obter, o *design* de um item eletrônico que deve ser vendido no mercado consumidor inclui não apenas a embalagem em si, mas também as instruções de instalação e de uso e a central de atendimento para assistência. Neste passo, eis as seis principais atividades:

1. Agrupar as necessidades relacionadas dos clientes.
2. Determinar os métodos para identificar as características do produto.

3. Selecionar as características e metas mais importantes.
4. Desenvolver características e metas detalhadas.
5. Otimizar características e metas.
6. Estabelecer e publicar o *design* final do produto.

Agrupar as necessidades relacionadas dos clientes

A maioria dos projetos de *Quality by Design* irá se deparar com um grande número de necessidades dos clientes. Com base nas informações desenvolvidas nos passos anteriores, a equipe pode priorizar e agrupar as necessidades relacionadas a funcionalidades similares. Isso não demanda muito tempo, e pode poupar bastante tempo mais tarde. A priorização garante que os recursos mais escassos do desenvolvimento de produtos sejam investidos com maior eficiência naqueles itens que são mais importantes para o cliente. O agrupamento de necessidades relacionadas permite que a equipe de *design* aplique a tática "dividir para conquistar", com subequipes trabalhando em partes diferentes do *design*. Tais abordagens em subsistemas ou em componentes do *design* já são comuns há muitos anos, mas o diferencial aqui é que o foco inicial são os componentes das necessidades dos clientes, e não os componentes do produto. O *design* componente para o produto se dará durante as atividades posteriores.

Determinar métodos para identificar as características

Há muitas atividades complementares para identificar o *design* de produto que melhor atende às necessidades dos clientes. A maioria dos projetos de *design* não emprega todas elas. Antes de iniciar o *design*, porém, uma equipe deve desenvolver um plano sistemático para os métodos que usará em seu *design*. Eis algumas das opções.

Benchmarking Esta abordagem identifica o melhor do ramo e os métodos que o tornam o melhor.

Pesquisa básica Um aspecto da pesquisa pode ser uma inovação para o produto que não exista atualmente no mercado ou nos concorrentes. Outro aspecto da pesquisa básica é a exploração da viabilidade do produto e de suas características. Embora ambos sejam importantes, tome cuidado para que a fascinação pelas capacidades tecnológicas do produto não acabe suplantando a preocupação prioritária com os benefícios para o cliente.

Experimentos de mercado Mediante a introdução e o teste de ideias para características junto ao mercado, é possível analisar e avaliar determinados conceitos. O grupo focal é uma técnica que pode ser usada para mensurar as reações dos clientes e determinar se as características satisfazem ou não suas necessidades. Algumas organizações também testam suas ideias de maneira informal, junto a clientes em feiras comerciais e em reuniões de associação. Outras conduzem testes limitados de mercado com um produto-protótipo.

Criatividade O desenvolvimento de características permite sonhar com toda uma gama de possibilidades sem os entraves de restrições e noções preconcebidas. O *design* voltado para a qualidade é uma abordagem comprovada, estruturada e embasada em dados para atender às necessidades dos clientes. Mas isso não significa que ele seja rígido e pouco criativo. A esta altura do processo, os participantes do *design* precisam ser encorajados e contar com as ferramentas de que precisam para serem criativos, a fim de desenvolverem alternativas de *design*. Após selecionarem algumas alternativas promissoras, eles farão uma análise rigorosa e se embasarão em dados para o *design* do produto final.

As equipes de *design* podem tirar proveito de como os indivíduos veem o mundo: a partir de suas próprias perspectivas. Cada funcionário tem o potencial de enxergar outras maneiras de fazer as coisas. A equipe deve encorajar as pessoas a sugerir novas ideias e a assumir riscos, enquanto seus membros devem lutar para não ficar "travados" e não gastar tempo demais debatendo uma ideia ou questão em particular. Eles podem retomar o debate mais tarde, com pontos de vista renovados, e podem ainda aplicar novos métodos de pensamento sobre as necessidades ou os problemas dos clientes, como:

- *Modificar* palavras *ou expressões-chave*. Por exemplo, chame uma "necessidade" ou um "problema" de uma "oportunidade". Em vez de dizer "Entrega dentro do prazo", diga "Entrega exatamente quando necessário".
- *Associação aleatória*. Por exemplo, pegue uma palavra comum como *maçã* ou *circo* e descreva o seu empreendimento, produto ou problema de acordo com a palavra. Por exemplo: "Nosso produto é como um circo, porque...".
- Ideia central. Desloque o seu pensamento de uma ideia central para outra, diferente. Por exemplo, desloque o foco do produto para o cliente dizendo "Será que isso oferece algum risco para as crianças, e como podemos evitar isso?", em vez de "Como podemos tornar o brinquedo mais seguro?".
- Colocar-se no lu*gar do outro*. Examine a questão do ponto de vista de outra pessoa, o seu concorrente, o seu cliente – e defenda o caso deles antes de defender seu.
- *Sonhar*. Imagine que você tem uma varinha mágica que pode agitar para remover todos os obstáculos para alcançar os seus objetivos. Como isso se daria? O que você faria em primeiro lugar? Como isso mudaria a sua abordagem?
- *O princípio do espaguete*. Quando você está em dificuldades para analisar um novo conceito ou responder a uma necessidade em particular, permita que sua equipe

se sinta à vontade o bastante para jogar no ar uma nova ideia, como se estivessem jogando espaguete contra a parede, só para ver se fica grudado. Muitas vezes, até mesmo ideias "mirabolantes" podem levar a soluções exequíveis.

As decisões iniciais de *design* são mantidas o mais simples possível a esta altura. Por exemplo, a ideia de instalar um painel de controle para o rádio no volante do carro seria considerada uma característica genérica de produto. A sua localização precisa, a disposição dos controles e como eles funcionariam são aspectos que podem ser analisados em mais detalhes posteriormente. Esse *design* pode ficar sujeito a características mais detalhadas à medida que o projeto progride.

Padrões, regulações e políticas. Este também é o momento para se certificar de que todos os padrões, regulações e políticas relevantes foram identificados e obedecidos. Ainda que algumas dessas exigências sejam apenas orientações sobre como um produto ou característica de produto em particular deve funcionar, outras regem um modo obrigatório de funcionamento. Elas podem vir de dentro da organização ou de governos federais, estaduais ou locais; de agências reguladoras; ou de associações industriais. Todas as características e metas de características de produtos precisam ser analisadas frente a essas exigências antes que a seleção final de características seja incluída no *design*.

É importante ressaltar que, caso haja um conflito ao se avaliar as características do produto frente a quaisquer padrões, políticas ou regulações, isso nem sempre é motivo para desistir. Às vezes é possível trabalhar para que uma mudança ganhe aceitação quando ela promete atender melhor às necessidades dos clientes. Isso é especialmente verdade em se tratando de políticas internas. No entanto, um defensor de mudanças precisa estar preparado para sustentar seus argumentos com dados apropriados.

Critérios de design. Como parte da preparação para um *design* de alto nível, a equipe de *design* precisa estar de acordo quanto aos critérios explícitos a serem usados na avaliação de *designs* alternativos e características de *design*. Todos os *designs* precisam satisfazer aos seguintes critérios gerais:

- Atender às necessidades dos clientes
- Atender às necessidades dos fornecedores e produtores
- Igualar (ou superar) a concorrência
- Otimizar os custos combinados dos clientes e fornecedores

Além dos quatro critérios gerais citados, os membros da equipe devem entrar em um acordo explícito quanto aos critérios que usarão para fazer essa seleção (se as escolhas forem relativamente complexas, a equipe deve cogitar usar a disciplina formal de uma matriz de seleção). Uma fonte desses critérios é a declaração de metas e as metas da equipe. Dentre alguns outros tipos de critérios que a equipe pode desenvolver, estão:

- O impacto da característica nas necessidades
- A importância relativa das necessidades sendo atendidas
- A importância relativa dos clientes cujas necessidades serão afetadas
- A viabilidade e os riscos da característica proposta
- O impacto sobre o custo do produto
- A relação com as características competitivas reveladas pelo *benchmarking*
- As exigências de padrões, políticas, regulações, legislações e assim por diante

Como parte da decisão de como proceder com o *design*, as equipes precisam levar em consideração várias outras questões importantes para determinar qual característica de produto melhor atenderá às necessidades dos clientes. Ao selecionarem essas características, as equipes precisam decidir se devem:

- Desenvolver uma funcionalidade inteiramente nova
- Substituir características antigas por novas
- Aprimorar ou modificar características já existentes
- Eliminar o que é desnecessário

Selecionar características e metas de alto nível

Esta fase do *Quality by Design* irá estimular a equipe a considerar toda uma gama de características em potencial e como cada uma delas responderia às necessidades do cliente. Essa atividade deve ser realizada sem se restringir a suposições e noções prévias daquilo que funcionava e não funcionava no passado. Uma resposta que não tenha conseguido satisfazer uma necessidade dos clientes ou resolver um problema dos clientes pode estar pronta para ser considerada novamente devido às mudanças na tecnologia e no mercado.

A equipe deve começar executando o seu plano de identificação das características possíveis. Em seguida, deve aplicar seus critérios explícitos de seleção para identificar as características mais promissoras.

A planilha de *design* de produto na Figura 5.4 é um bom guia para este esforço. Use o lado direito da planilha para determinar e documentar o seguinte:

- Quais características contribuem para satisfazer as necessidades dos clientes
- Que cada necessidade prioritária do cliente seja atendida por pelo menos uma característica do produto
- Que o impacto total das características associadas a uma necessidade dos clientes provavelmente seja suficiente para satisfazê-la
- Que cada característica do produto contribua para atender a pelo menos uma necessidade significativa dos clientes

- Que cada característica do produto seja necessária para atender a pelo menos uma necessidade significativa dos clientes (isto é, a remoção desta característica deixaria uma necessidade importante não atendida)

A equipe estabelece metas para cada necessidade Em termos de qualidade, uma meta é um alvo voltado para a qualidade (como os valores e limites de especificação pretendidos). Conforme discutido anteriormente, isso difere dos padrões de qualidade, pois um padrão é um modelo imposto a ser seguido e normalmente vem de uma fonte externa. Embora esses padrões sirvam como "exigências" que costumam ditar a uniformidade ou o modo como o produto deve funcionar, as metas das características do produto muitas vezes são voluntárias ou negociadas. Portanto, o processo de *Quality by Design* precisa proporcionar os meios para satisfazer tanto os padrões de qualidade quanto as metas de qualidade.

Critérios para estabelecer metas de características de produtos Como ocorre com todas as metas, as metas de características de produtos precisam obedecer a certos critérios. Embora os critérios para estabelecer metas de características de produtos sejam ligeiramente diferentes dos critérios para metas de projeto verificados no passo 1, há muitas similaridades entre eles. As metas de características de produtos devem englobar todos os casos importantes e ser:

- Mensuráveis
- Otimizadas
- Legítimas
- Compreensíveis
- Aplicáveis
- Alcançáveis

Desenvolver características e metas detalhadas

Em produtos de grande porte e altamente complexos, geralmente é necessário dividir o produto em diversos componentes e até em subcomponentes para obter um *design* detalhado. Cada componente costuma ter sua própria equipe responsável por completar o *design* detalhado descrito a seguir. Para garantir que o *design* em geral permaneça integrado, consistente e eficaz no atendimento das necessidades dos clientes, os projetos descentralizados precisam de:

- Uma equipe-base ou orientadora que proporcione uma direção geral e integração.
- Estatutos explícitos com metas quantificadas para cada componente.
- Revisões regulares integradas de *design* para todos os componentes.
- Integração explícita dos *designs* antes da conclusão da fase de *design* de produto.

Assim que as características e metas iniciais detalhadas são desenvolvidas, os *designers* técnicos podem então preparar um *design* preliminar com especificações detalhadas. Esse é um passo obrigatório antes que uma equipe possa otimizar modelos de características usando diversas ferramentas de *Quality by Design* e então determinar as características e metas finais.

Não chega a ser incomum ver equipes de *Quality by Design* selecionando características em um nível tão alto que as características não são específicas o suficiente para atender a necessidades precisas dos clientes. Assim como ocorre na identificação das necessidades primárias dos clientes, as características de alto nível precisam ser subdivididas em termos claramente definidos, que possam ser mensurados.

Otimizar características e metas

Assim que o *design* preliminar for concluído, ele precisa ser otimizado. Ou seja, o *design* precisa ser ajustado de modo a atender às necessidades tanto do cliente quanto do fornecedor, minimizando ao mesmo tempo seus custos combinados e igualando ou superando a concorrência.

A otimização pode ser uma questão complicada, a menos que seja conduzida de modo organizado e obedeça às disciplinas de qualidade. Há muitos *designs*, por exemplo, em que diversas variáveis convergem para produzir um resultado final. Alguns desses *designs* são de natureza comercial, como o *design* de um sistema informatizado envolvendo o uso otimizado de instalações, pessoal, energia, capital, e assim por diante. Outros *designs* deste tipo são os tecnológicos, envolvendo a otimização do desempenho de *hardware*. De qualquer forma, é mais fácil alcançar a otimização pelo uso de certas disciplinas de qualidade.

A descoberta de um *design* otimizado envolve o equilíbrio das necessidades, sejam elas multiorganizacionais ou internas à organização. Preferencialmente, a busca pela otimização deve ocorrer com a participação mútua de fornecedores e clientes. Existem diversas técnicas que ajudam a alcançar essa otimização.

Revisão de design Sob este conceito, aqueles que são afetados pelo produto recebem a oportunidade de revisar o *design* durante seus vários estágios. Isso permite que usem sua experiência e conhecimento técnico para fazer contribuições como:

- Alertas prévios quanto a problemas previstos
- Prover dados para ajudar a alcançar a otimização
- Contestar teorias e suposições

As revisões de *design* podem ocorrer em diferentes estágios do desenvolvimento de um novo produto. Elas podem ser utilizadas para revisar conclusões a respeito das necessidades dos clientes e, assim, as especificações do produto (características do produto final). As revisões de *design* também podem ocorrer no momento da seleção do *design* otimizado do produto. Dentre as características típicas das revisões de *design*, estão as seguintes:

- Participação obrigatória
- Devem ser conduzidas por especialistas, externos a equipe de design
- As decisões finais por mudanças permanecem com a equipe de design
- São formais, agendadas e preparadas com cronogramas
- Devem ser embasadas em critérios claros e em parâmetros predeterminados
- Podem ser realizadas em vários estágios do projeto

As regras básicas para boas revisões de *design* são as seguintes:

- Revisão de *design* com antecipação adequada de cronograma e documentos
- Estrutura e papéis em reunião claramente definidos
- Reconhecimento prévio de conflitos interdepartamentais
- Ênfase em críticas construtivas – e não destrutivas
- Evitar design competitivo durante a revisão
- Timing e cronogramas realísticos para as revisões
- Habilidades e recursos previstos suficientes para a revisão
- Discussão focada em ideias não experimentadas/não aprovadas de *design*
- Participação dirigida pela gestão

Equipes multifuncionais de design Equipes de *design* devem incluir todos aqueles com interesse no resultado do *design* do produto, além daqueles indivíduos com habilidades de *design* de produto. Sob esse conceito, os membros da equipe, e não apenas os *designers* do produto, arcam com a responsabilidade pelo *design* final.

Estabelecer e publicar o *design* final do produto

Depois que o *design* for otimizado e testado, é hora de selecionar as características e metas a serem incluídas no *design* final. Este também é o estágio em que os resultados do desenvolvimento do produto são oficialmente transmitidos para outras funções mediante várias formas de documentação. Estas incluem as especificações para as características e metas de características do produto, bem como as planilhas e outros documentos de apoio. Tudo isso é suplementado por instruções, tanto orais quanto por escrito. Para completar essa atividade, a equipe precisa, antes de mais nada, determinar o processo para autorizar e publicar as características e metas de características do produto. Além dessas características e metas, a equipe deve incluir quaisquer procedimentos, especificações, diagramas de fluxo e outras planilhas que se relacionam com o *design* final do produto. Ela também deve repassar os resultados de experimentos, testes de campo, protótipos, etc., apropriados. Caso a organização já tenha um processo para autorizar metas de produtos, este deve ser reexaminado à luz da experiência recente. Faça as seguintes perguntas: o processo de autorização ouve os clientes-chave – tanto internos quanto externos? Ele proporciona a otimização do *design*? Se uma organização ainda não possui um processo de autorização, este é um bom momento para iniciar um.

Passo 5 – Desenvolvimento: o processo

Depois que o produto for desenhado e desenvolvido, é preciso determinar os meios pelos quais o produto será criado e entregue de forma continuada. Os meios, coletivamente, representam o *processo*. O *desenvolvimento do processo* é o conjunto de atividades que definem os meios específicos a serem usados pelo pessoal operacional para cumprir com as metas de qualidade do produto. Alguns conceitos relacionados incluem:

- *Subprocessos*: Grandes processos podem ser decompostos em unidades menores tanto para o desenvolvimento quanto para a operação.
- *Atividades*: Trata-se dos passos num processo ou subprocesso.
- *Tarefas*: Compreendem a descrição detalhada e passo a passo para a execução de uma atividade.

Para que um processo seja eficaz, ele precisa ter uma orientação voltada para metas, com resultados mensuráveis específicos, uma sequência de atividades e tarefas total e claramente definidas e todas as entradas e saídas completamente especificadas; precisa ser competente, ou seja, capaz de cumprir com as metas de qualidade do produto sob condições operacionais; e precisa ser legítimo, com autoridade e responsabilidade claras para a sua operação.

As 11 principais atividades envolvidas no desenvolvimento de um processo são as seguintes:

1. Revisar as metas do produto.
2. Identificar as condições operacionais.
3. Captar informações conhecidas sobre processos alternativos.
4. Selecionar o design geral do processo.
5. Identificar as características e metas do design
6. Identificar as características e metas detalhadas do processo.
7. Pensar o design tendo em mente os fatores fundamentais e os possíveis erros humanos.
8. Otimizar as características e metas do produto.
9. Estabelecer a capacidade do processo.
10. Estabelecer e publicar as características e metas finais de processo.
11. Estabelecer e publicar o design final de processo.

A compreensão do usuário sobre o processo

Por *usuários*, referimo-nos àqueles que contribuem para os processos a fim de cumprir com as metas do produto ou àqueles que empregam o processo para atender as suas próprias necessidades. Os usuários consistem, em parte, em clientes internos (unidades ou funcionários da organização) responsáveis por conduzir os processos para alcançar as metas de qualidade, portanto, nos operadores ou outros trabalhadores são usuários. Os projetistas do processo precisam saber como essas pessoas entenderão o trabalho a ser feito. Os processos precisam ser projetados para acomodar esse nível de compreensão ou para melhorá-lo.

Como o processo será utilizado

Os *designers* conhecem o uso pretendido do processo que eles desenvolvem. Contudo, eles não necessariamente sabem como o processo é usado (ou abusado) na prática pelo usuário final. Os *designers* podem tirar partido de sua experiência, mas geralmente precisam complementá-la com uma observação direta e com entrevistas junto àqueles afetados.

Identifique características e controles do processo

Uma *característica de processo* é qualquer propriedade, atributo, etc., necessário para criar o bem ou entregar o serviço e assim cumprir com as metas de características do produto para satisfazer uma necessidade do cliente. Uma *meta de processo* é um valor numérico de uma dessas características.

Enquanto as características respondem a pergunta "Quais características do produto precisamos para atender às necessidades dos clientes?", as características do processo respondem à pergunta: "De quais mecanismos precisamos para criar ou entregar estas características (e cumprir com as metas de qualidade) repetidas vezes e sem falhas?". Coletivamente, as características do processo definem um processo. O diagrama de fluxo é a fonte de muitas – mas não de todas – dessas características e metas.

Conforme o *design* do processo progride do nível macro até os detalhes, uma longa lista de características específicas de processo acabam emergindo. Cada uma delas visa diretamente à produção de uma ou mais características. Por exemplo:

- A elaboração de uma fatura exige uma característica de processo capaz de realizar cálculos aritméticos a fim de que informações precisas possam ser incluídas
- A fabricação de uma roda dentada exige uma característica de processo que consiga perfurar orifícios precisos no centro do eixo da engrenagem
- A venda de um cartão de crédito por meio de *telemarketing* exige uma característica de processo que consiga coletar as informações do cliente de forma precisa

Em sua maioria, as características de processo recaem em das seguintes categorias:

- Procedimentos – uma série de passos seguidos em uma ordem regular e definida
- Métodos – um arranjo ordenado de uma série de tarefas, atividades ou procedimentos
- Equipamento e suprimentos – dispositivos "físicos" e outros bens tangíveis que serão necessários para realizar o processo
- Materiais – elementos tangíveis, dados, fatos, cifras ou informações (estas, assim como o equipamento e os suprimentos, podem compor os insumos necessários, bem como o que deve ser feito neles)
- Pessoas – números de indivíduos, habilidades necessárias, metas e tarefas a serem realizadas
- Treinamento – habilidades e conhecimentos necessários para completar o processo
- Outros recursos – recursos adicionais que podem ser necessários
- Processos de apoio – apoio da secretaria, ocasionalmente outros apoios, como terceirização para serviços de impressão, serviços de cópia, auxílio temporário, e assim por diante

Como no caso do *design* de produtos, o *design* de processos é mais fácil de gerenciar e otimizar se as características e metas do processo estiverem organizadas numa planilha indicando como o processo entrega as características e metas. A Figura 5.5 ilustra uma planilha deste tipo.

A planilha serve não apenas como um resumo conveniente dos atributos-chave do processo, mas também facilita a resposta de duas perguntas-chave necessárias para um *design* de processo eficaz e eficiente. A primeira é: será que todas as características e metas do produto serão alcançadas pelo processo? E a segunda: será que cada característica do processo é absolutamente necessária para pelo menos uma característica do produto; ou seja, há alguma característica desnecessária ou redundante no processo? Ademais, verifique se não há outra característica do processo que possa ser usada para criar o mesmo efeito no produto.

Muitas vezes, *designs* de alto nível acabam identificando características e metas exigidas pelos processos macro da organização como um todo. Dentre os exemplos, podem-se citar os tempos de ciclo do processo de aquisições, dados específicos dos sistemas financeiros e o treinamento de novas habilidades. Como os novos processos acabam dependendo desses processos macro como apoio, agora é hora de conferir se eles são capazes de cumprir as metas. Caso não sejam, os processos macro terão de ser aprimorados como parte do *design* de processo, ou terão de ser substituídos por um método de entrega alternativo.

		Características do processo			
Característica do produto	**Meta da característica do produto**	Capacidade de entrega de *spray*	Tamanho do grupo	Materiais certificados	Previsão de programação no computador para determinar de/para e o trabalho necessário
Tempo para realizar trabalho	Menos que uma hora 100% do tempo	○	●		●
Tempo de agendamento garantido	99% de trabalhos em até 15 minutos do agendamento				●
Todos os materiais seguros para o meio ambiente	Tudo ocorrendo naturalmente/sem materiais sintéticos			●	
		10 galões por minuto	Uma pessoa a cada 10.000 pés ou jardas quadradas	100% aprovado pelo Departamento Estadual de Agricultura	Tempo de previsão sempre até 10% do real
		Metas de características do processo			

Legenda ● Muito Forte ○ Forte △ Fraco

FIGURA 5.5 Planilha de *design* de processo. (Do Juran Institute, Inc., 1994)

Otimize as características e as metas do processo

Uma vez que os projetistas tenham concluído o *design* visando os fatores fundamentais e feito modificações no plano buscando maneiras de reduzir o erro humano, a atividade seguinte é otimizar primeiramente os subprocessos e, então, o *design* do processo em geral. No passo 4 – desenvolver o produto –, o conceito de otimização foi introduzido. As mesmas atividades desempenhadas para otimizar características e metas de características de produto também se aplicam ao planejamento do processo. A otimização se aplica tanto ao *design* do processo em geral quanto aos subprocessos individuais.

Estabeleça a capacidade do processo

Antes do início da operação de um processo, é preciso que se demonstre a sua capacidade em cumprir com as metas de qualidade. Qualquer projeto de *design* precisa mensurar a capacidade de seu processo frente a metas-chave de qualidade. Caso seja identificada qualquer incapacidade no processo, deve ser realizado um diagnóstico sistemático das causas-raiz da falha e uma melhoria do processo, a fim de eliminar essas causas-raiz antes que o processo se torne operacional.

Estabeleça e publique as características e metas finais do processo

Após a equipe de *design* ter estabelecido o fluxo do processo, identificado suas características e metas iniciais, desenvolvido um *design* voltado para os processos críticos e para o erro humano, otimizado características e metas do processo e estabelecido capacidades dos processos, ela está pronta para definir todas as características e metas detalhadas do processo a serem incluídas no *design* final. Este também é o estágio em que os resultados do desenvolvimento do processo são oficialmente transmitidos para outras funções mediante várias formas de documentação. Estas incluem especificações para as características e metas de características do produto, bem como planilhas e outros documentos de apoio. Tudo isso é implementado por instruções, tanto orais quanto por escrito.

Passo 6 – Entrega: a transferência para as operações

Neste passo, os projetistas desenvolvem controles para os processos, providenciam a transferência de todo o plano do produto para os departamentos operacionais e validam a implementação da transferência. São sete as principais atividades neste passo:

1. Identificar os controles necessários.
2. Desenhar o ciclo de *feedback*.

3. Otimizar o autocontrole e a autoinspeção.
4. Estabelecer uma auditoria.
5. Demonstrar capacidade e controle dos processos.
6. Planejar a transferência para as operações.
7. Implementar o plano e validar a transferência.

Depois que o *design* for concluído, esses planos devem ser colocados nas mãos dos departamentos operacionais. Em seguida, passa a ser responsabilidade do pessoal operacional fabricar o bem ou prestar o serviço, garantindo que as metas de qualidade sejam cumpridas precisamente. Para isso, eles seguem um sistema planejado de controle de qualidade. O controle é dirigido em grande parte para o cumprimento contínuo das metas e para a prevenção de mudanças adversas que possam afetar a qualidade do produto. Em outras palavras, não importa o que aconteça durante a produção (mudança ou perda de pessoal, falha de equipamento ou elétrica, mudanças de fornecedores, etc.), os trabalhadores devem ser capazes de ajustar ou adaptar o processo a essas mudanças ou variações, garantindo que as metas de qualidade sejam alcançadas.

Identificar os controles necessários

O controle do processo consiste em três atividades básicas:

- Avaliar o desempenho do processo na prática
- Comparar o desempenho na prática com as metas
- Tomar medidas dependendo das diferenças

Demonstrar capacidade e controlabilidade dos processos

Ainda que a capacidade do processo precise ser considerada durante o seu *design*, é durante a implementação que as descobertas iniciais de capacidade e controlabilidade dos processos precisam ser verificadas.

Planejar a transferência para as operações

Em muitas organizações, o recebimento do processo pelas operações é estruturado e formalizado. Um pacote de informações é preparado, consistindo em certos fundamentos padronizados: metas a cumprir, instalações a serem usadas, procedimentos a serem seguidos, instruções, advertências, e assim por diante. Há também suplementos exclusivos a cada projeto. Além disso, os departamentos operacionais recebem *briefings* e treinamentos em áreas como manutenção, comportamento sob crise e assim por diante. O pacote é acompanhado por um documento formal de transferência de responsabilidade. Em algumas organizações, esta transferência ocorre num clima quase cerimonial.

Implementar o plano e validar a transferência

A atividade final do processo de *Quality by Design* é a implementação do plano e a validação de que a transferência foi bem-sucedida. Bastante tempo e esforço foram investidos na criação do plano do produto, e a validação de todo esse trabalho deve valer a pena.

Referências

Designs for World Class Quality. (1995). Juran Institute, Wilton, Conn.

Juran, J. M. (1992). *Quality by Design.* Free Press, New York.

Juran, J. M. (1999). *Quality Control Handbook,* 5th ed. McGraw-Hill, New York., p. 3.12.

Parasuraman, A., V. A. Zeithami, and L. L. Berry. (1985). "A Conceptual Model for Service Quality and Its Implications for Further Research." *Journal of Marketing,* Fall, pp. 41–50.

Quality by Design. (2013). Juran Institute, Southbury, Conn.

CAPÍTULO 6

Criando saltos de desempenho

O objetivo deste capítulo é mostrar os meios para dar saltos de desempenho e a relação destes com a conquista de resultados superiores. Este capítulo aborda os conceitos universais e fundamentais que definem como criar *saltos no desempenho atual.* O Modelo Seis Sigma para Melhoria do Desempenho, popularizado pela Motorola e pela GE, é o método mais adotado para a realização de saltos.

A sequência universal para saltos de desempenho

A melhoria ocorre todos os dias, em todas as organizações – até mesmo entre aquelas de pior desempenho. É assim que os empreendimentos sobrevivem, no curto prazo. A melhoria é uma atividade em que cada organização desempenha tarefas para fazer melhorias incrementais, diariamente. A melhoria é diferente da melhoria aos saltos. Um salto exige métodos e apoios especiais para alcançar mudanças e resultados consideráveis. Ele também difere do planejamento e controle. Para dar um salto é preciso dar "um passo atrás" para descobrir o que pode estar impedindo que o nível atual de desempenho atenda às necessidades dos clientes.

Na acepção utilizada aqui, *avanço* ou *salto* (*breakthrough*) significa "a criação organizada de uma mudança benéfica e a conquista de níveis sem precedentes de desempenho". Sinônimos são *melhoria da qualidade* e *melhoria Seis Sigma*. Uma mudança sem precedentes pode exigir o alcance de um nível Seis Sigma (3,4 ppm) ou níveis dez vezes superiores aos atuais no desempenho de processos. Os saltos resultam numa redução considerável dos custos, numa elevação da satisfação dos clientes e em resultados superiores que devem satisfazer os grupos interessados.

O conceito de uma sequência universal evoluiu a partir da experiência do Dr. Juran na Western Electric Organization (1924-1941) e mais tarde durante meus anos como consultor independente, a partir de 1945. Depois da publicação de alguns artigos preliminares, uma sequência universal foi publicada em formato de livro (Juran, 1964). Essa sequência continuou então a evoluir com base na experiência adquirida por aplicações de gerentes de operações.

Um salto significa mudança – um movimento dinâmico e decisivo rumo a novos patamares mais elevados de desempenho. Numa sociedade verdadeiramente estática, saltos ou rupturas são tabus, proibidos. Já houve muitas dessas sociedades, e algumas duraram por séculos. Durante esses séculos, seus membros ou sofreram ou desfrutaram de uma previsibilidade completa. Eles sabiam precisamente qual era sua situação – a mesma que viveram seus antepassados – mas essa previsibilidade era, em tempo, compensada por uma geração posterior. O preço a ser pago era a extinção da sociedade estática por meio de conquista ou de alguma outra forma de tomada de controle por parte de alguma forma de sociedade que vinha avançando. A ameaça de extinção podia até ser conhecida pelos líderes de algumas dessas sociedades estáticas, mas alguns apostavam que a ameaça não se tornaria uma realidade até serem subitamente varridos do mapa. Isso ficou claro na famosa carta da Madame de Pompadour para Luís XV da França: "Depois de nós, o dilúvio".

Os saltos são aplicáveis a qualquer ramo, problema ou processo. Para compreender melhor por que tantas organizações criam programas extensivos de melhoria da qualidade como o Seis Sigma *Lean*, precisamos diferenciar planejamento e melhoria. No Capítulo 5, analisamos o processo de planejamento da qualidade para o *design* de características.

O salto necessário para reduzir um excesso de falhas e deficiências pode consistir em ações como:

- Aumento do rendimento dos processos produtivos.
- Redução das taxas de erros dos relatórios administrativos.
- Redução das falhas de campo.
- Redução das recusas de reclamações.
- Redução do tempo necessário para realizar procedimentos clínicos fundamentais nos pacientes.

A experiência das décadas passadas acabou levando a um consenso crescente de que a gestão voltada para a qualidade (controle, planejamento e melhoria) é um dos meios de melhor custo/benefício para lidar com ameaças e oportunidades, e para proporcionar um meio de ação. No que se refere aos saltos, os pontos altos desse consenso incluem os seguintes:

- A concorrência global se intensificou e se tornou um fato desagradável permanente. Uma reação necessária é a criação de uma alta taxa de saltos, ano após ano.
- Os clientes estão demandando produtos cada vez mais aprimorados de seus fornecedores. Essas demandas são então transmitidas por toda a cadeia de suprimento e podem ir além de saltos no produto, englobando também a melhoria do sistema de gestão voltada para a qualidade.
- Os desperdícios crônicos podem ser enormes em organizações que não contam

com um programa estratégico voltado para a sua redução. Durante o início dos anos 1980, em muitas organizações, cerca de 1/3 de todo o trabalho consistia em refazer o que já fora feito devido a deficiências. Ao final dos anos 1990, essa proporção melhorou para apenas 20 a 25% (estimado pelos autores). O consenso emergente é que tal desperdício não deve continuar, já que reduz a competitividade e a lucratividade.

- Os saltos devem ser direcionados para todas as áreas que influenciam o desempenho de uma organização; ou seja, todos os processos empresariais, transacionais e fabris.
- Os saltos não devem ser exclusivamente iniciativas voluntárias; eles devem ser incluídos no plano estratégico e no DNA de um sistema. Eles são obrigatórios.
- A conquista da liderança de mercado exige que a alta gerência assuma pessoalmente a responsabilidade pela gestão voltada para a qualidade. Em organizações que conseguiram chegar à liderança de mercado, foram os altos gerentes que guiaram a iniciativa. Os autores não conhecem exceção.

Redução desestruturada do desperdício crônico

Na maioria das organizações, a ânsia por reduzir os custos se mostra muito menor do que a ânsia por elevar as vendas. Como resultado:

- O plano de negócios não inclui metas de redução do desperdício crônico.
- A responsabilidade por tais saltos acaba sendo vaga. Cabe a voluntários iniciar as ações.
- Os recursos necessários não são fornecidos, pois tais saltos não fazem parte do plano de negócios.

Em grande parte, pode-se vincular a falta de prioridade dos altos gerentes a dois fatores que influenciam seus processos de pensamento:

- Muitos gerentes de nível superior dão prioridade máxima ao aumento das vendas e, mais do que isso, alguns deles chegam a considerar a redução de custos como forma de trabalho de baixa prioridade que não é digna do tempo dos gerentes de nível superior. Isso é especialmente verdade em indústrias de alta tecnologia.
- Os gerentes de nível superior não estão cientes da proporção do desperdício crônico, ou do potencial de alto retorno sobre investimento associado. Os "painéis de instrumentos ou *scorecards*" disponíveis aos gerentes de nível superior dão ênfase a parâmetros de desempenho como vendas, lucro, fluxo de caixa, etc., mas não ao tamanho do desperdício crônico e às oportunidades associadas. Os gerentes contribuem para esse alheamento ao apresentarem seus relatórios na linguagem dos especialistas, em vez de os apresentarem na linguagem da gestão – a linguagem do dinheiro.

Modelos e métodos para dar saltos de desempenho

Os saltos de desempenho são a resposta para a pergunta: "Como posso reduzir ou eliminar o que está errado em meus produtos, serviços ou processos e a insatisfação dos clientes associada a isso?". Os modelos de saltos precisam considerar os problemas que deixam os clientes insatisfeitos, produtos e serviços de má qualidade e falhas na hora de atender a necessidades específicas dos clientes, internos e externos.

Com base nas pesquisas do Dr. Juran, saltos de desempenho realizados por meio da redução de problemas relacionados aos clientes apresentam um dos maiores retornos sobre o investimento e geralmente se resumem à correção de apenas alguns tipos de coisas que saem erradas, incluindo:

- Número excessivo de defeitos.
- Número excessivo de atrasos ou tempo de atravessamento (*lead time*) excessivamente longo.
- Custos excessivos resultantes de retrabalho, sucata, entregas atrasadas, atendimento de clientes insatisfeitos, substituição de bens devolvidos, perda de clientes, perda de boa vontade, etc.
- Altos custos e consequentemente altos preços, devido a desperdício.

Modelos eficazes de saltos de desempenho exigem que:

- Os líderes imponham os modelos, ano após ano.
- Os projetos sejam designados a equipes que devem descobrir a causa-raiz dos problemas a fim de sustentar os ganhos.
- As equipes idealizem ações corretivas capazes de remover ou lidar com a(s) causa(s) dos processos "culpados"
- As equipes trabalhem com funções para implantar novos controles que impeçam o retorno das causas
- As equipes procurem formas de replicar as ações corretivas para aumentar o efeito do salto
- Todas as equipes sigam um método sistemático embasado em fatos, como o utilizado em Seis Sigma, que exige duas jornadas:
  - *A jornada de diagnóstico*, a partir dos sintomas (indícios de que existe um problema) até as teorias sobre o que pode causar os sintomas; das teorias até o teste das teorias; dos testes até a identificação da(s) causa(s)-raiz. A partir do momento em que a causa-raiz é encontrada, uma segunda jornada se inicia.
  - *A jornada de ações corretivas*, a partir da(s) causa(s)-raiz até as ações corretivas no processo para remover ou lidar com a(s) causa(s); das ações corretivas até os testes e a aplicação das ações corretivas sob condições operacionais; das ações corretivas viáveis até o enfrentamento da resistência à mudança;

do enfrentamento da resistência ao estabelecimento de novos controles para sustentar os ganhos.

- Qualquer que seja o nome dado pela sua organização ao modelo de melhoria, os resultados do salto só ocorrem depois da conclusão de ambas as jornadas.

O sucesso mais recente é o Seis Sigma ou Seis Sigma DMAIC. Seis Sigma tornou-se a "marca" da melhoria desde que a Motorola Corporation começou a usar esse método de melhoria da qualidade abraçado pelo Dr. Juran ao final dos anos 1970. Os métodos e ferramentas Seis Sigma empregam muitos desses princípios universais, e foram combinados com o rigor das ferramentas estatísticas e tecnológicas para coletar e analisar dados.

Jack Welch, ex-presidente do conselho da GE, defendeu o Seis Sigma da seguinte forma: "O Seis Sigma é um programa de qualidade que, no final das contas, melhora as experiências dos clientes, reduz os custos da organização e desenvolve melhores líderes." (Welch, 2005).

Lições aprendidas com saltos de desempenho

Uma análise das ações tomadas pelas organizações bem-sucedidas mostra que a maioria delas realizou muitas ou todas as tarefas e estratégias a seguir:

1. Ampliaram o plano de negócios em todos os níveis para incluir metas anuais para saltos e satisfação dos clientes.
2. Implementaram um processo sistemático para dar saltos e estabelecer uma infraestrutura especial ou um maquinário organizacional para realizar este processo.
3. Adotaram o conceito do grande Q – aplicaram os métodos de saltos em todos os processos empresariais, sem restringi-los aos processos fabris.
4. Treinaram o pessoal de todos os escalões, incluindo a alta gerência, nos métodos e ferramentas para cumprir com suas respectivas metas.
5. Permitiram que a mão de obra participasse dos saltos em suas práticas de trabalho diárias.
6. Estabeleceram parâmetros e fichas tipo *scorecards* para avaliar o progresso frente às metas dos saltos.
7. Os gerentes, incluindo a alta administração, compararam o progresso com as metas de saltos.
8. Ampliaram o uso do reconhecimento de méritos e revisaram o sistema de recompensas para reconhecer as mudanças nas responsabilidades dos cargos e o uso dos novos métodos e ferramentas.
9. Renovaram seus programas de tempo em tempo para incluir mudanças conforme o desempenho ia melhorando.
10. Criaram *uma taxa de melhoria* que superava a da concorrência.

A taxa de saltos é de fundamental importância

A décima lição aprendida é importantíssima. Simplesmente contar com um sistema para dar saltos pode não ser suficiente. Essa lição demonstrou que a taxa de saltos anuais determina quais organizações serão as líderes de mercado. A Figura 6.1 mostra o efeito de diferentes taxas de saltos.

Na Figura 6.1, a escala vertical representa o poder de venda do produto, então quanto mais alto melhor. A linha superior exibe o desempenho da empresa A, que de início era a líder do setor. A empresa A segue melhorando, ano após ano. Além disso, a empresa A era lucrativa e parecia ter um futuro brilhante pela frente.

A linha inferior mostra que a empresa B, uma concorrente, inicialmente não era a líder, mas está melhorando a uma taxa bem mais acelerada do que a empresa A, cuja liderança de mercado agora está ameaçada. A lição é clara:

> O fator mais decisivo na concorrência pela liderança de mercado é a taxa de saltos que uma organização consegue sustentar.
>
> JOSEPH M. JURAN

As linhas inclinadas na Figura 6.1 ajudam a explicar por que os bens japoneses conquistaram a liderança de mercado pela qualidade em tantos produtos. A principal razão foi que a taxa de saltos das organizações japonesas foi revolucionária durante décadas quando comparada à taxa de evolução do Ocidente. Era óbvio que

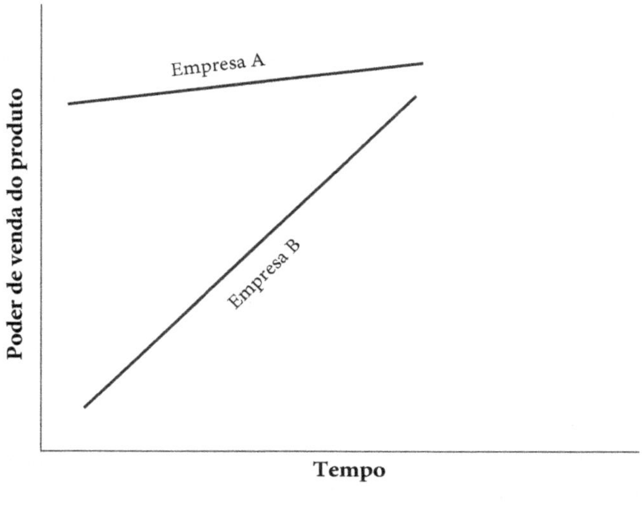

FIGURA 6.1 Duas taxas de melhoria contrastantes. (Do Juran Institute, Inc., 2013)

elas iriam superar a taxa evolucionária das organizações ocidentais. O resultado foi um desastre econômico para muitas organizações norte-americanas no início dos anos 1980. Hoje, as fabricantes automotivas norte-americanas vêm avançando a passos largos em qualidade enquanto a Toyota vêm anunciando *recalls*. A Figura 6.2 mostra as taxas de saltos na indústria automobilística de 1950 até 1990.

Também há lições a serem tiradas das inúmeras iniciativas de melhorar a competitividade durante os anos 1980, algumas das quais nem conseguiram se manter acima do vermelho. Os círculos de qualidade, as equipes de envolvimento de funcionários, TQM, reengenharia e os Prêmios Nacionais de Qualidade foram todos métodos utilizados para reagir à revolução de qualidade japonesa. Alguns deles não se sustentaram e fracassaram, mas cada um deles pode ter ajudado a organização que o empregou à época. Uma lição importante se destaca: as iniciativas nos mostraram que não é simples conquistar uma taxa revolucionária de saltos. É preciso ter um foco estratégico para sustentar a liderança de mercado. Somente os Prêmios Nacionais de Qualidade seguem existindo em grande parte do mundo. Organizações que fizeram declarações como "a qualidade está morta" ou "TQM não funcionou" culparam a metodologia por suas próprias falhas, e isso era uma meia verdade. Em alguns casos, o método errado foi selecionado; em outros, a própria gestão não considerou os obstáculos e a resistência cultural que inibiam o funcionamento des-

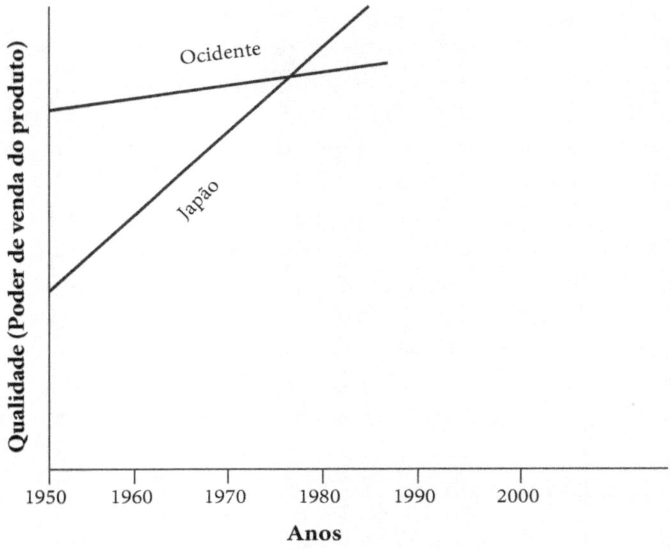

FIGURA 6.2 Estimativa de taxas de melhoria da qualidade na indústria automobilística. (Do Juran Institute, Inc., 2013)

ses métodos. Tais obstáculos e os meios para lidar com eles são analisados ao longo deste capítulo.

Todos os saltos ocorrem de projeto a projeto

Os saltos não ocorrem de maneira geral e indiscriminada, mas sim de projeto a projeto – e de nenhuma outra forma.

Na acepção utilizada aqui, *avanço* ou *salto* (*breakthrough*) significa "a solução de um problema crônico pelo agendamento (lançamento de um projeto) para encontrar uma solução". Como *salto* tem muitos significados, a organização deve criar um glossário e ensinar o significado aos seus funcionários. A definição é reforçada pela apresentação de alguns exemplos colocados em prática com sucesso na organização.

A quantidade de projetos de saltos em haver não tem fim

A existência de uma grande quantidade de problemas a serem resolvidos fica evidente pelo número de saltos que de fato foram dados por organizações que implementaram iniciativas bem-sucedidas durante os anos 1980 e 90. Algumas delas alegam terem dado saltos aos milhares, ano após ano. Em grandes organizações, os números são ainda mais altos, em ordens de magnitude.

A quantidade de projetos de saltos em haver deve-se a fatores internos e externos. Internamente, o planejamento de novos produtos e processos há muito é deficiente. Na verdade, o processo de planejamento deu vazão a duas vertentes: foi a fonte de novos planos e também de novos desperdícios crônicos, e estes se acumulam ano após ano. Cada parcela desse desperdício crônico acaba se tornando, então, um novo projeto de salto em potencial.

Outra razão para a enorme quantidade de saltos a serem dados é a natureza da engenhosidade humana – ela parece não ter limites. A Toyota Motor Corporation divulgou que seus 80 mil funcionários ofereceram 4 milhões de sugestões de saltos em um único ano – uma média de 50 sugestões por pessoa ao ano (Sakai, 1994).

Externamente, as constantes mudanças nas necessidades dos clientes e da nossa sociedade sempre desafiarão o *status quo*. As metas de hoje não são boas o bastante para amanhã, o que acaba criando uma quantidade sem fim de saltos a serem dados.

Os saltos não saem de graça

Um salto e a resultante redução do desperdício crônico não saem de graça – eles exigem esforço de diversas formas. É necessário criar uma infraestrutura para mobilizar os recursos da organização rumo ao salto anual, o que envolve o estabelecimento de metas específicas, a escolha dos projetos a serem colocados em prática, a atribuição de responsabilidades, o acompanhamento do progresso e assim por diante.

Há também a necessidade de um treinamento extensivo quanto à natureza dos métodos de melhoria e ferramentas para o salto de desempenho, como auxiliar as equipes responsáveis, como usar as ferramentas, e assim por diante.

Além de todo esse esforço preparatório, cada projeto de salto de desempenho exige esforço adicional para que se descubram as causas do desperdício crônico e para sugerir as ações corretivas contra essas causas. Esse é o tempo necessário para que todas as pessoas envolvidas na equipe solucionem o problema.

O desembolso inicial é considerável, mas os resultados podem ser impressionantes. Eles *já* se mostraram impressionantes em organizações bem-sucedidas. Relatos detalhados de tais resultados foram amplamente divulgados, sobretudo nas conferências anuais organizadas pelo Instituto Nacional para Padrões e Tecnologia dos Estados Unidos (National Institute for Standards and Technology - NIST), que administra o Prêmio Nacional de Qualidade Malcolm Baldrige.

A redução de desperdício crônico não consome muito capital

A redução do desperdício crônico raramente exige gastos de capital. O diagnóstico para descobrir as causas geralmente apenas toma o tempo das equipes de projeto de salto de desempenho. As ações de melhoria para remover as causas envolvem a sintonia fina do processo. Na maioria dos casos, um processo com mais de 80% de eficiência pode ser elevado para o patamar dos 90% sem ser necessário investimento de capital. É por não necessitar desse tipo de investimento que a redução do desperdício crônico apresenta um grande retorno sobre investimento (ROI - *return on investment*).

Em contraste, projetos para criar saltos em *design* e desenvolvimento de produtos a fim de elevar as vendas podem envolver desembolsos vultosos para descobrir as necessidades dos clientes, para o *design* de produtos e processos, para construir instalações e assim por diante. Tais desembolsos são classificados como gastos de capital e, portanto, reduzem as estimativas de ROI. Há também um período de tempo entre o investimento em *design* e a arrecadação de receitas provenientes da venda de novos *designs*.

O retorno sobre investimento para saltos de melhoria é alto

Isto fica evidente a partir dos resultados divulgados pelos vencedores de prêmios de qualidade nacional no Japão (Prêmio Deming), nos Estados Unidos (Prêmio Baldrige), na Europa e em outros lugares. Cada vez mais organizações publicam relatórios descrevendo seus saltos, incluindo os lucros obtidos.

Não há muita pesquisa acerca do verdadeiro retorno sobre investimento dos projetos de saltos de desempenho. A própria pesquisa do Dr. Juran, que usou artigos publicados por organizações, constatou que um projeto médio de salto de desempenho alcançava cerca de US$ 100 mil em redução de custos (Juran, 1985). Eram grandes organizações, com vendas ultrapassando US$ 1 bilhão ao ano.

O Dr. Juran também estimou que, para projetos no patamar de US$ 100 mil, o investimento em diagnóstico e em ações corretivas totalizaria cerca de US$ 15 mil, ou seja, 15%. O ROI resultante está entre os mais altos disponíveis para os gestores, o que levou alguns deles a observar: "O melhor negócio na praça é o de saltos de desempenho". Hoje, os projetos de saltos de desempenho geram um retorno muito maior, mas o custo para dar um salto continua na faixa de 15% do investimento.

O Dr. Juran ficou impressionado com algumas das recentes organizações que se tornaram líderes mundiais em qualidade usando a abordagem de projeto em projeto (*Project by Project*) do Seis Sigma. Uma delas é a Samsung Electronics.

A Samsung Electronics Co. (SEC), de Seul, Coreia do Sul, aperfeiçoou sua abordagem fundamental de melhoria usando o Seis Sigma como uma ferramenta para inovação, eficiência e qualidade. A SEC foi fundada em 1969 e vendeu seu primeiro produto, um televisor, em 1971. Desde então, a empresa usa ferramentas e técnicas como controle da qualidade total, gestão total de processos, gestão de dados dos produtos, gestão de recursos empresariais, gestão de cadeia de suprimento e gestão de relacionamento com o cliente. O Seis Sigma foi incluído para alavancar estas inovações e melhorar a posição competitiva da SEC nos mercados mundiais. Espera-se que os benefícios financeiros possibilitados pelo Seis Sigma, incluindo as economias de custos e o aumento dos lucros com vendas e com desenvolvimento de novos produtos, alcancem US$ 1,5 bilhão.

A SEC concluiu 3.290 projetos de melhoria Seis Sigma nos dois primeiros anos; 1.512 destes eram projetos realizados por *Black Belts*. No terceiro ano, esperava-se que 4.720 projetos fossem concluídos, 1.640 dos quais realizados por *Black Belts*.

Os projetos Seis Sigma da SEC também contribuíram para uma redução média de 50% dos defeitos. Não existe ideia de melhoria em qualidade e produtividade sem Seis Sigma. Esses números impressionantes certamente cumpriram um papel importante no crescimento recente da Samsung. Algumas indicações disso são citadas a seguir:

- Em 2011, a SEC obteve um lucro líquido de US$ 2,2 bilhões sobre receitas totais de US$ 24,4 bilhões. A capitalização de mercado ficou em US$ 43,6 bilhões.
- Segundo o relatório anual da SEC de 2001, a empresa agora é uma das dez principais fabricantes de equipamentos eletroeletrônicos no mundo, com os melhores índices de lucro operacional e grande solidez fiscal.
- O relatório também afirma que seu índice de dívida por capital é menor do que

o de qualquer empresa entre as líderes de mercado, e que seu índice de capital por ativos líquidos aos acionistas fica acima da média.

- A SEC afirma que seus pontos fortes tecnológicos, suas iniciativas de qualidade Seis Sigma e sua capacidade de *marketing* de produtos ajudaram a aumentar sua fatia no mercado de *chips* de memória em 2001 para 29%, de monitores para 21% e de fornos de micro-ondas para 25% daqueles vendidos em todo o mundo.

Apesar do desaquecimento da economia mundial e da redução nas exportações para os Estados Unidos, a margem de lucro operacional de 8,5% da SEC se deve, acima de tudo, às melhorias de qualidade e à implantação do Seis Sigma.

A estratégia de inovação e qualidade da SEC a ajudou a alcançar a primeira posição no guia de tecnologia da informação da *BusinessWeek* 2002. O guia avaliou seus monitores de computador, seus *chips* de memória, seus telefones domésticos e outros produtos digitais, tomando como parâmetro quatro critérios da Standard & Poor's: retorno aos acionistas, retorno sobre o capital, crescimento das receitas e receitas totais.

A posição da SEC no *ranking* da *BusinessWeek* também se deve à crença de seus funcionários de que a qualidade é a principal razão para as altas vendas, baixos custos, clientes satisfeitos e crescimento lucrativo da empresa. Não muitos anos atrás, os produtos da SEC eram praticamente desconhecidos nos Estados Unidos. Tinham a fama de pertencer a uma marca mais barata e de pior qualidade, mas essa percepção está mudando. O mercado norte-americano agora representa 37% das vendas totais da SEC.

Os principais ganhos advêm de poucos projetos vitais

Parte significativa dos ganhos mensuráveis advém de uma minoria de projetos de saltos de desempenho – os *poucos vitais*. Como eles são multifuncionais em sua natureza, precisam de equipes multifuncionais para colocá-los em prática. Em contraste, a maioria recai na categoria dos *muitos úteis* e são colocados em prática por equipes departamentais locais. Tais projetos costumam produzir resultados de magnitude menor do que aqueles poucos vitais.

Embora os projetos dos muitos úteis contribuam para uma parte menor dos ganhos mensuráveis, eles propiciam uma oportunidade para que os escalões inferiores da hierarquia, incluindo os trabalhadores braçais, participem dos saltos de desempenho. Na mente de muitos gestores, o ganho resultante no trabalho cotidiano é tão importante quanto os ganhos tangíveis em desempenho operacional.

Saltos de desempenho – alguns inibidores

Ainda que algumas organizações exemplares tenham alcançado resultados impressionantes por meio de saltos de desempenho, não se pode dizer o mesmo da maioria delas. Alguns desses fracassos se devem a uma franca ignorância sobre como se mobilizar para o salto, mas há também alguns inibidores inerentes à realização de saltos ano após ano. É útil entender a natureza de alguns dos principais inibidores antes de seguir adiante.

Desilusão por fracassos

A falta de resultados recém-mencionada levou algumas publicações influentes a concluírem que as iniciativas de saltos de desempenho estão inerentemente fadadas ao fracasso. Tais conclusões ignoram os resultados impressionantes alcançados por organizações exemplares (seus resultados comprovam que isso é alcançável). Além disso, os exemplos a serem seguidos já explicaram como alcançaram esses resultados, oferecendo lições a serem aprendidas e seguidas por outras organizações. Ainda assim, as conclusões da mídia deixaram os altos gerentes receosos em empreender seus próprios saltos.

A ilusão da delegação de tarefas

Gestores são pessoas atarefadas, e mesmo assim são constantemente bombardeados com novas demandas que tomam muito do seu tempo. Eles tentam manter a sua carga de trabalho em equilíbrio delegando tarefas. O princípio de que "um bom gestor é um bom delegador" tem ampla aplicação, mas tem sido exagerado na tentativa de saltos de desempenho. As lições aprendidas com as organizações exemplares mostram que promover um salto anual acrescenta cerca de 10% de carga de trabalho a toda a equipe de gestão, incluindo a alta administração.

A maioria dos gestores de nível superior tenta evitar essa carga de trabalho adicional por meio da delegação ampla e irrestrita de tarefas. Alguns estabelecem metas vagas e então exortam todos a se saírem melhor – "Faça certo já na primeira vez". Em organizações exemplares, isso foi diferente. Em cada uma delas, os gerentes de nível superior assumiram a responsabilidade pela iniciativa e colocaram em prática certas tarefas não delegáveis.

Apreensão por parte dos funcionários

Dar um salto de desempenho exige mudanças profundas no modo de vida da organização – bem mais do que parece. São novas funções e mais trabalho para todos. As equipes têm que abraçar um conceito que é desconhecido de muitas organizações e que invade as jurisdições dos departamentos funcionais. É preciso haver treinamento para isso. Coletivamente, a megamudança perturba a paz e gera muitos efeitos colaterais indesejados.

Para os funcionários, o efeito mais temeroso desse conjunto profundo de mudanças é a ameaça aos cargos e/ou *status*. A redução do desperdício crônico diminui a necessidade de retrabalho e, portanto, dos cargos dos funcionários responsáveis por ele. A eliminação desses cargos torna-se também uma ameaça ao *status* e/ou aos cargos de supervisão a eles associados. Não surpreende, portanto, que os esforços para reduzir o desperdício sofram resistência por parte de trabalhadores, sindicatos, supervisores, etc.

Entretanto, saltos de desempenho são essenciais para que a organização permaneça competitiva. Organizações que não conseguem avançar colocam todos os cargos em risco. Portanto, elas devem empreender saltos sem perder de vista que a apreensão dos colaboradores é uma reação lógica de pessoas com receio de propostas preocupantes. Um canal de comunicação precisa ser aberto para explicar as razões, compreender os temores e procurar por boas soluções. Na ausência de uma comunicação franca, os canais informais prevalecem, dando vazão a suspeitas e rumores.

Há também uma apreensão adicional com origens em padrões culturais. (As apreensões anteriores não se aplicam a saltos focados em características de produtos para elevar as vendas. Estes são bem-vindos pelo seu potencial de proporcionar novas oportunidades e aumentar a segurança no emprego.)

Garantindo a aprovação e a participação da alta gerência

As lições dos anos 1980 e 90 incluíam uma importante descoberta: a participação pessoal da alta gerência é indispensável para uma alta taxa de saltos anuais. Essa descoberta sugere que os defensores da iniciativa devem tomar medidas positivas para convencer a alta gerência do seguinte:

- Os méritos do planejamento voltado para saltos anuais
- A necessidade de uma alta gerência ativa e que forneça recursos
- A natureza precisa da indispensável participação da alta gerência

Prova da necessidade

A alta gerência reage melhor quando lhe é mostrada uma grande ameaça ou oportunidade. Um exemplo de grande ameaça é o caso da organização G, uma fabricante de eletrodomésticos. A organização G e suas concorrentes, R e T, eram todas fornecedoras de quatro modelos de eletrodomésticos para um importante cliente, como resume a Tabela 6.1. A tabela mostra que, no ano 2000, a organização G era fornecedora de dois dos quatro modelos. Era competitiva em preço, entregas dentro do prazo e características dos produtos, mas era inferior, na percepção do cliente, no principal problema: falhas de campo. Em 2002, a falta de uma solução custou à organização G o fornecimento do modelo número 1. Em 2003, a organização G perdeu também o fornecimento do modelo 3.

TABELA 6.1 **Fornecedores de um importante cliente**

Número do modelo	2000	2001	2002	2003
1	G	G	R	R
2	R	R	R	R
3	G	G	G	R
4	T	R	R	R

A conscientização também pode surgir ao mostrar à alta gerência outras oportunidades, como a de reduzir custos por meio do corte do desperdício crônico.

O tamanho do desperdício crônico

Uma oportunidade amplamente aceita pelos gerentes de alto nível é reduzir o custo da má qualidade ou os custos associados a processos com mau desempenho. Na maioria dos casos, esse custo é superior ao lucro anual da organização, e por vezes muito maior. Sua quantificação pode ajudar muito na demonstração da necessidade de uma mudança radical na abordagem dos saltos de desempenho. Um exemplo é mostrado na Tabela 6.2, que ilustra o custo da má qualidade (COPQ – *cost of poor quality*) em uma organização no setor de processos utilizando as tradicionais classificações contábeis. A tabela ressalta bem certas questões de grande importância para a alta gerência.

TABELA 6.2 **Análise do custo da má qualidade**

Categoria	Montante, US$	Percentual total
Falhas internas	7.279.000	79,4
Falhas externas	283.000	3,1
Apreciação	1.430.000	15,6
Prevenção	170.000	1,9
	9.162.000	100,0

- *A ordem de magnitude*. O total dos custos é estimado em US$ 9,2 milhões ao ano. Para a organização em questão, esse montante representava uma grande oportunidade. (Quando esses custos são reunidos pela primeira vez, o total geralmente é muito superior ao que qualquer um imagina.)

- *As áreas de concentração.* A tabela é dominada pelos custos de falhas internas - eles perfazem 79,4% do total. Claramente, qualquer grande redução de custos precisa vir das falhas internas.

COPQ *versus* redução de custos

A empresa X queria reduzir os custos operacionais em 10%. Assim, ela pediu que os executivos identificassem os custos que poderiam ser cortados nas unidades empresariais. A lista de 60 itens decorrente da solicitação incluía sugestões como eliminação das auditorias de qualidade, troca de fornecedores, novos sistemas de computador, redução do pessoal em serviços ao cliente e enxugamento de P&D.

Os executivos eliminaram funções que proporcionavam qualidade e serviços aos clientes, passaram a comprar peças inferiores e gastaram muito para substituir os sistemas computadorizados. Eles acabaram prejudicando sua organização, sobretudo nos pontos que mais afetavam o cliente, e reduziram o potencial para novos serviços no futuro.

Mesmo assim, a maioria dos executivos foi recompensada por suas realizações. O resultado? Sua meta de redução de custos foi alcançada, mas restaram funcionários insatisfeitos, clientes irritados e uma organização que ainda incorria em despesas consideráveis causadas por mau desempenho.

Nem sempre há uma compreensão real sobre os verdadeiros ganhos no balanço financeiro advindos da redução do custo da má qualidade. O mal-entendido nasce de uma interpretação equivocada de que melhorar a qualidade sai caro.

No entanto, esta interpretação não é de todo equivocada. Se a sua organização, por exemplo, presta um serviço a clientes por um determinado preço e um concorrente presta o mesmo serviço básico com características melhoradas pelo mesmo preço, será mais caro para a sua organização adicionar essas características que o concorrente já oferece.

Porém, se a sua organização não acrescentar essas características, ela poderá perder receitas, já que os clientes recorrerão ao concorrente. Se você contra-atacar reduzindo o preço, ainda assim poderá perder receitas. Em outras palavras, a qualidade do serviço do seu concorrente é superior.

Para que a sua organização permaneça competitiva, ela terá de investir no desenvolvimento de novas características, o que irá afetar positivamente as receitas. Para aprimorar a qualidade, as características terão de se adaptar ao *design* - ou, na terminologia atual, um novo *design* precisa ser oferecido em altos níveis Sigma.

Devido a essa interpretação historicamente equivocada, as organizações nem sempre apoiam a noção de que a melhoria da qualidade afetará os custos sem elevá-los. Elas desconsideram os enormes custos associados ao mau desempenho de produtos, serviços e processos – os custos associados a não satisfação das exigências dos clientes, aos atrasos na entrega de produtos e serviços ou ao seu retrabalho a fim de atender às necessidades dos clientes. Esses são os custos da má qualidade (COPQ – *cost of poor quality*) ou o custo de processos de mau desempenho (*cost of poorly performing processes* – COP^3).

Caso quantificados, esses custos receberão atenção imediata de todos os escalões gerenciais. Por quê? Quando somados, os custos da má qualidade perfazem de 15 a 30% de todos os custos. A qualidade, neste sentido – ao contrário da qualidade que afeta exclusivamente os lucros –, afeta os custos. Se melhorarmos o desempenho dos produtos, serviços e processos ao reduzirmos suas deficiências, acabaremos reduzindo os custos. Para melhorar a qualidade e diminuirmos as deficiências que existem por toda a organização, precisamos realizar melhorias nos saltos de desempenho.

Um programa Seis Sigma focado na redução de custos da má qualidade (associados a baixos níveis Sigma de desempenho) e no *design* de novas características (elevando os níveis Sigma) permitirá que a gestão obtenha maior satisfação por parte dos clientes e balanços financeiros mais favoráveis. São muitas as organizações que reduzem os custos eliminando características essenciais de produtos ou serviços que trazem satisfação aos clientes, ignorando ao mesmo tempo maus desempenhos que custam ao balanço financeiro e aos acionistas milhares de dólares.

Uma abordagem melhor

A empresa Y abordou sua situação de uma forma diferente da empresa X. Os executivos identificaram todos os custos que desapareceriam se tudo funcionasse em níveis Sigma mais elevados. Sua lista incluía custos associados a créditos ou subsídios conferidos a clientes por entregas atrasadas, imprecisão ou erros em cobranças, sucata ou retrabalho e erros no faturamento por descontos equivocados e outros enganos.

Quando a empresa documentou todos os custos da má qualidade, a equipe de gestão ficou impressionada com os milhões de dólares perdidos em razão da má qualidade de desempenho dentro da organização.

Assim, o custo total da má qualidade tornou-se o objetivo. O resultado? A eliminação do desperdício e o retorno ao azul no balanço financeiro a partir de reduções planejadas de custos e de um aumento no número de clientes satisfeitos. Por quê? Porque a empresa eliminou a causa-raiz dos custos. Havia deficiências em processos e produtos que causavam insatisfação nos clientes. Assim que essas deficiências foram eliminadas, a qualidade subiu e os custos diminuíram.

Embora esteja se tornando essencial responder às demandas dos clientes por uma melhor qualidade em tudo que a organização faz, não se deve desconsiderar o impacto financeiro da má qualidade. Na verdade, esses custos devem ser os norteadores do processo de seleção de projetos para Seis Sigma.

Em outras palavras, o custo da má qualidade é uma prova de que é preciso fazer mudanças. A necessidade de melhorar a condição financeira de uma organização tem uma correlação direta com o processo de fazer e mensurar as melhorias de qualidade. Qualquer que seja o seu objetivo de partida, melhorar as características e reduzir os custos da má qualidade afetará o sucesso financeiro contínuo de uma operação.

Ainda que haja um limite em até onde a qualidade pode ser melhorada quando a eficiência de custos e as economias são comparadas aos custos dessa melhoria, é improvável que você chegue a este limite antes dos níveis Cinco ou Seis Sigma. Um empreendimento precisa perseguir o nível seguinte de qualidade com base naquilo que é de fundamental importância para seus clientes. Se os clientes demandam algo, é provável que este seja um imperativo para se manter no negócio. Se não demandam, então há tempo de planejar.

Impulsionando o desempenho do balanço financeiro

Se você aceita a realidade de que os clientes e o mercado definem a qualidade, então a sua organização precisa ter as características certas em seus produtos ou serviços e diminuir suas deficiências para desenvolver clientes fiéis.

Com um preço competitivo, uma fatia de mercado solidamente sustentada por rápidos tempos de ciclo, baixos custos de garantia e baixos custos de sucata e retrabalho, as receitas serão maiores e o custo total menor. O bônus substancial que recai na coluna de lucro advém, na verdade, de uma combinação entre características melhoradas e redução dos custos da má qualidade.

Antes de analisarmos maneiras específicas de identificar, mensurar e considerar o impacto dos custos da má qualidade nos resultados financeiros, precisamos compreender como os custos da qualidade podem nortear o objetivo financeiro.

Se a sua organização, por exemplo, estabelece uma meta de US$ 50 milhões em redução de custos, há uma metodologia simples para determinar quantos projetos de melhoria serão necessários para alcançar tal meta. A organização pode então gerir a iniciativa de melhoria com maior eficiência se parar para refletir e determinar o nível de atividade com que pode arcar. A resposta ajudará a determinar quantos especialistas ou *Black Belts* são necessários para gerir as melhorias e o nível de treinamento exigido.

A metodologia inclui os seis passos a seguir:

1. Identifique sua meta de redução de custos de US$ 50 milhões durante os próximos dois anos: US$ 25 milhões ao ano.
2. Trabalhando com um retorno médio de US$ 250 mil por melhoria, calcule o número de projetos necessários para alcançar a meta a cada ano. Neste exemplo, precisaríamos de incríveis 200 projetos – 100 ao ano.
3. Calcule quantos projetos ao ano podem ser concluídos e quantos especialistas serão necessários para liderar a equipe. Se cada projeto puder ser concluído dentro de quatro meses, isso corresponde a um *Black Belt* em dois projetos por quatro meses. Assim, um *Black Belt* pode completar seis projetos em um ano. Precisaremos, então, de cerca de 17 *Black Belts*.
4. Faça uma estimativa de quantos funcionários serão envolvidos em meio período para trabalhar com os *Black Belts* a fim de alcançar suas metas. Neste caso, precisaríamos de cerca de 200 funcionários envolvidos em algum nível a cada ano, possivelmente comprometendo cerca de 10% do seu tempo.
5. Identifique os custos específicos relacionados ao mau desempenho, e selecione dessa lista aqueles projetos que já estejam levando sua organização a incorrer em pelo menos US$ 250 mil por deficiência. Caso você não tenha criado uma lista assim, use uma pequena equipe para identificar os custos e criar uma análise de Pareto antes de lançar qualquer projeto.
6. Use este método e debata cada variável com a equipe executiva para garantir que a quantia certa de melhorias possa ser suportada. Todas as organizações fazem melhorias, mas apenas empresas de classe mundial melhoram em um ritmo mais rápido do que a concorrência.

Os resultados

Cabe destacar que todas as organizações que adotaram o Seis Sigma e o integraram em suas operações alcançaram economias impressionantes, que se refletiram em seu balanço financeiro. Mais clientes ficaram satisfeitos e se fidelizaram, e as receitas, rendimentos e margens operacionais melhoraram consideravelmente.

As economias de custo da Honeywell, por exemplo, ultrapassaram os US$ 2 bilhões desde a implementação do Seis Sigma em 1994. Na General Electric, a iniciativa Seis Sigma teve início em 1996 e produziu mais de US$ 2 bilhões em benefícios em 1999. As economias de produtividade da Black & Decker com o Seis Sigma alcançaram cerca de US$ 75 milhões em 2000, mais do que o dobro do ano anterior, elevando o total economizado desde 1997 para mais de US$ 110 milhões.

Um vislumbre mais revelador do custo da má qualidade como uma função dos níveis de desempenho Seis Sigma é o seguinte:

- Quando ± 3 Sigma do processo que produz uma peça está dentro da especificação, haverá 66.807 defeitos por milhão de peças produzidas. Se a correção de cada defeito custar US$ 1.000, então o COPQ total seria de US$ 66.807.000.

- Quando uma organização melhora o processo para a faixa de ± 4 Sigma, haverá apenas 6.120 defeitos por milhão, com um COPQ de US$ 6.210.000.
- A ± 5 Sigma, o custo dos defeitos cai para US$ 233.000 por milhão, uma economia de US$ 66.574.000 em relação à economia numa capacidade de processo de ± 3 Sigma.
- Num nível de quase perfeição de ± 6 Sigma, os defeitos são quase eliminados, a um custo de US$ 3.400 por milhão de peças produzidas.

O retorno potencial sobre investimento

Uma importante responsabilidade da alta gerência é fazer o melhor uso possível dos ativos da organização. Um parâmetro-chave para avaliar o que é melhor é o retorno sobre investimento (ROI - *return on investment*). Em termos gerais, o ROI é a razão entre (1) o ganho estimado e (2) os recursos necessários estimados. Para computar o ROI de projetos de redução de desperdício crônico, é preciso dispor de estimativas como:

- O custo do desperdício crônico associado aos projetos
- As reduções potenciais de custos se os projetos forem bem-sucedidos
- O custo do diagnóstico e das ações corretivas necessárias

Muitas propostas de empreender saltos de desempenho não chegam a ganhar apoio dos gestores porque ninguém quantificou o ROI, e tal dado é fundamental para a alta administração - sem essa informação eles não têm como comparar (1) o ROI potencial advindo do salto com (2) o ROI potencial advindo de outras oportunidades de investimento.

Gestores e outros profissionais que preparam tais propostas devem buscar informações sobre o ROI em colaboração com especialistas nas complexidades do tema. O cálculo do ROI pode ser complicado, já que dois tipos de valores estão envolvidos: capital e despesas. Ambos são dinheiro, mas, em alguns países (incluindo os Estados Unidos), são tributados de modo diferente. Os desembolsos de capital são compostos de dinheiro após impostos, ao passo que as despesas são incorridas em dinheiro antes dos impostos.

A diferença na tributação se reflete nas regras de contabilidade. As despesas são deduzidas prontamente, reduzindo os rendimentos declarados e, consequentemente, o imposto de renda sobre esses rendimentos. Os desembolsos de capital são deduzidos de forma gradual - em geral durante um período de anos, o que aumenta os rendimentos declarados e, consequentemente, os impostos de renda sobre esses rendimentos. Ou seja, é vantajoso que as propostas sejam direcionadas ao salto de desempenho, pois os saltos raramente exigem muito de capital. (Alguns gestores tendem a usar a palavra *investimento* exclusivamente quando se trata de investimento de capital.)

A alta gerência recebe inúmeras propostas para alocar recursos da organização: invadir mercados estrangeiros, desenvolver novos produtos, comprar novos equipamentos para aumentar a produtividade, fazer aquisições, ingressar em *joint ventures*, etc. Essas propostas competem umas com as outras por prioridade, e um teste importante é o ROI. Por isso, o ideal é que a proposta de empreender um salto de desempenho inclua uma estimativa de ROI.

Uma proposta às vezes pode ser mais bem explicada ao se converter os dados de apoio em unidades de medida já bem conhecidas da alta gerência. Por exemplo:

- O custo da má qualidade no ano passado foi cinco vezes maior do que o lucro de US$ 1,5 milhão do mesmo período.
- Caso o custo da má qualidade fosse reduzido pela metade, os rendimentos aumentariam em 13 centavos por ação.
- 13% das encomendas de vendas do ano passado foram cancelados por má qualidade.
- 32% do tempo investido em engenharia foram consumidos para encontrar e corrigir defeitos de *design*.
- 25% da capacidade fabril são dedicados à correção de problemas.
- 70% do estoque mantido podem ser vinculados à má qualidade.
- 25% de todas as horas de fabricação foram dedicadas à identificação e correção de defeitos.
- O custo da má qualidade no ano passado foi equivalente ao custo da nossa operação, resultando em 100% de trabalho defeituoso durante o ano inteiro.

A experiência de fazer apresentações para a alta gerência acabou indicando alguns "certos" e "errados" bastante úteis:

- *Sim*, resuma o total dos custos estimados pela má qualidade. O total será grande o suficiente para chamar a atenção da alta gerência.
- *Sim*, mostre onde esses custos estão concentrados. Um agrupamento comum é aquele mostrado na Tabela 6.2. Normalmente (como naquele caso), a maior parte dos custos está associada a falhas, sejam internas ou externas. A Tabela 6.2 também ilustra a falácia de tentar iniciar os esforços pela inspeção e pelos testes. Antes disso, os custos advindos das falhas devem ser reduzidos. Porém, depois que os níveis de defeitos diminuem, os custos de inspeção também podem ser reduzidos.
- *Sim*, descreva os principais projetos que estão no âmago da proposta.
- *Sim*, estime os ganhos potenciais, bem como o retorno sobre o investimento. Caso a organização nunca tenha empreendido uma abordagem organizada para reduzir custos relacionados, então uma meta razoável é cortar estes custos pela metade em cinco anos.
- *Sim*, faça as cifras passarem por uma revisão prévia pelo pessoal do financeiro (ou de outro setor) que também é responsável por conferir a validade das cifras financeiras encaminhadas pela alta gerência.

- *Não* exagere os custos presentes incluindo itens questionáveis ou marginais. O risco é que as reuniões decisivas de revisão fiquem desfocadas debatendo a validade das cifras sem nem chegar a discutir os méritos da proposta.
- *Não* sugira que os custos totais sejam reduzidos para zero. Qualquer sugestão desse tipo provavelmente só conseguirá desviar a atenção dos méritos da proposta.
- *Não* force a aceitação dos primeiros projetos junto a gestores que não estão muito convencidos deles ou junto a sindicatos que se opõem enfaticamente. Em vez disso, comece por áreas que apresentam um clima de receptividade. Os resultados obtidos nessas áreas determinarão se a iniciativa como um todo será ampliada ou se morrerá na praia.

Os saltos de desempenho são necessários não apenas para satisfazer os clientes ou reduzir custos. Novas forças não param de surgir no horizonte. Exemplos recentes incluem o crescimento da responsabilização legal dos fabricantes pelo uso de seus produtos, o movimento do consumismo, a concorrência estrangeira, a legislação e as preocupações ambientais de todos os tipos. Os saltos de desempenho têm garantido resposta a tais forças.

Similarmente, os meios para convencer a alta administração da necessidade destes saltos vão além dos relatórios apresentados por seus defensores. Também é possível aumentar a convicção por meio de visitas a organizações bem-sucedidas, assistindo a palestras apresentadas em conferências, lendo relatórios publicados por organizações de sucesso e dando ouvidos a especialistas, tanto internos quanto externos. Contudo, nada disso é tão persuasivo quanto os resultados alcançados dentro da própria organização.

Um elemento final nas apresentações para a alta gerência é explicar suas responsabilidades pessoais no lançamento e na perpetuação dos resultados alcançados com o salto.

Mobilização para o salto de desempenho

Até os anos 1980, as empresas ocidentais não se viam obrigadas a dar saltos de desempenho – isso não fazia parte do plano de negócios ou era parte das descrições dos cargos. Alguns saltos acabavam ocorrendo, mas de forma voluntária. Aqui e ali, um gestor ou não gestor, por alguma razão, elegia uma área para um projeto de salto de desempenho. Por vezes, ele persuadia outros a se juntarem a uma equipe informal. O resultado podia ser favorável, ou não, e essa abordagem voluntária e informal acabava produzindo poucos saltos. A ênfase permanecia sobre as inspeções, o controle e as soluções paliativas.

A exigência de formalidade

A crise que se seguiu à revolução japonesa invocou novas estratégias, dentre elas a taxa muito maior de saltos de desempenho. A partir daí, ficou evidente que uma abordagem informal não produziria milhares de saltos (ou mais) ano após ano. Isso levou a experimentos com abordagens bem estruturadas que, a seu tempo, ajudaram algumas organizações a se tornar exemplos a serem seguidos.

Alguns gestores protestaram a respeito da exigência de formalidade: "Por que não podemos simplesmente partir para a ação?". A resposta depende de quantos saltos são necessários. Se forem apenas alguns projetos ao ano, a informalidade é adequada; não há necessidade de mobilização. No entanto, para dar saltos de desempenho às centenas ou aos milhares a cada ano, é preciso haver uma estrutura formal.

Na prática, a mobilização para um salto requer dois níveis de atividade, conforme mostrado na Tabela 6.3. Um tipo de atividade mobiliza os recursos da organização a lidarem com os projetos de salto de desempenho coletivamente, o que passa a ser de responsabilidade da gestão. O outro tipo de atividade é necessário para tocar os projetos individualmente, o que passa a ser de responsabilidade das equipes dedicadas a cada salto.

TABELA 6.3 **Mobilização para os saltos**

Atividades da gerência	Atividades das equipes de projeto
Estabelecer a infraestrutura: conselhos de qualidade	Verificar o problema
Selecionar problemas; determinar metas e objetivos	Analisar os sintomas
Desenvolver diagramas do projeto e alocar equipes	Teorizar sobre as causas
Lançar equipes e revisar o progresso	Testar teorias
Prestar reconhecimento e distribuir recompensas	Descobrir causas
	Simular ações corretivas e controles

O "conselho de qualidade" executivo

O primeiro passo na mobilização para um salto de desempenho é constituir o conselho (ou outro nome similar) da organização. Sua responsabilidade básica é lançar, coordenar e "institucionalizar" o salto anual. Tais conselhos foram constituídos em muitas organizações, e suas experiências oferecem orientações bastante uteis.

Filiação e responsabilidades

Os membros do conselho geralmente vêm da alta administração e, muitas vezes, o comitê sênior de gestão também atua como conselho. A experiência mostra que os conselhos são mais eficazes quando a alta gerência faz parte da liderança e é membro dos conselhos seniores.

Em grandes organizações, é comum constituir conselhos no âmbito de cada divisão e também no âmbito corporativo. Além disso, algumas instalações individuais podem ser tão grandes que exigem um conselho local. Quando múltiplos conselhos são constituídos, geralmente são vinculados entre si – membros dos conselhos de alto escalão atuam como presidentes dos conselhos de escalões inferiores. A Figura 6.3 é um exemplo de tais elos.

A experiência mostra que a organização de conselhos exclusivamente nos níveis inferiores da gestão é ineficaz, pois tal arranjo acaba limitando os projetos de salto de desempenho aos "muitos úteis", enquanto negligencia os projetos dos "poucos vitais" – aqueles que podem gerar os maiores resultados. Ademais, conselhos exclusivamente nos escalões inferiores passam uma mensagem a todos: "A alta gerência não dá muita prioridade aos saltos de desempenho".

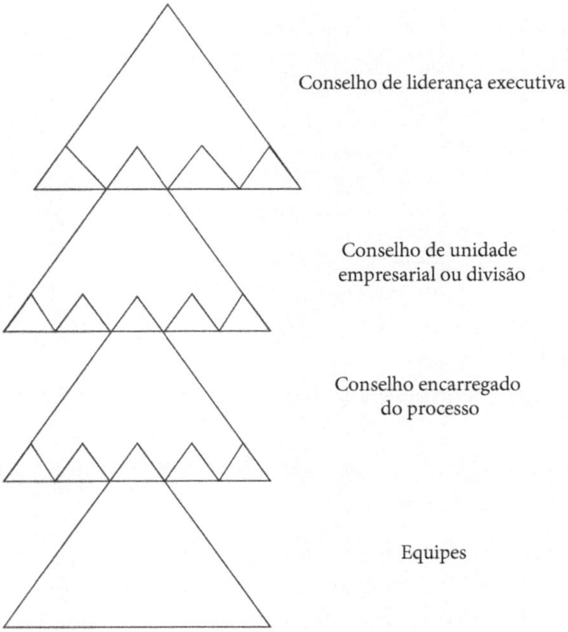

FIGURA 6.3 Conselhos de qualidade são vinculados entre si. (Do Juran Institute, Inc., 2013)

É importante que cada conselho defina e divulgue suas responsabilidades para que (1) os membros concordem com sua meta e (2) o restante da organização fique informada sobre os eventos futuros.

Muitos conselhos divulgam suas declarações de responsabilidade. Os elementos mais comuns incluem os seguintes:

- Formular políticas, como: foco prioritário no cliente, os saltos devem prosseguir anualmente, a participação deve ser universal e o sistema de recompensas deve refletir o desempenho do salto.
- Fazer uma estimativa das principais dimensões, como: o *status* da qualidade da empresa em comparação com suas concorrentes, a extensão do desperdício crônico, a adequação dos principais processos empresariais e os resultados alcançados por saltos anteriores.
- Estabelecer processos para a seleção de projetos, como: solicitação e triagem de indicações, escolha de projetos a serem postos em prática, preparação de declarações de metas e criação de um clima favorável para o salto.
- Estabelecer processos para tocar os projetos, como: seleção de líderes e membros de equipes e definição do papel das equipes de projeto.
- Dar apoio às equipes de projeto, oferecendo, por exemplo: tempo de treinamento para trabalhar em projetos, suporte em diagnósticos, suporte em facilitação e acesso a instalações para testes e experimentações.
- Estabelecer parâmetros para avaliar o progresso, como: efeito sobre a satisfação dos clientes, efeito sobre o desempenho financeiro e extensão da participação das equipes.
- Revisar o progresso, auxiliar as equipes em caso de obstáculos e garantir que as ações corretivas sejam implementadas.
- Garantir o reconhecimento público das equipes.
- Revisar o sistema de recompensas para que ele reflita as mudanças demandadas pela introdução do salto anual.

Os conselhos devem prever as questões espinhosas e, dentro do possível, dar respostas quando do anúncio da intenção de empreender um salto anual. Alguns gestores seniores chegaram ao ponto de criar uma gravação em vídeo para permitir que uma grande plateia ouvisse uma mesma mensagem de uma fonte de indubitável autoridade.

Os líderes precisam conversar com seus funcionários sobre a possibilidade de demissões

Os funcionários desejam não apenas conversar a respeito dessa questão tão importante, mas também uma garantia de que não perderão seus empregos devido às melhorias. A maioria dos gerentes reluta em conversar com os funcionários, o que é compreensível. É arriscado dar garantias quando o futuro é tão incerto.

Ainda assim, alguns gestores estimaram com alguma profundidade as duas taxas pertinentes de mudança:

1. A taxa de criação de vagas por atrito: aposentadorias, ofertas de planos de aposentadoria antecipada, demissões voluntárias e assim por diante. Essa taxa pode ser estimada com boa precisão.
2. A taxa de eliminação de empregos pela redução do desperdício crônico. Esta estimativa é mais especulativa - é difícil prever o prazo mínimo para a taxa de saltos ganhar um bom impulso. Na prática, as organizações têm se mostrado otimistas demais em suas estimativas.

A análise dessas estimativas pode ajudar os gestores a avaliar que garantias podem dar, se é que podem. Ela também pode ajudar a lançar luz sobre a escolha de alternativas para ação: retreinamento para cargos que ficaram em aberto, redirecionamento para áreas com vagas desocupadas, oferta de aposentadoria voluntária, auxílio na busca por vagas em outras organizações e/ou oferecimento de assistência em caso de encerramento do vínculo.

Assistência das funções de qualidade e/ou excelência em desempenho

Muitos conselhos garantem assistência aos departamentos de excelência em desempenho e de qualidade. Eles contam com especialistas nos métodos e ferramentas para alcançar a alta qualidade. Sua função envolve:

- Providenciar os insumos de que o conselho precisa para planejar a introdução do salto de desempenho
- Esboçar propostas e procedimentos
- Providenciar detalhes importantes como a triagem de indicações para projetos
- Desenvolver materiais de treinamento
- Desenvolver novas fichas do tipo *scorecards*
- Preparar relatórios sobre o progresso

Também é comum que os diretores de qualidade atuem como secretários do conselho.

Metas para saltos de desempenho no plano de negócios

Todas organizações que ganharam a liderança em seus mercados - os exemplos a serem seguidos -adotaram a prática de ampliar seu plano de negócios para incluir metas de qualidade. Na verdade, elas traduziram em metas as ameaças e oportunidades enfrentadas, como:

- Aumentar de 83 para 100% as entregas dentro do prazo nos próximos dois anos.
- Reduzir o custo da má qualidade em 50% dentro dos próximos cinco anos.

Essas metas são claras – cada uma é quantificada, e cada uma tem um prazo estipulado. Convencer os gerentes de alto nível a estabelecerem tais metas representa um grande passo, mas é apenas o primeiro.

Implementação das metas

Antes de serem implementadas, as metas representam apenas um desejo – até serem subdivididas em projetos específicos a serem realizados e atribuídos a indivíduos e equipes específicos, que são então abastecidos com os recursos necessários para começarem a agir. A Figura 6.4 mostra a anatomia do processo de implementação: as metas amplas (estratégicas) são definidas pelo conselho e tornam-se parte do plano de negócios da organização. São então divididas e alocadas aos níveis inferiores para serem traduzidas em ação. Em grandes organizações, pode haver ainda mais subdivisões antes que os níveis de ação sejam alcançados. O nível final de ação pode consistir em indivíduos ou equipes.

Em resposta, os níveis de ação selecionam projetos de salto de desempenho que coletivamente alcançarão as metas. Esses projetos são então propostos aos escalões superiores junto com as estimativas dos recursos necessários. As propostas e esti-

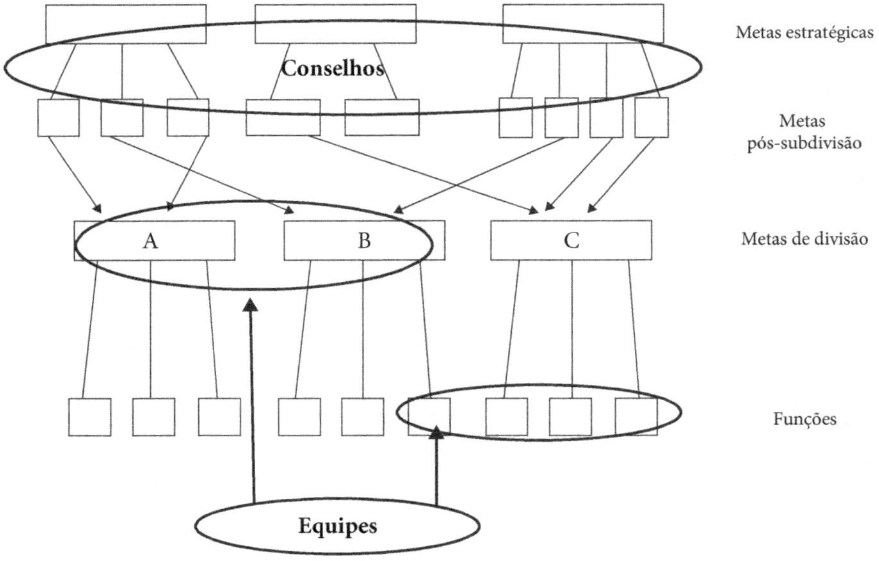

FIGURA 6.4 Anatomia do processo de implementação. (De Juran e DeFeo, 2010)

mativas são discutidas e revisadas até que se chegue às decisões finais. O resultado final é um acordo a respeito dos projetos a serem postos em prática, dos recursos a serem providos e de quem são os responsáveis por realizar cada projeto.

Começar pelo topo, com as metas estratégicas, pode parecer puramente uma atividade do topo para a base. Porém, o processo de implementação visa proporcionar uma discussão aberta em ambas as direções antes que as decisões finais sejam tomadas, e geralmente é assim que o processo acaba transcorrendo.

O conceito de metas estratégicas envolve questões dos "poucos vitais", mas não se atém ao nível corporativo. As metas também podem ser incluídas nos planos de negócios das divisões, nas centrais de lucro, nas sedes de campo e ainda em outras instalações. O processo de implementação é aplicável em todos estes âmbitos.

O conceito de projeto

Na acepção empregada aqui, projeto é um problema crônico com uma solução agendada. O projeto é o foco das ações tomadas para o salto de desempenho. Todos os saltos ocorrem de projeto em projeto e de nenhuma outra forma.

Alguns projetos são derivados de metas que estão no plano de negócios da organização. Sua quantidade é relativamente pequena, mas cada um é bastante importante. Coletivamente, eles estão entre aqueles projetos dos "poucos vitais" (ver "Uso do princípio de Pareto"). No entanto, a maioria dos projetos é derivada não do plano de negócios da organização, mas sim do processo de seleção de indicados, conforme analisado anteriormente.

Uso do princípio de Pareto

Um auxílio valioso na seleção de projetos durante o processo de implementação é o princípio de Pareto, que afirma que em qualquer população que contribua para um efeito comum, uma quantidade relativamente pequena dos contribuintes – os poucos vitais – responde pela maior parte do efeito. Esse princípio se aplica amplamente às questões humanas. Percentuais relativamente pequenos de indivíduos escrevem a maioria dos livros, cometem a maioria dos crimes, possuem a maioria da riqueza, e assim por diante.

A apresentação de dados na forma de um gráfico de Pareto melhora em muito a comunicação de informações, sobretudo na hora de convencer a alta gerência quanto à fonte de um problema ou de ganhar apoio a um curso de ação para solucionar um problema. (Para um relato de como o Dr. Juran veio a cunhar a expressão princípio de Pareto, consulte o Apêndice de *Juran's Quality Handbook: The Complete Guide to Performance Excellence*, 6ª ed.)

Os problemas e soluções dos "muitos úteis"

Segundo o princípio de Pareto, os poucos projetos vitais são responsáveis pela maior parte do salto, e por isso recebem máxima prioridade. Além dos poucos vitais, há também os muitos problemas úteis. Coletivamente, eles contribuem apenas com uma pequena parte do salto, mas proporcionam a maior parte das oportunidades de participação dos funcionários. Os muitos projetos úteis são realizados pela utilização de equipes de melhoria do local de trabalho, de círculos de qualidade, de ferramentas 5S *Lean* ou de equipes de trabalho autodirecionadas.

O processo de indicação e seleção

Muitos projetos são escolhidos por meio do processo de indicação e seleção, envolvendo diversos passos:

- Indicação do projeto
- Triagem e seleção do projeto
- Preparação e publicação das declarações de metas do projeto

Fontes de indicação

As indicações de projetos podem vir de todos os níveis da organização. Nos níveis superiores, as indicações tendem a ser grandes em tamanho (os poucos vitais) e multifuncionais em escopo. Nos níveis inferiores, as indicações são menores em tamanho (os muitos úteis) e tendem a apresentar um escopo limitado às fronteiras de um único departamento.

As indicações provêm de muitas fontes, dentre as quais:

- *Sistemas formais de dados*, como relatórios de campo sobre o desempenho de produtos, reclamações de clientes, queixas, devoluções, e etc.; relatórios contábeis sobre encargos para cobrir garantias e sobre custos internos de má qualidade; e relatórios sobre serviço de atendimento ao cliente (alguns desses sistemas de dados permitem uma análise de dados para identificar áreas problemáticas).
- *Estudos especiais*, como levantamentos junto aos clientes ou aos funcionários, auditorias, avaliações, *benchmark* de concorrentes e assim por diante.
- *Reações dos clientes* que ficaram insatisfeitos com o produto costumam chamar a atenção e ser insistentes. Em contraste, aqueles clientes que consideram as características do produto como não competitivas podem simplesmente (e discretamente) se tornar ex-clientes.
- *Inteligência de campo* derivada de visitas a clientes, fornecedores, etc.; medidas tomadas pelos concorrentes; e notícias publicadas na mídia (com base em vendas, serviço ao cliente, serviço técnico e outros).

- *O impacto na sociedade*, como a criação de novas legislações, a ampliação de regulamentações governamentais e o crescimento dos processos judiciais responsabilizando o produto.
- *A hierarquia gerencial*, assim como o conselho, os gestores, supervisores, especialistas profissionais e equipes de projeto.
- *A mão de obra* por meio de ideias informais apresentadas para supervisores, sugestões formais, ideias oriundas de círculos e assim por diante.
- *Propostas* relacionadas a processos empresariais.

Critérios para projetos

Durante os estágios iniciais do salto de projeto em projeto, todos se encontram em um estado de aprendizado. Os projetos são designados a equipes de projeto que estão em treinamento, sendo a conclusão de um projeto parte desse treinamento. A experiência com tais equipes acabou desenvolvendo um amplo conjunto de critérios:

- O projeto deve lidar com um *problema crônico* – que esteja esperando há muito tempo para ser solucionado.
- O projeto deve ser *viável*. Ou seja, ele precisa ter boas chances de ser concluído em até dois meses. A experiência de outras organizações sugere que a razão mais frequente de fracasso do primeiro projeto é o descumprimento do critério da viabilidade.
- O projeto deve ser *significativo*. O resultado final deve ser suficientemente útil para merecer atenção e reconhecimento.
- Os resultados devem ser *mensuráveis*, seja em dinheiro ou em outros termos significativos.
- Os primeiros projetos devem ser exitosos.

Critérios adicionais para selecionar projetos visam àqueles que trarão mais benefícios à organização:

- *Retorno sobre o investimento*. Este fator tem grande peso e é decisivo, e tudo o mais permanece igual. Projetos que não se prestam ao cálculo do retorno sobre investimento precisam estar amparados numa avaliação de prioridade por parte da gerência.
- *A dimensão do salto em potencial*. Um projeto de grande porte terá prioridade sobre diversos projetos menores.
- *Urgência*. Talvez haja uma necessidade de responder prontamente a pressões associadas à segurança dos produtos, ao moral dos funcionários e ao serviço aos clientes.
- *Facilidade de solução tecnológica*. Projetos para os quais a tecnologia está bem desenvolvida ganham preferência sobre projetos que exigem pesquisa para o

desenvolvimento de novas tecnologias.

- *Saúde da linha de produção.* Projetos que envolvem linhas de produção prósperas ganham preferência sobre projetos envolvendo linhas de produção obsoletas.
- *Provável resistência à mudança.* Projetos que encontrarão uma recepção favorável ganham preferência sobre projetos que podem encontrar forte resistência, como de parte do sindicato dos trabalhadores ou de um gestor que se encontra em seu caminho.

A maioria das organizações utiliza uma abordagem sistemática para avaliar indicações tomando por base estes critérios. Isso gera uma avaliação combinada que passa a ser um indicativo das prioridades relativas às indicações.

Seleção de projetos

O resultado do processo de triagem é uma lista dos projetos recomendados em sua ordem de prioridade. Cada recomendação é sustentada pelas informações disponíveis sobre a compatibilidade com os critérios e os benefícios em potencial, os recursos necessários e assim por diante. A lista costuma se ater a questões em que o conselho tem interesse direto.

O conselho revisa as recomendações e faz a determinação final sobre quais projetos devem ser executados. Esses projetos, então, tornam-se uma parte oficial dos negócios da organização. Outros projetos recomendados ficam fora do escopo do interesse direto do conselho e, portanto, são recomendados para subconselhos e gestores apropriados, entre outros. Nada do que foi dito impede que os projetos sejam colocados em prática em âmbitos locais por supervisores ou trabalhadores.

Poucos vitais, muitos úteis

Algumas organizações concluíram muitos projetos. Depois, quando certas questões foram levantadas, como "O que obtivemos com todo este esforço?", elas ficaram consternadas ao perceber que não houve um impacto perceptível no balanço financeiro. Investigando-se a questão, descobriu-se que a razão remontava ao processo usado para a seleção de projetos. Os projetos que foram selecionados eram do tipo:

- *Projetos paliativos.* Tratam-se de projetos especiais para se livrar de "espinhos" esporádicos. Tais projetos não atacaram o desperdício crônico e, por isso, não conseguiram melhorar o desempenho financeiro.
- *Os muitos projetos úteis.* Por definição, estes exercem apenas um efeito menor sobre o desempenho financeiro, mas têm um grande efeito sobre as relações humanas.
- *Projetos para melhorar as relações humanas.* Estes podem ser bastante eficazes em sua área, mas os resultados financeiros geralmente não são mensuráveis.

Para alcançar um efeito significativo sobre o balanço financeiro, é preciso selecionar os projetos "poucos vitais" e também os "muitos úteis". É viável trabalhar com ambos, já que diferentes pessoas são designadas para cada um.

Há uma escola de pensamento emergindo que sustenta que a chave para ganhar liderança no mercado é o empreendimento de "saltos minúsculos em milhares de lugares" - ou, em outras palavras, os muitos úteis. Outra escola exorta o foco nos poucos vitais. Pela experiência do Dr. Juran, nenhuma destas escolas apresenta a resposta completa. Ambas as coisas são necessárias - cada uma a seu tempo.

Os poucos projetos vitais são os principais colaboradores para a liderança e para bons resultados financeiros. Os muitos projetos úteis são os principais colaboradores para a participação dos funcionários e para a qualidade da vida profissional. Todos são necessários; nenhum deles é suficiente por si só.

Os poucos projetos vitais e os muitos projetos úteis podem ser colocados em prática simultaneamente. Organizações bem-sucedidas fizeram exatamente isso ao reconhecerem que ambos os tipos de projetos exigem o tempo de diferentes categorias de pessoal organizacional.

A inter-relação entre esses dois tipos de projetos é mostrada na Figura 6.5, em que a escala horizontal é o tempo e a escala vertical é o desperdício crônico; então, tudo que sobe é ruim. Os muitos saltos úteis criam coletivamente uma linha gradualmente decrescente. Os poucos saltos vitais, embora menos frequentes, contribuem para a maior parte do salto total.

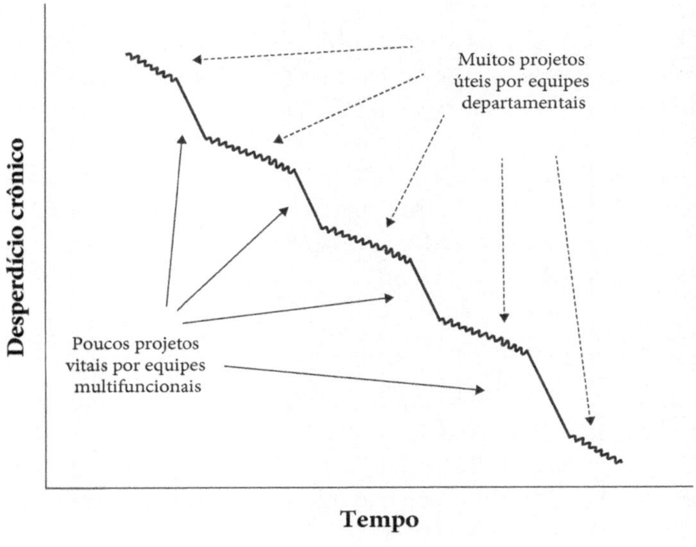

FIGURA 6.5 Inter-relação dos projetos. (Do Juran Institute, Inc., 2013)

Cifras de custo dos projetos

Para satisfazer os critérios anteriores (sobretudo o retorno sobre o investimento), é preciso ter informações referentes a vários custos:

- O custo do desperdício crônico associado a uma determinada indicação
- A redução potencial de custos caso o processo seja bem-sucedido
- O custo do diagnóstico e das ações corretivas necessárias

Custos *versus* percentual de deficiências

É arriscado avaliar as prioridades considerando exclusivamente o percentual de deficiências (erros, defeitos e assim por diante), pois, quando esse percentual é baixo, a prioridade da indicação também será baixa. Em alguns casos isso é válido, mas em outros pode ser seriamente enganoso.

Projetos do tamanho de elefantes e do tamanho da mordida

Só há uma maneira de comer um elefante: de pedaço em pedaço. Alguns projetos são do "tamanho de elefantes", ou seja, abrangem uma área tão grande de atividade que precisam ser subdivididos em múltiplos projetos do "tamanho da mordida". Em casos assim, uma equipe de projeto pode ser designada a "cortar o elefante em pedaços", enquanto outras equipes podem ser designadas para desenvolver os projetos do tamanho de mordidas. Essa abordagem abrevia o tempo de conclusão do projeto, já que as equipes trabalham concomitantemente. Em contraste, o uso de uma única equipe alongaria esse tempo em vários anos. A frustração acaba batendo, os membros das equipes são substituídos devido a atritos, o projeto se arrasta e o moral cai.

Uma ferramenta muito útil para cortar o elefante em pedaços é a análise de Pareto. Para projetos do tamanho de elefantes, declarações de metas individuais são preparadas para a equipe de coordenação ampla e para cada equipe designada a um projeto do tamanho de uma mordida.

Replicação e clonagem

Algumas organizações são constituídas por múltiplas unidades autônomas que exibem muitos aspectos em comum. Um exemplo bastante difundido são as cadeias de lojas de varejo, oficinas mecânicas, hospitais e assim por diante. Em tais organizações, um projeto de salto de desempenho colocado em prática com sucesso em uma das unidades logicamente se torna uma indicação de aplicação em outras unidades. Isso se chama *clonagem* do projeto.

É bastante comum que as outras unidades resistam à tentativa de empreender o salto em sua própria operação. Parte dessa resistência é de natureza cultural (isso não foi inventado aqui, etc.), mas também pode advir de diferenças reais nas condições operacionais. Conversas pelo telefone, por exemplo, cumprem funções similares para os clientes. Contudo, algumas atendem principalmente a clientes industriais, enquanto outras atendem principalmente a clientes residenciais.

Altos gerentes ficam temerosos de ordenarem a unidades autônomas que clonem saltos de desempenho originados alhures. Ainda assim, a clonagem tem lá suas vantagens. Onde é viável, ela proporciona saltos sem a necessidade de duplicar um trabalho já feito de diagnóstico e de *design* das ações corretivas.

O processo que acabou surgindo foi o seguinte:

- Equipes de projeto são instadas a incluírem em seu relatório final sugestões quanto aos locais onde pode haver oportunidades de clonagem.
- Cópias de tais relatórios são encaminhadas a estes locais.
- A decisão de fazer ou não a clonagem é tomada pelos locais em questão.

No entanto, os locais precisam dar uma resposta formal quanto à sua disposição frente a esta questão. Essa resposta costuma se dar em uma dentre três formas:

- Nós adotaremos o salto de desempenho.
- Nós adotaremos o salto de desempenho, mas primeiramente precisamos adaptá-lo a nossas condições.
- Não podemos adotar o salto de desempenho pelos seguintes motivos.

Na verdade, esse processo exige que as unidades ou adotem o salto de desempenho ou deem motivos para rejeitá-lo. As unidades só não podem ignorar discretamente a recomendação.

Uma forma mais sutil, mas comum de fazer a clonagem é por meio de projetos que têm aplicação repetitiva sobre uma ampla variedade de temas.

Uma equipe de projeto desenvolve programas de computador para encontrar erros de grafia. Outra equipe desenvolve e aprimora procedimentos para processar as encomendas dos clientes pela organização. Uma terceira equipe elabora um procedimento para realizar revisões de *designs*. O que há em comum entre estes projetos é que o resultado permite uma aplicação repetitiva do mesmo processo em uma ampla variedade de temas: muitas palavras diferentes mal grafadas, muitas encomendas diferentes de clientes e muitos *designs* diferentes.

Modelo da infraestrutura

Há diversas maneiras de exibir de forma gráfica a infraestrutura de um salto de desempenho – os elementos da organização, como eles se relacionam uns aos outros e o fluxo de eventos. A Figura 6.6 mostra os elementos da infraestrutura em forma piramidal. A pirâmide retrata uma hierarquia constituída pela alta gerência, por unidades operacionais autônomas e pelas principais funções de pessoal. No alto da pirâmide encontram-se o conselho corporativo e os conselhos subsidiários, caso existam. Abaixo ficam as equipes multifuncionais dos saltos de desempenho (pode haver uma estrutura em comitê entre os conselhos e as equipes).

No nível intradepartamental ficam as equipes formadas pelos trabalhadores da linha de frente – círculos e outras formas. Essa infraestrutura permite que funcionários de todos os níveis da organização participem dos projetos de saltos de desempenho, tanto os muitos úteis quanto os poucos vitais.

Organização das equipes

As equipes de salto de desempenho não aparecem no organograma. Cada uma delas "flutua" – elas não possuem um chefe pessoal. Na verdade, as equipes são supervisionadas *de forma impessoal* por sua declaração de metas e pelo mapa do projeto.

Já a equipe apresenta sua própria estrutura organizacional interna. Essa estrutura invariavelmente inclui um *líder* de equipe e um *secretário* de equipe. Além disso, geralmente há um *facilitador*.

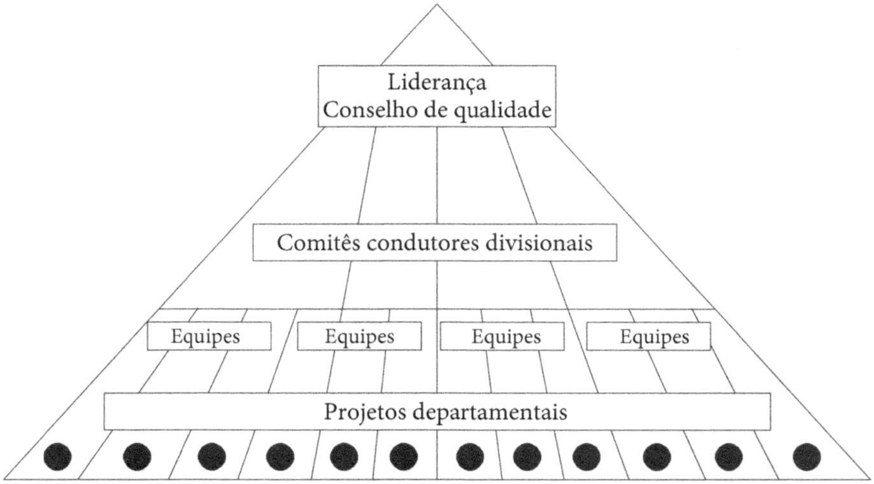

FIGURA 6.6 Modelo de infraestrutura para melhoria de qualidade mediante saltos de desempenho. (De Juran e DeFeo, 2010)

O líder da equipe

O líder geralmente é apontado pelo padrinho do projeto – o conselho ou outro grupo supervisor. Alternativamente, a equipe pode ter autorização para eleger seu próprio líder.

O líder tem diversas responsabilidades. Como membro da equipe, o líder *compartilha* da responsabilidade de concluir sua meta. Além disso, o líder tem deveres administrativos; estes *não são compartilhados* e incluem:

- Garantir que as reuniões comecem e acabem na hora certa
- Ajudar os membros a comparecer às reuniões em equipe
- Garantir que agendas, minutas, relatórios, etc. sejam preparados e publicados
- Manter contato com a entidade patrocinadora do projeto

Por fim, o líder tem a responsabilidade de *supervisão*. Esta não é executada apenas pelo poder de comando. As responsabilidades incluem:

- Orquestração das atividades em equipe
- Estímulo para que todos os membros contribuam
- Ajuda para resolver conflitos entre membros
- Atribuição de tema de casa a ser feita entre as reuniões

Para arcar com tais responsabilidades, é preciso contar com diversas habilidades, dentre as quais:

- Uma capacidade bem treinada de liderar pessoas
- Familiaridade com a matéria a que a meta se refere
- Uma sólida compressão do processo e das ferramentas associadas ao salto de qualidade

Os membros da equipe

Membros da equipe, na acepção usada aqui, incluem também o líder da equipe e seu secretário. As responsabilidades de qualquer membro de uma equipe consistem principalmente nas seguintes:

- Esforçar-se para comparecer às reuniões da equipe
- Representar seu departamento
- Contribuir com o conhecimento e a especialização do seu cargo
- Propor teorias sobre causas e ideias para ações corretivas
- Desafiar construtivamente as teorias e as ideias de outros membros da equipe
- Voluntariar-se ou aceitar atribuições como tema de casa

Encontrando tempo para trabalhar nos projetos

O trabalho das equipes de projeto consome bastante tempo. A designação de alguém para uma equipe de projeto aumenta em cerca de 10% sua carga de trabalho. Esse tempo adicional é necessário para comparecer a reuniões da equipe, realizar temas de casa, etc. Encontrar tempo para fazer tudo isso é um problema a ser resolvido, já que esse trabalho adicional é confiado a pessoas bastante atarefadas.

O Dr. Juran não conhece qualquer gerente de alto nível disposto a resolver o problema contratando novos funcionários para compensar o tempo demandado pelos projetos de salto de desempenho. Cada membro da equipe resolve o problema do seu jeito. Algumas estratégias adotadas são:

- Delegar mais atividades a subordinados
- Desacelerar o trabalho em atividades de menor prioridade
- Melhorar a gestão do tempo nas responsabilidades tradicionais
- Procurar por atividades atuais que possam ser concluídas (em diversas organizações, tem havido orientações específicas para eliminar trabalhos desnecessários a fim de ganhar tempo para os projetos de salto de desempenho)

À medida que os projetos começam a demonstrar altos retornos sobre o investimento, a atmosfera muda. Os gerentes de alto nível ficam mais receptivos a aprovarem recursos. Além disso, os projetos bem-sucedidos começam a reduzir as cargas de trabalho anteriormente infladas pela presença de desperdícios crônicos.

Facilitadores e *Black Belts*

A maioria das organizações lança mão de consultores internos, geralmente chamados de *facilitadores* ou *Black Belts*, para auxiliar as equipes. Um facilitador como um *Black Belt* não precisa ser um membro da equipe e pode nem mesmo ter qualquer responsabilidade pelo cumprimento das metas. O papel primordial do facilitador é ajudar a equipe a cumprir suas metas. Em geral, os papéis dos facilitadores consistem numa seleção das seguintes responsabilidades:

- *Explicar as intenções da organização.* O facilitador geralmente participa de sessões de *briefing* que explicam o que a organização está tentando alcançar. Boa parte do *briefing* é de interesse das equipes de projeto.
- *Auxiliar na construção da equipe.* O facilitador ajuda os membros da equipe a aprenderem como contribuir com o esforço em equipe: propor teorias, contestar teorias alheias e/ou propor linhas de investigação. Quando o conceito da equipe é novo para uma organização, este papel pode exigir um trabalho direto com os indivíduos para estimular aqueles que não sabem muito bem como contribuir e para conter aqueles demasiadamente entusiasmados.

- *Auxiliar no treinamento.* A maioria dos facilitadores já passou por treinamento de formação de equipes e por processos de salto de desempenho. Eles geralmente já atuaram como facilitadores para outras equipes. Tais experiências os qualificam para auxiliar no treinamento de equipes de projeto em diversas áreas: formação de equipe, desenho de um mapa para o salto de desempenho e/ou uso de ferramentas.
- *Estabelecer relações com experiências em outros projetos.* Os facilitadores contam com diversas fontes de experiência, como:
  - Equipes de projeto em que já atuaram
  - Encontros com outros facilitadores para compartilhar experiências na facilitação de equipes de projeto
  - Relatórios finais publicados por equipes de projeto
  - Projetos divulgados na literatura
- *Auxiliar no redirecionamento do projeto.* O facilitador mantém uma visão independente que o ajuda a perceber quando a equipe não está avançando no trabalho. Conforme a equipe entra no projeto, ela pode ficar cada vez mais atolada no seu andamento. A meta do projeto pode se revelar ampla demais, vaga demais ou mesmo inviável. O facilitador geralmente consegue prever tais situações e pode ajudar a redirecionar a equipe.
- *Auxiliar o líder da equipe.* Os facilitadores proporcionam tal assistência de diversas formas:
  - Auxiliando no planejamento das reuniões da equipe, o que pode ser feito em conjunto com o líder da equipe antes de cada reunião.
  - Estimulando o comparecimento. A maioria das ausências nas reuniões se deve a demandas conflitantes no tempo de um membro da equipe. A ação de melhoria muitas vezes precisa vir do chefe deste membro.
  - Aprimorando as relações humanas. Algumas equipes incluem membros que podem não se dar muito bem uns com os outros ou que desenvolvem atritos à medida que o projeto avança. Como alguém "de fora", o facilitador pode ajudar a direcionar as energias dos membros para canais construtivos. Tal medida geralmente ocorre fora das reuniões da equipe (às vezes o líder é parte do problema. Em tais casos, o facilitador pode estar em melhor posição para ajudar).
  - Auxiliar em questões fora da esfera de atividades da equipe. Os projetos às vezes exigem decisões e ações de fontes situadas fora do fácil alcance da equipe. Os facilitadores podem ser úteis devido à sua ampla gama de contatos.
- *Dar apoio aos membros da equipe.* Tal apoio é proporcionado de diversas maneiras:
  - Mantendo a equipe focada na meta ao levantar perguntas quando o foco se perde.
  - Desafiando opiniões fortes ao fazer perguntas como: Existem fatos que corroborem essa teoria?

  - Dando *feedback* à equipe com base em percepções provenientes da observação da equipe em ação.
- *Relatar o progresso aos conselhos.* Neste papel, o facilitador é parte do processo de divulgação do progresso dos projetos coletivamente. Cada equipe de projeto divulga minutas de suas reuniões. A seu tempo, cada uma delas também divulga seu relatório final, geralmente incluindo uma apresentação oral para o conselho.

No entanto, os relatórios dos projetos coletivamente exigem um processo adicional. Os facilitadores muitas vezes fazem parte desta rede adicional de divulgação.

As qualificações de facilitadores e dos *Black Belts*

Os facilitadores passam por um treinamento especial para se qualificarem para essas funções. O treinamento inclui habilidades em construção de equipes, resolução de conflitos, comunicação e gestão de mudança de qualidade; conhecimento relativo aos processos de salto de desempenho, como, por exemplo, o mapa do salto e suas técnicas e ferramentas; e conhecimento sobre as relações do salto com as políticas e metas da organização. Além disso, os facilitadores ganham maturidade ao atuarem eles próprios em equipes de projeto e ao oferecerem facilitação para as equipes.

Esses pré-requisitos em termos de treinamento e experiência são valores essenciais para o facilitador. Sem eles, ele teria grande dificuldade em ganhar o respeito e a confiança da equipe do projeto.

A maioria das organizações está ciente de que, para alcançar uma alta taxa de saltos de desempenho, é preciso contar com uma extensiva facilitação. Isso, por sua vez, exige uma oferta de facilitadores treinados. A facilitação, porém, é necessária sobretudo durante a fase inicial. Assim, conforme os líderes e os membros das equipes adquirem treinamento e experiência, há menor necessidade de suporte e de um facilitador. A tarefa de garantir uma oferta mínima destes profissionais se torna uma tarefa de manutenção.

A ascensão e o declínio passageiros levaram a maioria das organizações a evitar a criação de facilitadores em tempo integral ou o conceito de uma carreira de facilitador. A facilitação é feita em meio período. Os facilitadores passam a maior parte do seu tempo em um cargo regular.

Em muitas organizações de grande porte, os *Black Belts* são especialistas em tempo integral. Depois de um treinamento intensivo no processo de salto de desempenho, eles dedicam todo o seu tempo a isso. Suas responsabilidades vão além da facilitação das equipes de projeto e podem incluir:

- Assistência na indicação e triagem de projetos
- Condução de cursos de treinamento nos métodos e ferramentas
- Coordenação das atividades da equipe de projeto com outras atividades da

organização, incluindo a condução de análises difíceis
- Auxílio na preparação de relatórios resumidos para os altos gerentes

Uma equipe não tem um chefe pessoal. Na verdade, a equipe é supervisionada de forma impessoal. Suas responsabilidades são definidas como:

- *O encarregado pelo projeto.* Esta declaração de meta é exclusiva de cada equipe.
- *Os passos ou a sequência universal para o salto de desempenho.* Isto é idêntico para todas as equipes e define as medidas a serem tomadas pela equipe para cumprir a meta.

A equipe de projeto tem a responsabilidade principal pelos passos a seguir – empreender as duas "jornadas". A jornada de diagnóstico e a jornada da ação corretiva se dão da seguinte forma:

- *A jornada de diagnóstico do sintoma até a causa.* Ela inclui a análise dos sintomas, a teorização sobre as causas, o teste das teorias e o estabelecimento das causas.
- *A jornada de ação corretiva da causa até a ação.* Ela inclui o desenvolvimento das ações corretivas, o teste e a entrega das ações sob condições operacionais, a negociação da resistência à mudança e o estabelecimento de controles para manter os ganhos.

O diagnóstico se baseia na abordagem concreta e requer uma sólida compreensão dos significados das palavras-chave. Vale a pena definir algumas das palavras-chave já no início.

Os líderes precisam conhecer a terminologia básica dos saltos de desempenho

Um *defeito* é qualquer estado de inaptidão para uso ou não conformidade com a especificação. Dentre os exemplos estão faturas ilegíveis, sucata e um pequeno intervalo médio entre as falhas. Outros nomes para isso seriam, por exemplo, *erro*, *discrepância* e *não conformidade*.

Um *sintoma* é um indício externo de que algo está errado ou de que há algum defeito. Um defeito pode ter múltiplos sintomas. A mesma palavra pode servir como descrição tanto de defeito quanto de sintoma.

Uma *teoria* ou *hipótese* é uma asserção não comprovada sobre as razoes para a existência de defeitos e sintomas. Geralmente, múltiplas teorias são apresentadas para explicar a presença de defeitos.

Uma *causa* é uma razão comprovada para a existência de um defeito. Muitas vezes, as causas são múltiplas e, neste caso, obedecem ao princípio de Pareto: as poucas causas vitais dominam as demais.

Uma *causa dominante* é uma das principais contribuições para a existência de defeitos e precisa ser corrigida antes que a organização possa dar um salto adequado.

Diagnóstico é o processo de estudo dos sintomas, a teorização das causas, o teste das teorias e a descoberta das causas.

Uma *ação corretiva* é uma mudança que pode eliminar ou neutralizar uma causa de defeitos.

O diagnóstico deve preceder a ação corretiva

Pode parecer óbvio que o diagnóstico deve preceder a ação corretiva, mas propensões ou crenças ultrapassadas podem desvirtuar essa obviedade.

Durante o século XX, por exemplo, muitos gerentes de alto nível nutriam crenças arraigadas de que a maioria dos defeitos se devia a erros dos trabalhadores. Os fatos raramente corroboravam isso, mas a crença persistia. Como resultado, durante os anos 80, muitos desses gestores tentaram resolver seus problemas exortando os trabalhadores a não produzirem defeitos (sendo que, na verdade, geralmente mais de 80% dos defeitos são controláveis pela gestão e menos de 20% são controláveis pelos trabalhadores).

Equipes sem treinamento muitas vezes tentam aplicar ações corretivas antes que as causas sejam conhecidas. ("Preparar, fogo, apontar".) Por exemplo:

- Um membro insistente da equipe "conhece" a causa e fica pressionando a equipe a realizar uma ação corretiva.
- A equipe recebe consultoria tecnológica de um renomado especialista, que possui uma firme opinião sobre a causa do sintoma. A equipe não questiona a opinião do especialista.
- Conforme os membros da equipe vão adquirindo experiência, eles também ganham confiança em suas habilidades de diagnóstico. Essa confiança passa a habilitá-los a contestarem asserções não comprovadas.
- Quando crenças bastante arraigadas são muito difundidas, pode ser necessária a realização de pesquisas especiais.

Institucionalizando o salto de desempenho

Inúmeras organizações já iniciaram saltos de desempenho, mas poucas conseguiram institucionalizá-los de forma que ocorram ano após ano. Ainda assim muitas organizações têm uma longa história de condução anual de desenvolvimento de produtos, redução de custos, saltos de produtividade e assim por diante. Os métodos usados para alcançar tais saltos anuais são bem conhecidos e podem ser aplicados ao salto de desempenho:

- Ampliar o plano de negócios anual para incluir metas relacionadas a saltos.
- Dar a todos os cargos responsabilidades sobre os saltos. Na maioria das organizações, o empreendimento de um salto é considerado como algo acidental à tarefa regular de cumprir com metas de custo, entregas e assim por diante. É preciso que os saltos sejam uma parte das tarefas regulares.
- Estabelecer auditorias na alta gerência que incluam a revisão do processo de salto de desempenho.
- Revisar a qualificação de méritos e o sistema de recompensas para incluir um novo parâmetro - desempenho do salto - e atribuir um peso apropriado a ele.
- Criar ocasiões bem divulgadas para prestar reconhecimento ao desempenho durante o salto.

Revisão do progresso

Revisões programadas e periódicas do progresso feitas pelos gerentes de alto nível são uma parte essencial da manutenção dos saltos anuais. Atividades que não são revisadas não podem competir por prioridade com atividades que o são. Os subordinados compreensivelmente dão alta prioridade a questões que são revisadas regularmente por seus superiores.

Há também uma necessidade de revisão regular do processo de salto de desempenho. Isso é feito por meio de auditorias que podem ser estendidas por todos os aspectos da gestão voltada para a qualidade. Boa parte da base de dados para a revisão do progresso vem dos relatórios divulgados pelas equipes de projeto. Contudo, ainda é preciso analisá-los e preparar os resumos necessários para os gerentes de alto nível. Geralmente, isso é feito pelo secretário do conselho com o auxílio dos facilitadores, dos líderes de equipes e de outras fontes, como o financeiro.

Conforme as organizações ganham experiência, elas desenvolvem formatos padronizados de relatórios para facilitar seu resumo pelos grupos de projetos, pelas linhas de produtos, pelas unidades empresariais, pelas divisões e para a corporação. Um desses formatos, usado por uma grande corporação europeia, determina o seguinte para cada projeto:

- A quantidade inicial estimada de desperdício crônico.
- A redução inicial estimada em custo caso o projeto venha a ter sucesso.
- A redução de custo real alcançada.
- O investimento de capital.
- A redução líquida de custo.
- Os resumos são revisados em vários níveis. O resumo corporativo é revisado trimestralmente em uma reunião da equipe com o presidente do conselho (comunicação pessoal ao autor).

Referências

Juran, J. M. (1964). *Managerial Breakthrough.* McGraw-Hill, New York. Revised edition, 1995.

Juran, J. M. (1985). "A Prescription for the West—Four Years Later." European Organization for Quality, 29th Annual Conference. Reprinted in *The Juran Report,* no. 5, Summer 1985.

Juran, J. M. (1988). "Juran on Quality Leadership," a video package, Juran Institute, Inc., Wilton, Conn.

Juran, J. M. and DeFeo, J. A. (2010). *Juran's Quality Handbook: The Complete Guide to Performance Excellence,* 6th ed. McGraw-Hill, New York.

Sakai, S. (1994). "Rediscovering Quality—The Toyota Way." IMPRO 1994 Conference Proceedings, Juran Institute, Inc., Wilton, Conn.

Welch, J. (2005). *Winning.* HarperCollins, New York

CAPÍTULO 7

Assegurando processos repetitivos e conformes

Este capítulo descreve o processo de conformidade ou, simplesmente, o *processo de controle*. O *controle* é um processo gerencial universal que visa garantir que todos os processos operacionais mais importantes sejam estáveis, de modo a evitar mudanças adversas e "garantir que as metas de desempenho planejadas sejam atingidas". O controle inclui controle de produtos, controle de serviços, controle de processos e até mesmo controle de instalações. A fim de manter a estabilidade, o processo de controle avalia o desempenho real, o compara com as metas e toma medidas baseado em diferenças.

Conformidade e controle definidos

Conformidade ou *controle de qualidade* é o terceiro processo universal na Trilogia Juran. Os outros são planejamento da qualidade e melhoria da qualidade. O diagrama da Trilogia Juran (Figura 7.1) mostra o inter-relacionamento entre esses processos.

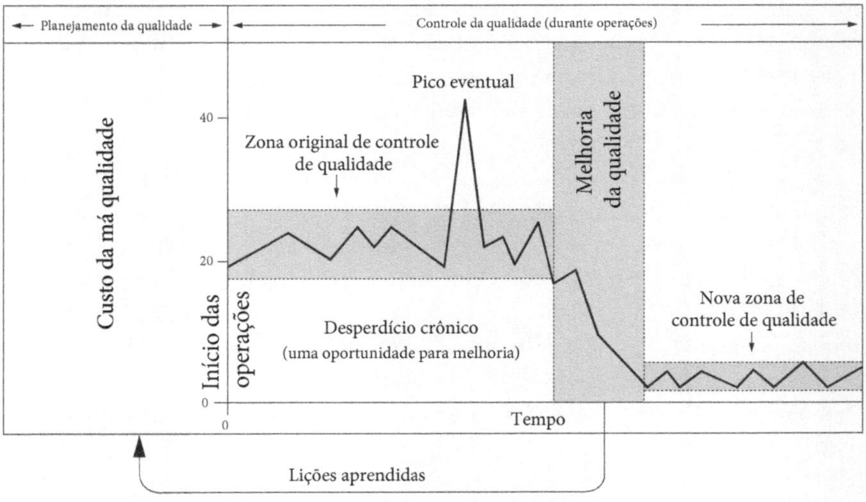

FIGURA 7.1 Diagrama da Trilogia Juran. (Do Juran Institute, Inc., 2013)

A Figura 7.1 é utilizada em outros trechos deste livro para descrever os relacionamentos entre planejamento, melhoria e controle – os processos gerenciais fundamentais na gestão da qualidade. O que é importante neste capítulo é nos concentrarmos nas duas "zonas de controle".

Na Figura 7.1, é fácil percebermos que, embora o processo esteja sob controle no meio do gráfico, estamos conduzindo-o num nível inaceitável de desempenho e "desperdício". O que é necessário aqui não é mais controle, mas melhoria – ações para modificar o nível de desempenho.

Depois que as melhorias são feitas, um novo nível de desempenho é alcançado. Agora é importante estabelecer novos controles neste nível para impedir que ele acabe se deteriorando e retornando ao nível anterior ou até pior. Este passo é indicado pela segunda zona de controle.

O termo *controle de qualidade* surgiu no início do século XX (Radford, 1917, 1922), com o conceito de ampliar a abordagem para alcançar a qualidade, migrando da então predominante inspeção *a posteriori* (controle por detecção) para o que hoje chamamos de *prevenção* (*controle proativo*). Durante algumas décadas, a palavra *controle* teve um significado bastante amplo, que incluía o conceito de planejamento de qualidade. Porém, ocorreram eventos que restringiram esse significado. O movimento do *controle estatístico da qualidade* passou a impressão de que o controle da qualidade consistia no uso de métodos estatísticos. O movimento da *confiabilidade* sustentava que o controle da qualidade se aplicava apenas à qualidade no momento do teste, mas não durante a vida útil do serviço.

Atualmente, nos Estados Unidos, o termo *controle de qualidade* muitas vezes tem o significado definido anteriormente. Ele se refere a uma "excelência em desempenho, excelência operacional, excelência empresarial ou programa da qualidade total", termos agora empregados indistintamente para abranger como um todo os métodos, ferramentas e técnicas que gerem a qualidade de uma organização.

No Japão, o termo *controle de qualidade* retém um significado abrangente. O *controle da qualidade total* utilizado lá é equivalente ao termo norte-americano *excelência empresarial*. Em 1997, o Sindicato dos Cientistas e Engenheiros Japoneses (*Union of Japanese Scientists and Engineers* – JUSE) adotou o termo *Gestão da Qualidade Total* (TQM – *Total Quality Management*) para substituir *Controle da Qualidade Total* (TQC – *Total Quality Control*), de forma a ficar mais alinhado à terminologia comum usada no resto do mundo.

A Figura 7.2 exibe as características de entrada – saída (*input-output*) desse passo.

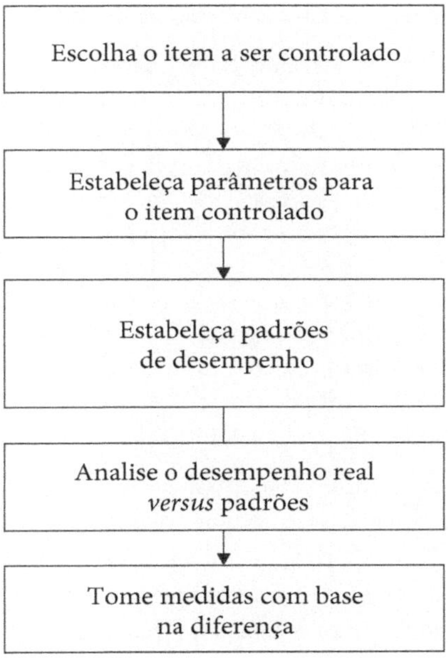
Escolha o item a ser controlado
Estabeleça parâmetros para o item controlado
Estabeleça padrões de desempenho
Analise o desempenho real *versus* padrões
Tome medidas com base na diferença

FIGURA 7.2 Diagrama de entrada – saída.

A relação com a garantia da qualidade

O controle da qualidade e a garantia da qualidade têm muito em comum. Ambos avaliam o desempenho e o comparam com as metas, tomando medidas baseando-se na diferença encontrada. Contudo, eles também diferem entre si. O controle da qualidade, em seu propósito primordial, é manutenção do controle. O desempenho é avaliado e comparado às metas durante as operações. No processo, são utilizados parâmetros para monitorar a conformidade com os padrões. As informações resultantes são recebidas e usadas pelos funcionários.

O principal objetivo da garantia da qualidade é conferir se o controle está sendo mantido. O desempenho é avaliado depois das operações, e as informações resultantes são repassadas tanto aos funcionários quanto a quem precise conhecê-las. Os parâmetros dos resultados são utilizados para determinar a conformidade com as necessidades e expectativas dos clientes.

O ciclo de *feedback*

O controle da qualidade se dá pelo uso do ciclo de *feedback*. Uma forma genérica desse ciclo é mostrada na Figura 7.3.

Os passos progressivos da Figura 7.3 são os seguintes:

1. Um sensor é "plugado" para avaliar a verdadeira qualidade do item controlado – a característica do produto ou processo em questão. O desempenho de um processo pode ser determinado diretamente pela avaliação dessa característica específica do processo, ou indiretamente pela avaliação da característica do produto – o produto "delata" o processo.
2. O sensor informa o desempenho a um avaliador.
3. O avaliador também recebe informações sobre a meta ou padrão de qualidade.
4. O avaliador compara o desempenho real ao padrão. Se a diferença for grande demais, o avaliador sinaliza a um agente de correção.
5. O agente de correção estimula o processo (seja ele humano ou tecnológico) para modificar o desempenho a fim de elevar a qualidade até a sua meta esperada.
6. O processo responde restaurando a conformidade.

Vale ressaltar que, na Figura 7.3, os elementos do ciclo de *feedback* são funções universais para todas as aplicações, mas que a responsabilidade por colocar em prática estas funções pode variar bastante. Boa parte do controle é desempenhada por ciclos de *feedback* automatizados. Nenhuma pessoa é envolvida. Exemplos comuns são os termostatos usados para controlar a temperatura e o odômetro usado em automóveis a fim de controlar a velocidade.

Outra forma de controle é o autocontrole desempenhado pelos funcionários. Um exemplo disso é o artesão de um vilarejo que desempenha cada um dos passos do ciclo de *feedback*. O artesão escolhe os itens a serem controlados baseando-se na compreensão das necessidades dos clientes, estabelece as metas de qualidade para atender a essas necessidades, avalia o verdadeiro desempenho da qualidade, verifica a conformidade e torna-se o agente de correção em caso de inconformidade.

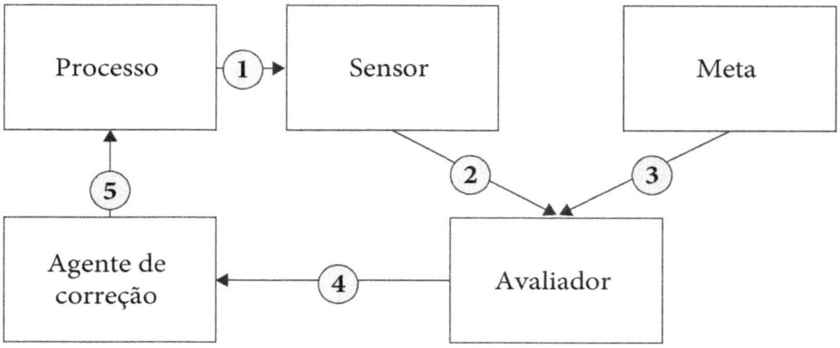

FIGURA 7.3 Ciclo de *feedback*.

Este conceito de autocontrole está ilustrado na Figura 7.4. Os elementos essenciais neste caso são que o funcionário ou o grupo de trabalho saiba o que se espera dele, saiba como está se saindo e disponha dos meios para regular o seu desempenho. Isso implica que ele conta com um processo capaz e com as ferramentas, habilidades e conhecimento necessários para fazer os ajustes, além da autoridade para tanto.

Outra forma comum de ciclo de *feedback* envolve trabalhadores de escritório e de fábrica supervisionados por avaliadores que atuam como inspetores. Esse *design* de ciclo de *feedback* resulta, em grande parte, do sistema Taylor de gestão, adotado no início do século XX. Ele tinha como foco a separação entre o planejamento voltado para a qualidade e a execução ou as operações. Esse sistema de gestão emergiu um século atrás e teve grande contribuição no aumento da produtividade. No entanto, seu efeito sobre a qualidade foi em grande parte negativo, o que resultou em grandes custos associados à má qualidade; produtos e serviços com níveis mais altos de falhas e em insatisfação dos clientes.

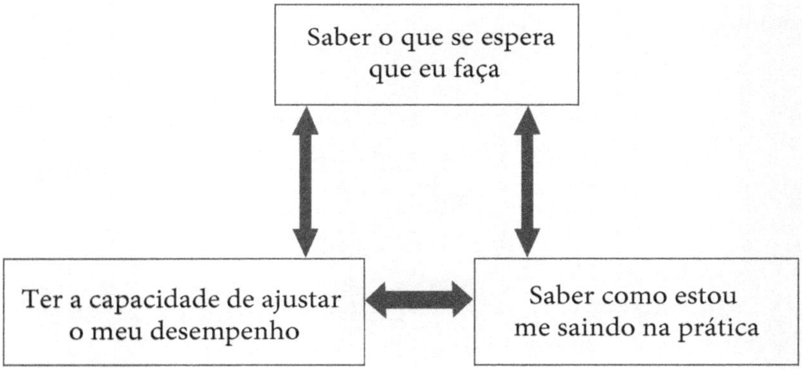

FIGURA 7.4 O conceito de autocontrole. (De Juran e DeFeo, 2010)

Os elementos do ciclo de *feedback*

O ciclo de *feedback* é universal e fundamental para manter o controle sobre cada um dos processos. Ele se aplica a todos os tipos de operação, quer seja no setor de serviços ou no setor fabril, seja com fins lucrativos ou não. O ciclo de *feedback* se aplica a todos os escalões na hierarquia, desde o diretor do departamento executivo até os trabalhadores da linha de frente. Porém, há uma ampla variação na natureza dos elementos do ciclo de *feedback*.

Na Figura 7.5, um fluxograma simples descreve o processo de controle com o simples ciclo de *feedback* universal incorporado.

Os itens controlados

Cada característica do produto (bens e serviços) ou do processo se torna um item a ser controlado (um atributo específico ou variável a ser controlado) - um eixo em torno do qual o ciclo de *feedback* é desenvolvido. O primeiro passo fundamental é escolher o item a ser controlado. Para escolhê-lo, você deve identificar os principais produtos e processos; definir os objetivos dos processos; definir sucintamente os processos; identificar seus clientes; e então selecionar os itens a serem controlados (Características-Chave do Produto [CCP] e/ou Características-Chave do Controle [CCC]). Os itens que devem ser controlados derivam de diversas fontes, que incluem:

- Necessidades declaradas dos clientes sobre as características do produto
- Necessidades traduzidas da "voz do cliente" para características do produto
- Características definidas do processo que criam as características do produto ou serviço

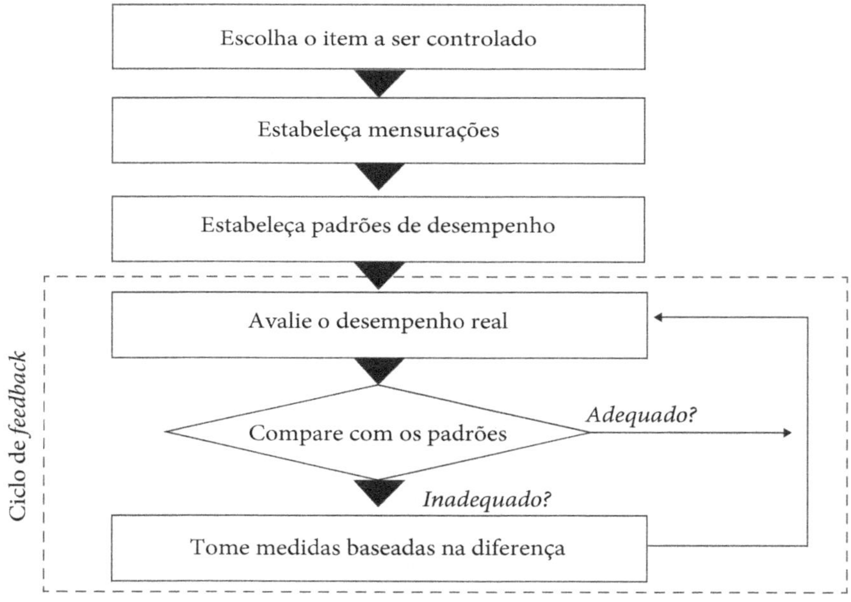

FIGURA 7.5 Fluxograma simples descrevendo o processo de controle.

- Padrões e regulamentações industriais ou governamentais (como, por exemplo, Sarbanes-Oxley, ISO 9000, etc.)
- Necessidade de proteger a segurança humana e o meio ambiente (como, por exemplo, OSHA, ISO 14000)
- Necessidade de evitar efeitos colaterais como irritação das partes interessadas, dos funcionários ou da comunidade
- Modo de falha e análises de efeitos
- Planos de controle
- Resultados de experimentos de *design*

No âmbito do pessoal, os itens controlados consistem, sobretudo, em características de produtos e processos definidas em especificações técnicas e manuais de procedimentos. Nos âmbitos gerenciais, itens controlados são mais amplos e cada vez mais orientados aos negócios, e a ênfase passa a recair nas necessidades do cliente e na concorrência no mercado. Este deslocamento de ênfase exige então itens controlados mais amplos, que, por sua vez, exercem influência nos passos restantes do ciclo de *feedback*.

Estabeleça mensurações

Depois que os itens controlados são selecionados, o próximo passo é estabelecer os meios para medir o desempenho real do processo ou o nível de qualidade dos bens e serviços sendo criados. A mensuração é uma das tarefas mais difíceis da gestão. Para estabelecer a mensuração, precisamos especificar claramente seus meios (sensor), a precisão da ferramenta utilizada, a unidade de medida, a frequência de mensuração, como os dados serão registrados, o formato em que os dados serão apresentados, a análise a ser feita com os dados para então convertê-los em informações úteis e quem fará essa mensuração. Ao estabelecer a unidade de medida, deve-se selecionar uma unidade compreensível, que proporcione uma base consensual para tomadas de decisão, focada no cliente e de ampla aplicação.

Estabeleça padrões de desempenho: metas de produto e metas de processo

Para cada item controlado é necessário estabelecer um padrão de desempenho – um alvo ou uma meta (além de parâmetros, objetivos, etc.). Um padrão de desempenho é uma meta rumo a qual o trabalho é desenvolvido. A Tabela 7.1 dá alguns exemplos de itens controlados e as metas a eles associadas.

TABELA 7.1 Itens controlados e metas de qualidade associadas

Item controlado	Meta
Consumo de um veículo	Mínimo de 10 km/ℓ na estrada
Entrega no dia seguinte	99,5% entregue antes das 10h30min da manhã seguinte
Confiabilidade	Menos de três falhas em 25 anos de serviço
Temperatura	Mínimo de 263°C; máximo de 268°C
Taxa de erro em pedidos de compra	Máximo de três erros a cada 1.000 pedidos de compra
Desempenho competitivo	Igual ou melhor do que os três principais concorrentes em seis fatores
Satisfação dos clientes	90% ou melhor, serviço excepcional ou excelente
Retenção de clientes	95% de retenção de clientes-chave de um ano para o outro
Fidelidade dos clientes	100% de fatia de mercado com mais de 80% dos clientes

O principal objetivo de produtos e serviços é atender às necessidades dos clientes. Clientes industriais muitas vezes especificam suas necessidades com algum grau de precisão, e estas tornam-se então metas para a empresa produtora. Em contraste, consumidores tendem a declarar suas necessidades em termos vagos. Tais declarações precisam então ser traduzidas para a língua do produtor a fim de se transformarem em metas de produtos.

Outras metas para produtos que também são importantes são aquelas para confiabilidade e durabilidade. O fato de os produtos e serviços alcançarem ou não estas metas pode ter um impacto fundamental sobre a satisfação dos clientes, sua fidelidade e os custos em geral. As falhas de produtos sob garantia podem afetar gravemente a lucratividade de uma companhia mediante custos diretos e indiretos (perda de vendas repetidas, propaganda boca a boca, etc.).

Os processos que produzem produtos têm dois conjuntos de metas:

1. Produzir produtos e serviços que atendam às necessidades dos clientes. Idealmente, toda e qualquer unidade produzida deve atender às necessidades dos clientes (obedecer às especificações).
2. Operar de maneira estável e previsível. No dialeto de um especialista em qualidade, cada processo deve estar "em um estado de controle". Discutiremos esta ideia mais adiante na seção "Conformidade dos processos".

Metas de qualidade também podem ser estabelecidas para funções, departamentos ou pessoas. A comparação do desempenho com estas metas torna-se então um dado para o *scorecard*, para o painel de controle e para o sistema de recompensas da empresa. Idealmente, tais metas devem ser:

- *Legítimas*. Elas devem ter um *status* oficial indubitável.
- *Mensuráveis*. Elas devem poder ser comunicadas com precisão.

- *Alcançáveis*. Evidenciado pelo fato de que já foram alcançadas por outros.
- *Equânimes*. Elas devem ser razoavelmente alcançáveis para todos os indivíduos com responsabilidades comparáveis.

As metas de qualidade podem ser estabelecidas a partir das seguintes bases:

- Metas para características de produtos e serviços e para características de processos se baseiam, em grande parte, em análise tecnológica.
- Metas para funções, departamentos e pessoas devem se basear na necessidade do negócio e em *benchmarking* externo, e não histórico de desempenho.

Ao final dos anos 2000, as metas de qualidade usadas nos escalões mais altos de uma organização se tornaram um lugar-comum. O estabelecimento de metas a longo prazo, como a redução dos custos da má qualidade ou se tornar a melhor do ramo, passaram a ser algo normal nos planos de negócios. A prática emergente é estabelecer metas em "parâmetros que importam", como o atendimento das necessidades dos clientes, a superação da concorrência, a manutenção de um ritmo acelerado de melhoria, a melhoria da eficácia dos processos empresariais e o estabelecimento de metas ousadas para evitar produtos e processos propensos a falhas.

Avalie o desempenho real

Um passo fundamental para controlar as características de qualidade é mensurar o desempenho real de um processo com a maior precisão possível. Para tanto, é preciso fazer a mensuração usando um sensor, um dispositivo ou uma pessoa que realiza a mensuração propriamente dita.

O sensor

O sensor é um dispositivo especializado de detecção projetado para reconhecer a presença e a intensidade de certos fenômenos e para converter os dados resultantes em *informações* que embasam, então, a tomada de decisões. Nos escalões inferiores de uma organização, as informações são repassadas cotidianamente e usadas para controle diário. Nos escalões superiores, as informações são resumidas de diversas maneiras para propiciar parâmetros mais amplos, detectar tendências e identificar os poucos problemas vitais.

A ampla variedade de itens a serem controlados exige uma ampla variedade de sensores. Uma importante categoria é a dos inúmeros instrumentos tecnológicos usados para mensurar características de produtos e características de processos. Dentre os exemplos bem conhecidos estão os termômetros, relógios e balanças. Outra importante categoria de sensores são os sistemas de dados e os relatórios a eles associados, que suprem de informações resumidas a hierarquia gerencial.

Ainda outra categoria envolve o uso de pessoas como sensores. Questionários, enquetes, grupos de foco e entrevistas também são formas de sensores.

O uso de sensores para controle é feito no âmbito da organização. As informações são necessárias para a administração empresarial a curto e longo prazo, o que levou ao uso de computadores para auxiliar no trabalho dos sensores e na conversão dos dados resultantes em informações.

A maioria dos sensores gera avaliações em termos de uma unidade de medida - uma quantia definida de alguma característica - que permite a avaliação dessa característica em números ou imagens. Dentre os exemplos bem conhecidos de unidades de medida estão os graus de temperatura, horas, centímetros e toneladas. Além disso, grande parte da atividade de sensor é feita por pessoas, e essa tarefa está sujeita a inúmeras fontes de erro. O uso de imagens como um padrão de comparação pode ajudar a reduzir os erros humanos. Também de vital importância para diminuir os erros humanos é a aplicação de instruções detalhadas.

Compare aos padrões

O ato de comparação com os padrões geralmente é visto como uma atribuição do avaliador, que pode ser tanto uma pessoa quanto um dispositivo tecnológico. Seja como for, o avaliador pode ser convocado para cumprir com quaisquer ou todas as atividades a seguir:

- Comparar o desempenho real do processo com as metas.
- Interpretar a diferença observada (caso exista); determinar se há conformidade com a meta.
- Decidir qual medida deve ser tomada.
- Estimular ação corretiva.
- Registrar os resultados.

Estas atividades exigem elaboração e serão examinadas mais de perto a seguir.

Tome medidas baseadas na diferença

Em um sistema de controle com bom funcionamento, precisamos de um meio para tomar medidas com base em qualquer diferença entre os padrões desejados de desempenho e o desempenho real. Para isso precisamos de um avaliador. Esse dispositivo (humano, tecnológico ou ambos) é o meio para estimular ações para restaurar a conformidade. No âmbito das operações ou dos funcionários, ele pode ser um teclado para dar ordens a uma base de dados computadorizada e centralizada, uma mudança em um novo procedimento, um novo documento de especificação ou uma nova posição no dial de uma máquina para ajustá-la à medida certa. No âmbito gerencial, pode ser um memorando aos subordinados, uma nova diretriz empresarial ou uma equipe para alterar um processo.

O processo-chave

Na discussão precedente, assumimos a existência de um processo. Ele também pode ser humano, tecnológico ou ambos, e é o meio para produzir as características do produto ou do serviço, as quais requerem itens controlados para garantir a conformidade com as especificações. Todo trabalho é feito por um processo. Um processo consiste em insumos, mão de obra, tecnologia, procedimentos, energia, materiais e rendimento final.

Realizando ações corretivas

Há muitas maneiras de realizar ações corretivas para solucionar problemas em um processo e levá-lo de volta ao *status quo*. Um exemplo popular de causa-raiz e método de correção é o chamado ciclo PDCA ou PDSA (popularizado inicialmente por Walter Shewhart e depois pelo Dr. Deming com o nome de Roda de Deming), conforme mostrado na Figura 7.6. Deming (1986) se referia a isso como *ciclo de Shewhart*, nome que muitas pessoas ainda usam ao descrever essa versão do ciclo de *feedback*.

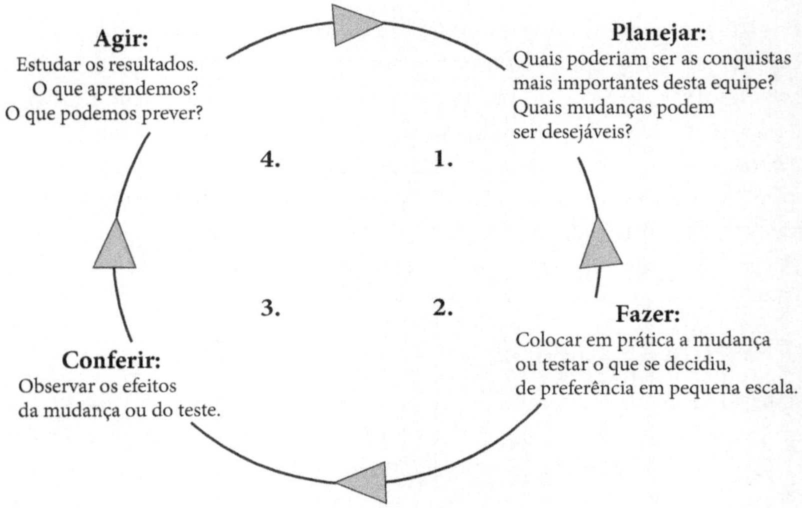
Agir:
Estudar os resultados.
O que aprendemos?
O que podemos prever?
Planejar:
Quais poderiam ser as conquistas mais importantes desta equipe?
Quais mudanças podem ser desejáveis?
4.
1.
3.
2.
Fazer:
Colocar em prática a mudança ou testar o que se decidiu, de preferência em pequena escala.
Conferir:
Observar os efeitos da mudança ou do teste.

FIGURA 7.6 O Ciclo PDCA. (De Deming, 1986)

Nesse exemplo, o ciclo de *feedback* é dividido em quatro passos rotulados como planejar, fazer, conferir, agir (*plan, do, check, act* - PDCA) ou planejar, fazer, estudar, agir (*plan, do, study, act* - PDSA). Esse modelo é usado nos setores de atendimento à saúde e de serviços. Esses passos correspondem, mais ou menos, ao seguinte:

- *Planejar* inclui a escolha dos itens de controle e o estabelecimento das metas.
- *Fazer* inclui colocar o processo em andamento e monitorá-lo.
- *Conferir* ou *estudar* inclui a atuação dos sensores e avaliadores.
- *Agir* inclui o estímulo do agente de correção e a realização de ações corretivas.

Uma versão anterior do ciclo PDCA foi incluída nas primeiras palestras de W. Edwards Deming no Japão (Deming, 1950). Desde então, versões adicionais foram usadas, como PDSA, PDCA, Ação Corretiva para Causa-Raiz (*Root Cause Corrective Action* - RCCA), e assim por diante.

Algumas dessas versões tentaram rotular o ciclo PDCA de modo a fazê-lo servir como uma série universal de passos tanto para controle quanto para melhoria. Na opinião dos autores, isso confunde as questões, já que processos muito diferentes estão envolvidos. Segundo a nossa experiência, todas as organizações deveriam definir dois métodos separados. Um deles diz respeito a realizar ações corretivas no caso de uma *mudança eventual* em desempenho.

A RCCA, o PDSA e o PDCA diferem dos métodos de melhoria como o Seis Sigma porque neles o escopo do problema se presta a uma análise mais simples e menos complexa para encontrar a causa-raiz de um problema eventual. As ferramentas de análise e comunicação do tipo RCCA contribuem para a redução dos problemas cotidianos que prejudicam os processos. Ferramentas usadas para a análise e o diagnóstico de picos eventuais tipicamente assumem a forma de ferramentas gráficas com menos ênfase em aplicações estatísticas. Porém, muitas organizações com treinamento em RCCA e métodos similares frequentemente não têm as ferramentas e os métodos certos para resolver problemas crônicos. Neste caso, o melhor é utilizar os métodos de melhoria D-M-A-I-C (*Design - Measure - Analyze - Improve - Control*, ou *Design* - Medida - Análise - Melhoria - Controle) do Seis Sigma.

A pirâmide de controle

Os itens controlados se apresentam em profusão, mas o número de "coisas" a serem controladas é bem maior. Dentre elas estão os catálogos publicados e as listas de preço distribuídas, multiplicados pelo número de itens em cada um; as vendas feitas, multiplicadas pelo número de itens em cada venda; as unidades de produtos produzidas, multiplicadas pelos números associados de características de qualidade; e assim por diante para os números de itens associados às relações entre funcionários, relações com fornecedores, controle de custo, controle de estoque, desenvolvimentos de produtos e processos, etc.

Um determinado estudo realizado em uma pequena empresa com cerca de 350 funcionários descobriu que havia mais de um bilhão de coisas a serem controladas (Juran, 1964, pp. 181-182).

Não há a menor possibilidade dos líderes de alto nível controlarem sozinhos essas infindáveis matérias de controle. Em vez disso, eles dividem esse trabalho de controle usando um plano de delegação similar àquele mostrado na Figura 7.7.

Essa divisão de trabalho estabelece três áreas de responsabilidade para controle: controle por meios não humanos, controle pelos trabalhadores e controle pela hierarquia gerencial.

Controle pela tecnologia (meios não humanos)

Na base da pirâmide ficam os ciclos de *feedback* automatizados e os processos à prova de erro, que operam sem qualquer intervenção humana exceto a manutenção das instalações (a qual, porém, é fundamental). Esses métodos não humanos proporcionam controle sobre a grande maioria das coisas. Os itens controlados são monitorados exclusivamente pela tecnologia, e o controle ocorre em tempo real.

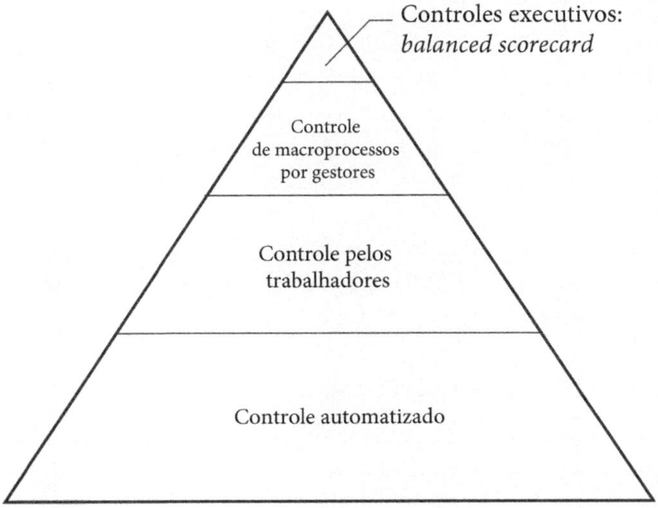

FIGURA 7.7 A pirâmide de controle. (De "Making Quality Happen", Juran Institute, Inc., Senior Executive Workshop, 1988, p. F-5)

Os demais controles na pirâmide requerem intervenção humana. Por uma grande margem, o feito mais impressionante de controle de qualidade se dá durante um processo biológico que existe há milhões de anos – o crescimento de um óvulo fertilizado em um organismo animal. Nos seres humanos, as instruções genéticas que programam este crescimento consistem em uma sequência de cerca de 3 bilhões de "letras". Essa sequência – o genoma humano – é contida em duas faixas de DNA (a dupla hélice), que são "divididas" e se replicam bilhões de vezes durante o processo de crescimento do óvulo fertilizado até o nascimento do ser humano.

Com cifras tão gigantescas, as oportunidades para erro são enormes (alguns erros são inofensivos, mas outros são danosos e até letais). Ainda assim, a taxa de erros, na prática, fica na ordem de aproximadamente 1 em 10 bilhões. Esta taxa incrivelmente baixa de erros é alcançada por meio de um ciclo de *feedback* que envolve três processos (Radman e Wagner, 1988):

- Um processo de seleção de alta fidelidade que encaixa as "letras" certas, usando combinações químicas do tipo chave e fechadura
- Um processo de revisão para a leitura da letra mais recente, e sua remoção se estiver incorreta
- Um processo de ação corretiva para retificar os erros detectados

Controle pelos trabalhadores

A delegação de tais decisões aos trabalhadores gera importantes benefícios nas relações humanas e na condução das operações. Estes benefícios incluem a redução do ciclo de *feedback*; o aumento do sentimento de propriedade dos trabalhadores em relação aos processos operacionais, muitas vezes referido como *empoderamento*; e a liberação dos supervisores e líderes para dedicarem seu tempo ao planejamento e à melhoria.

É viável delegar muitas das decisões de controle de qualidade para os trabalhadores. Muitas organizações já o fazem. Porém, para delegar decisões de controle de processos é preciso satisfazer os critérios de *autocontrole* ou *autogestão.*

Controle pela hierarquia gerencial

O pico da pirâmide de controle consiste nos poucos itens vitais a serem controlados. Eles são delegados aos vários escalões da hierarquia gerencial, incluindo os líderes de alto nível.

Esses líderes devem evitar se envolver a fundo demais na tomada de decisões sobre o controle de qualidade. Em vez disso, devem:

- Tomar as poucas decisões vitais.
- Oferecer critérios para distinguir as poucas decisões vitais das demais. Como exemplo para propiciar tais critérios, veja a Tabela 7.3 mais adiante neste capítulo.
- Delegar as restantes sob um processo de tomada de decisão que fornece as ferramentas e o treinamento essenciais.

A distinção entre as poucas questões vitais e as demais se origina com os itens de controle. A Tabela 7.2 mostra como os itens de controle em dois níveis - operacional e alta gerência - afetam os elementos do ciclo de *feedback*.

TABELA 7.2 **Contraste do controle de qualidade em dois níveis: operacional e alta gerência**

	Nos níveis operacionais	Nos níveis gerenciais
Metas de controle	Características de produtos e processos em especificações e procedimentos	Foco empresarial, poder de venda dos produtos, competitividade
Sensores	Tecnológicos	Sistemas de dados
Decisões a serem tomadas	Conformidade ou não?	Satisfaz as necessidades dos clientes ou não?

Fonte: "Making Quality Happen", Juran Institute, Inc., Senior Executive Workshop, 1988, p. F-4, Southbury, Conn.

Planejamento voltado para o controle

O planejamento voltado para o controle é uma atividade que oferece o sistema - os conceitos, a metodologia e as ferramentas - com o qual o pessoal da empresa pode manter estáveis os processos operacionais e, assim, produzir as características de produtos requisitadas para atender às necessidades dos clientes. As características de entrada-saída (*input-output*) desse sistema (e também plano, processo) foram retratadas na Figura 7.2.

Crítico para a Qualidade (CTQ): os clientes e suas necessidades

Os principais clientes dos sistemas de controle são os funcionários da empresa envolvidos no controle - aqueles que colocam em prática os passos que possibilitam o ciclo de *feedback*. Tais funcionários precisam de (1) uma compreensão do que é crítico para a qualidade (*critical to quality* - CTQ) e (2) uma definição de seu próprio papel na satisfação dessas necessidades. No entanto, a maioria deles não tem contato direto com os clientes. O planejamento voltado para a qualidade ajuda a transpor esta lacuna ao fornecer uma tradução de quais são as necessidades dos clientes e ao definir a responsabilidade pela satisfação dessas necessidades. Dessa forma, o planejamento voltado para o controle da qualidade inclui o fornecimento de informações ao pessoal operacional quanto às necessidades dos clientes (quer diretas ou traduzidas) e a definição das responsabilidades relacionadas de controle que recaem no pessoal operacional. O planejamento voltado para o controle da qualidade pode considerar os detalhes.

Quem planeja o controle? Historicamente, o planejamento voltado para o controle já foi designado ao(s):

- Pessoal de desenvolvimento de produtos
- Engenheiros e especialistas em qualidade
- Equipes de design multifuncionais
- Supervisores e líderes de departamento
- Trabalhadores operacionais

A responsabilidade pelo planejamento visando ao controle de processos fundamentais tradicionalmente fica a cargo daqueles que planejam os processos operacionais. Já a responsabilidade por processos não fundamentais geralmente recai em especialistas em qualidade do departamento de qualidade. Os planos esboçados por eles então costumam ser encaminhados aos gestores operacionais para aprovação.

Tendências recentes indicam um emprego crescente do conceito de equipe. Os membros dessas equipes incluem quadros operacionais e também fornecedores e consumidores dos processos operacionais. A tendência recente também tem mostrado uma participação cada vez maior dos trabalhadores operacionais.

Conceitos de conformidade e controle

As metodologias de conformidade e controle sustentam-se sobre vários conceitos, tais como o ciclo de *feedback*, a capacidade dos processos, o autocontrole, etc. Alguns destes conceitos são de origem antiga; outros evoluíram neste século e em séculos anteriores. Durante a discussão do planejamento voltado para o controle, iremos elaborar a análise de alguns dos conceitos mais amplamente usados.

Capacidade dos processos

Um dos conceitos mais importantes no processo de planejamento da qualidade é a *capacidade dos processos*. A aplicação prioritária desse conceito ocorre durante o planejamento dos processos operacionais.

Esse mesmo conceito também tem aplicação no controle da qualidade. Para explicar isso, é preciso apresentar uma breve revisão. Todos os processos operacionais têm uma uniformidade inerente na produção de produtos. Esta uniformidade também pode ser quantificada, mesmo durante os estágios de planejamento. Os projetistas de processos podem usar as informações resultantes para tomar decisões sobre a adequação dos processos, escolher processos alternativos, avaliar a necessidade de revisão de processos, e assim por diante, no que diz respeito à uniformidade inerente e sua relação com as metas do processo.

Quando aplicado ao planejamento voltado para o controle da qualidade, o estado da capacidade dos processos é um importante fator para decisões sobre a frequência de mensuração de desempenho de processo, agendamento de manutenção de instalações, etc. Quanto maior a estabilidade e a uniformidade do processo, menor a necessidade de mensuração e manutenção frequentes.

Aqueles que planejam o controle da qualidade devem ter uma rigorosa compreensão do conceito de capacidade de processo e sua aplicação em ambas as áreas de planejamento: planejamento dos processos operacionais e planejamento dos controles.

Conformidade dos processos

O processo está em conformidade com as metas de qualidade? O avaliador deve responder essa pergunta interpretando as diferenças observadas entre o desempenho e as metas do processo. Quando o desempenho atual realmente diferir das metas de qualidade, uma pergunta é suscitada: qual é a causa dessa diferença?

Causas especiais e comuns de variação

As diferenças observadas geralmente se originam de uma dentre duas formas: (1) a mudança observada é causada pelo comportamento de uma variável importante do processo (ou pela entrada de uma nova e variável importante) ou (2) a mudança observada é causada pela inter-relação de diversas variáveis menores no processo.

Shewhart chamou (1) e (2) de causas *atribuíveis* e *não atribuíveis* de variação, respectivamente (Shewhart, 1931). Mais tarde, Deming cunhou os termos causas *especiais* e *comuns* de variação (Deming, 1986). A partir daqui, empregaremos a terminologia de Deming.

Causas especiais são tipicamente eventuais e muitas vezes têm suas origens em variáveis individuais. Nesses casos, é comparativamente fácil realizar um diagnóstico e aplicar ações corretivas. *Causas comuns* são tipicamente crônicas e costumam ter suas origens na inter-relação entre múltiplas variáveis menores. Como resultado, é difícil diagnosticá-las e aplicar ações corretivas. Este contraste deixa clara a importância de distinguir as causas especiais das causas comuns quando se está analisando as diferenças. A necessidade de se fazer tais distinções é ampla e irrestrita. As causas especiais são o tema do controle de qualidade; as causas comuns são o tema da melhoria da qualidade.

O gráfico de controle de Shewhart

O ideal é que os avaliadores possam dispor de ferramentas para ajudá-los a distinguir entre causas especiais e causas comuns. Uma ferramenta elegante para este propósito é o gráfico de controle de Shewhart (ou apenas gráfico de controle) mostrado na Figura 7.8.

Na Figura 7.8, a escala horizontal é o tempo e a escala vertical é o desempenho da qualidade. Os pontos plotados exibem o desempenho da qualidade à medida que o tempo progride.

O gráfico também exibe três linhas horizontais. A linha do meio é a média do desempenho passado, sendo, assim, o nível esperado de desempenho. As outras duas linhas são *linhas limítrofes* estatísticas, que visam separar as causas especiais das causas comuns, baseando-se em algum nível escolhido de probabilidade, como uma probabilidade de 1 em 100.

Pontos dentro dos limites de controle

O ponto A do gráfico destoa da média histórica. No entanto, como ele está dentro das linhas limítrofes, esta diferença pode ser devida a causas comuns (com uma probabilidade de mais de 1 para 100). Assim, assumimos que não há causa especial. Na ausência de causas especiais, as suposições predominantes incluem as seguintes:

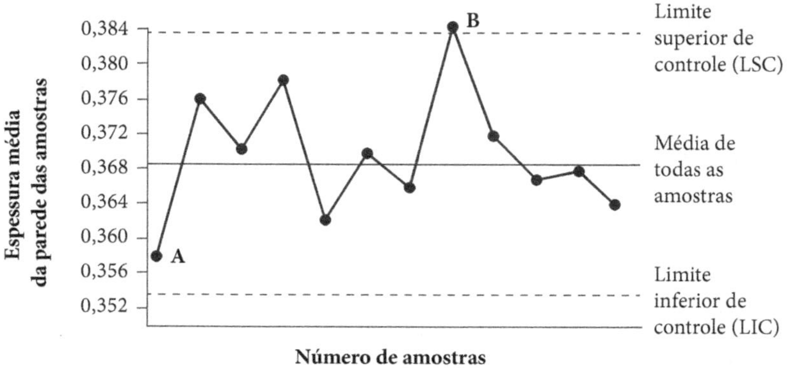

FIGURA 7.8 Gráfico de controle de Shewhart. (De "Quality Control", *Leadership for the Quality Century*, Juran Institute, Inc.)

- Somente causas comuns estão presentes.
- O processo está em estado de *controle estatístico*.
- O processo está se saindo o melhor possível.
- As variações precisam perdurardevem ser toleradas.
- Nenhuma ação precisa ser tomada – ela poderia piorar a situação (um fenômeno conhecido como *caça* ou *sabotagem* (*hunting* ou *tampering*).

Essas suposições estão sendo contestadas por um amplo movimento de melhoria da uniformidade dos processos. Alguns processos não exibem ponto algum fora dos limites do gráfico de controle, e ainda assim a inter-relação de variáveis menores acaba produzindo defeitos.

Em determinado exemplo, um processo em controle estatístico foi mesmo assim melhorado em uma ordem de magnitude. O avanço foi feito por uma equipe multifuncional de melhoria, que identificou e abordou algumas das variáveis menores. Este exemplo desafia a suposição tradicional de que as variações causadas por causas menores precisam ser toleradas (Pyzdek, 1990).

Em outros casos, o desafio é mais sutil. É possível, como antes, não haver ponto algum fora dos limites de controle, e que, além disso, nenhum defeito esteja sendo produzido. Ainda assim, os clientes demandam cada vez mais uniformidade. Exemplos são encontrados nos processos empresariais (precisão de estimativas) bem como em processos fabris (uniformidade química de um lote para outro, uniformidade de componentes passando por montagem aleatória). Tais demandas de clientes estão em alta, e elas forçam os fornecedores a empreenderem projetos para aumentar a uniformidade até mesmo das menores variáveis do processo. Para isso, existem muitos tipos de gráficos de controle.

Pontos fora dos limites de controle

O ponto B também difere da média histórica, mas ele está fora das linhas limítrofes. Neste caso, a probabilidade vai contra isto ser resultado de causas comuns, com uma chance menor do que 1 para 100. Sendo assim, assumimos que o ponto B é resultado de causas especiais. Tradicionalmente, tais pontos "fora de controle" são indicados para ações corretivas.

De preferência, todos os indicados devem estimular uma pronta ação corretiva para restaurar o *status quo*. Na prática, porém, muitas dessas mudanças fora de controle não resultam em uma ação corretiva, e o motivo usual é que as mudanças envolvendo causas especiais são numerosas demais – o pessoal disponível não tem como lidar com todas elas. Portanto, prioridades são estabelecidas com base no significado econômico ou em outros critérios de importância. Ações corretivas são tomadas nos casos de alta prioridade; o restante precisa esperar sua vez. Algumas mudanças em baixos níveis de prioridade podem ter de esperar por um bom tempo por uma ação corretiva.

Outra razão para falta de ação corretiva é o duradouro mal-entendido entre limites estatísticos de controle e tolerâncias de qualidade. É fácil se deixar levar pela elegância e sensatez do gráfico de controle. Isso aconteceu em larga escala durante os anos 40 e 50. Eis a seguir dois exemplos de minha experiência pessoal:

- Uma grande fábrica de componentes automotivos instalou um gráfico de controle em cada uma das máquinas.
- Uma fábrica de fios de viscose criou um "gabinete de guerra" com mais de 400 gráficos de controle.

Em praticamente todos os casos desse tipo, os gráficos foram mantidos pelos departamentos de qualidade, mas ignorados pelo pessoal operacional. A experiência com tamanhos excessos levou certos líderes e projetistas a se mostrarem cautelosos quanto ao emprego de gráficos de controle, especialmente por eles serem detectores sensíveis de mudança. Na verdade, os gráficos deveriam ser justificados tomando-se por base o valor agregado. Tais justificativas incluem:

- As necessidades dos clientes estão diretamente envolvidas.
- Existe risco para a segurança humana ou para o meio ambiente.
- Economias substanciais estão em jogo.
- A precisão adicional é necessária para o controle.

Limites estatísticos de controle e tolerâncias

Durante a maior parte da história humana, objetivos e metas consistiam em características de produtos ou em características de processos, geralmente definidos em palavras. Expressões como "a cor é vermelha" e "o comprimento é suficiente" representam metas, mas estão abertos demais a interpretação. O crescimento da tecnologia estimulou o crescimento da mensuração, além de uma tendência para definir metas e objetivos em números precisos. Ademais, o conceito de limites, ou "tolerâncias", acabou emergindo em torno das metas e objetivos. Por exemplo:

- Noventa e cinco por cento das remessas devem obedecer à data agendada de entrega.
- O comprimento da barra deve ter uma tolerância de 1 mm do número especificado.
- O prazo de resposta aos clientes é de 10 minutos, com 2 minutos para mais ou para menos.

Essas metas tinham um *status* oficial. Elas foram estabelecidas por *designers* de produtos ou processos e publicadas como especificações oficiais. Os *designers* eram os legisladores oficiais da qualidade – eles promulgavam as leis. O pessoal operacional era responsável por obedecer às leis da qualidade – cumprindo com as metas e tolerâncias especificadas.

Limites estatísticos de controle na forma de gráficos de controle eram praticamente desconhecidos até a década de 1940. Até então, estes gráficos não tinham *status* oficial. Eles eram elaborados e publicados por especialistas de qualidade do departamento de qualidade. Para os trabalhadores, os gráficos de controle representavam um conceito misterioso e alheio ao seu universo. Além disso, os gráficos ameaçavam criar ainda mais trabalho na forma de ações corretivas desnecessárias. O pessoal operacional raciocinava da seguinte forma: sempre foi da nossa responsabilidade tomar ações corretivas quando o produto mostrou alguma inconformidade. Esses gráficos são tão sensíveis que detectam mudanças nos processos que não resultam de produtos fora de conformidade. A partir daí, somos levados a tomar ações corretivas mesmo quando os produtos satisfazem metas de qualidade e tolerâncias.

Isso tudo levou a um mal-entendido quanto às responsabilidades. Os especialistas em qualidade estavam convencidos de que os gráficos de controle proporcionavam alertas prévios muito úteis e que não deviam ser ignorados. Ainda assim, os departamentos de qualidade mostravam-se incapazes de reconhecer que agora os trabalhadores estavam confusos quanto às suas responsabilidades. Para estes trabalhadores, não parecia haver necessidade de ações corretivas, contanto que os produtos cumprissem com as metas de qualidade. Os líderes de mais alto escalão daquela época não ofereciam qualquer auxílio; eles não se envolviam nesse tipo de questão. Como os gráficos de controle não tinham *status* oficial, os trabalhadores solucionavam seu problema ignorando os gráficos. Isso contribuiu, nos anos 50, para o colapso do movimento conhecido como *controle estatístico da qualidade.*

Os anos 80 criaram uma nova onda de interesse na aplicação de ferramentas estatísticas para o controle da qualidade. Muitos trabalhadores passaram por treinamento em *controle estatístico de processos.* Este treinamento ajudou a esclarecer parte do mal-entendido, mas alguma confusão ainda persiste. Para se livrar dela, os leitores devem:

- Esclarecer de quem é a responsabilidade pelas ações corretivas referentes a pontos fora dos limites de controle. Esta ação é obrigatória ou discricionária?
- Estabelecer diretrizes sobre as ações a serem tomadas quando há pontos fora dos limites estatísticos de controle, mas o produto ainda está dentro das tolerâncias de qualidade.

A necessidade de diretrizes para a tomada de decisões fica evidente na Figura 7.9. As diretrizes para os quadrantes A e C são óbvias. Se o processo ou o produto se mostrarem conformes com suas respectivas metas, o processo pode continuar rodando. Caso nem o processo nem o produto se mostrem em conformidade, o processo deve ser interrompido e ações corretivas devem ser tomadas. As diretrizes para os quadrantes B e D muitas vezes são duvidosas, e esta dúvida tem sido fonte de bastante confusão. Se a escolha da ação for delegada aos trabalhadores, os líderes devem estabelecer diretrizes claras.

Inúmeros esforços foram feitos para desenvolver limites de gráficos de controle de modo a ajudar os trabalhadores a detectar se a qualidade dos produtos está ameaçando exceder os limites de qualidade.

Autocontrole e controlabilidade

Quando recebem todo o necessário para fazer um bom trabalho, os trabalhadores permanecem em um estado de autocontrole. O necessário inclui:

- Meios para saber quais são as metas.
- Meios para saber qual é o desempenho real.
- Meios para modificar sua atuação caso este desempenho não esteja em conformidade com as metas. Para satisfazer este critério, é preciso contar com um processo operacional que (1) seja inerentemente capaz de alcançar as metas e (2) seja provido de características que possibilitem o ajuste do processo pelos trabalhadores conforme necessário para deixá-lo em conformidade com as metas.

		Produto	
		Conforme	Inconforme
Processo	Inconforme	B Duvidoso	C Claro
	Conforme	A Claro	D Duvidoso

FIGURA 7.9 Áreas de tomada de decisão. (De "Making Quality Happen", Juran Institute, Inc., 1988. Usado com permissão)

Esses critérios de autocontrole são aplicáveis a processos em todas as funções e em todos os escalões, de um gerente geral até um trabalhador não supervisor.

Para os líderes, é muito fácil concluir que os critérios recém-mencionados foram cumpridos. Na prática, porém, há muitos detalhes a serem trabalhados antes que esses critérios possam ser satisfeitos. A natureza destes detalhes fica evidente pelos *checklists* que vem sendo preparados para processos específicos a fim de garantir que os critérios de autocontrole sejam satisfeitos. Exemplos destes *checklists* incluem aqueles desenvolvidos para *designers* de produtos, trabalhadores de produção e pessoal administrativo e de apoio.

Caso todos os critérios de autocontrole tenham sido satisfeitos ao nível do trabalhador, quaisquer inconformidades resultantes são ditas *controláveis pelo trabalhador*. Caso algum dos critérios de autocontrole não tenha sido satisfeito, o planejamento da gestão foi incompleto, ou seja, a gestão não proporcionou todos os meios para colocar em prática as atividades dentro do ciclo de *feedback*. Os produtos não conformes resultantes de tal planejamento deficiente são então considerados *controláveis pela gestão*. Em tais casos, é arriscado para os líderes responsabilizarem os trabalhadores pela qualidade.

A responsabilidade pelos resultados deve, é claro, ser vinculada à controlabilidade. No passado, contudo, muitos líderes não estavam cientes da extensão da controlabilidade e de sua predominância ao nível dos trabalhadores. Estudos conduzidos por Juran nos anos 30 e 40 mostraram que neste nível, a proporção de não conformidades controláveis pela gestão em relação às não conformidades controláveis pelo trabalhador ficava na ordem de 80/20. Estas descobertas foram confirmadas por outros estudos durante a década de 50 e 60. A razão de 80/20 ajuda a explicar o fracasso de tantos esforços das organizações em solucionar os problemas de qualidade exclusivamente pela motivação dos trabalhadores operacionais.

Efeito da decisão de conformação de processo

Idealmente, deve ser de responsabilidade dos próprios trabalhadores determinar se o processo está em conformidade com as metas de qualidade. Não há um ciclo de *feedback* mais curto que este. Para muitos processos, isso de fato acontece. Em outros casos, porém, a decisão de conformidade ou não do processo é designada a um pessoal não operacional: verificadores e inspetores independentes. As razões para isso incluem:

- O trabalhador não se encontra num estado de autocontrole.
- O processo é fundamental para a segurança humana ou do meio ambiente.
- A qualidade não recebe prioridade máxima.
- Não há suficiente confiança mútua entre líderes e trabalhadores.

Conformidade de produto: aptidão ao objetivo

Há dois níveis de características de produto, e eles servem a diferentes objetivos. Um desses níveis serve a objetivos como:

- Atender às necessidades dos clientes
- Proteger a segurança humana
- Proteger o meio ambiente

Diz-se que as características de um produto possuem *adequação ao uso* se são capazes de alcançar os objetivos recém-citados.

O segundo nível de características de produto serve a objetivos como:

- Fornecer critérios práticos para aqueles que não dispõem de conhecimento sobre adequação ao uso
- Criar uma atmosfera de lei e ordem
- Proteger inocentes de culpa injustificada

Tais características de produto costumam estar contidas em especificações internas, procedimentos, padrões, etc. Características de produto capazes de satisfazer a segunda lista de objetivos são consideradas como estando em conformidade com as especificações, etc. Empregaremos *conformidade* como um rótulo abreviado.

A presença de dois níveis de características de produto resulta em dois níveis de tomada de decisão: O produto está em conformidade? O produto está adequado ao uso? A Figura 7.10 mostra a inter-relação dessas decisões com o fluxograma.

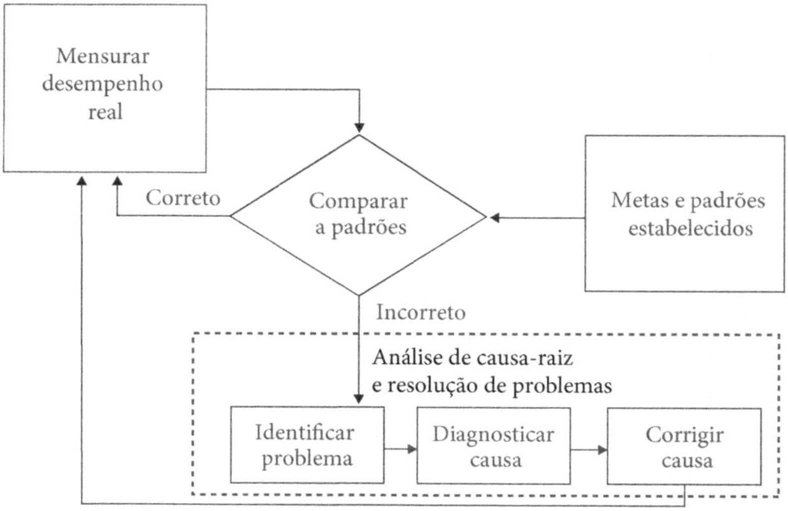

FIGURA 7.10 Inter-relação de CQ e análise de causa-raiz (ACR).

A decisão sobre a conformidade do produto

Sob políticas predominantes, os produtos em conformidade com suas especificações são enviados para o próximo destino ou cliente. A suposição é que produtos que estão em conformidade com as especificações estão adequados ao uso. Essa suposição é válida na maioria dos casos.

A combinação de muitas características de produto, quando multiplicadas pelos grandes volumes desse produto, geram muitas decisões a serem tomadas com relação à conformidade. Preferencialmente, essas decisões devem ser delegadas aos níveis mais inferiores da organização: os dispositivos automatizados e o pessoal operacional. A delegação dessas decisões para os trabalhadores cria o que se chama de *autoinspeção*.

Autoinspeção

Definimos *autoinspeção* como o estado em que as decisões sobre o produto são delegadas aos trabalhadores. Essas decisões dizem respeito principalmente às seguintes perguntas: A qualidade do produto está em conformidade com as metas de qualidade? Qual é a disposição a ser dada ao produto?

Observe que autoinspeção é bem diferente de autocontrole, já que este envolve decisões sobre o *processo*.

Os méritos da autoinspeção são consideráveis:

- O ciclo de *feedback* é menor; o *feedback* muitas vezes vai diretamente ao agente de correção - o energizador da ação corretiva.
- A autoinspeção amplia a atuação dos trabalhadores e confere uma maior sensação de propriedade. A autoinspeção remove a atmosfera policialesca criada por inspetores, verificadores, etc.

No entanto, para colocar em prática a autoinspeção, é preciso satisfazer diversos critérios essenciais:

- *A qualidade vem em primeiro lugar.* A qualidade precisa ser, indubitavelmente, a prioridade máxima.
- *Confiança mútua.* Os líderes precisam ter confiança suficiente em seus trabalhadores para se disporem a delegar a responsabilidade, e os trabalhadores precisam ter confiança suficiente nos líderes para se disporem a aceitar a responsabilidade.
- *Autocontrole.* As condições para autocontrole devem estar vigentes para que os trabalhadores disponham de todos os meios necessários para fazer um bom trabalho.
- *Treinamento.* Os trabalhadores devem estar treinados para tomarem decisões quanto à conformidade dos produtos.

- *Certificação*. A tendência recente é incluir um procedimento de certificação. Trabalhadores candidatos a autoinspeção passam por exames para assegurar que estejam qualificados a tomarem boas decisões. Os candidatos bem-sucedidos recebem certificados e podem ficar sujeitos a auditorias das decisões tomadas a partir de então.

Em muitas organizações, nem todos estes critérios são satisfeitos, sobretudo o critério de prioridade. Caso algum parâmetro que não seja a qualidade receba a prioridade máxima, há um risco real de que a avaliação da conformidade de um produto seja tendenciosa. Este problema surge frequentemente quando metas pessoais de desempenho estão em conflito com as metas gerais de qualidade. Uma empresa química, por exemplo, descobriu que estava recompensando o pessoal de vendas com base em metas de faturamento, desconsiderando a disponibilidade dos produtos ou mesmo sua lucratividade. Os vendedores estavam cumprindo com todas as suas metas, mas a companhia estava enfrentando dificuldades.

Decisão quanto à adequação ao objetivo

A grande maioria dos produtos acaba se mostrando conforme com as especificações. Já no caso dos produtos não conformes surge uma nova pergunta: será que o produto não conforme está adequado ao objetivo?

Uma base completa para tomar esta decisão exige respostas para perguntas como:

- Quem são os usuários?
- Como este produto será usado?
- Há riscos à integridade do produto, à segurança humana ou ao meio ambiente?
- Qual é a urgência de entrega?
- Como as alternativas afetam a economia do produtor e do usuário?

Para responder a tais perguntas pode ser preciso um esforço considerável. Organizações já tentaram minimizar esse esforço por meio de diretrizes de procedimentos. Dentre os métodos em uso estão os seguintes:

- *Tratar todos os produtos não conformes como não adequados ao objetivo*. Essa abordagem é amplamente empregada para produtos que podem apresentar riscos à segurança humana ou ao meio ambiente – como os farmacêuticos ou a energia nuclear.
- *Criar um mecanismo para tomada de decisão*. Um exemplo é o conselho de revisão de material amplamente adotado na indústria de defesa. Este dispositivo é prático para questões de importância, mas elaborado demais para casos mais comuns em que não há tanto em jogo.
- *Criar um sistema de delegação múltipla*. Sob tal sistema, as poucas decisões vitais

ficam reservadas a uma entidade formal de tomada de decisão, como um conselho de revisão de material. As demais decisões são delegadas a outras pessoas.

A Tabela 7.3 é um exemplo de tabela de delegação usada por uma empresa específica (comunicação pessoal a um dos autores).

TABELA 7.3 Delegações múltiplas para tomada de decisão quanto à adequação ao objetivo*

	A quantia de produto ou dinheiro em jogo é:	
O efeito da não conformidade recai em	**Pequena**	**Grande**
Economia interna apenas	Diretor do departamento diretamente envolvido, engenheiro de qualidade	Gerentes da planta envolvida, gerente de qualidade
Relações econômicas com o fornecedor	Fornecedor, comprador, engenheiro de qualidade	Fornecedor, gerente
Relações econômicas com o cliente	Cliente, vendedor, engenheiro de qualidade	Cliente (de *marketing*, fabricação, setor técnico, qualidade)
Desempenho de campo do produto	*Designer* do produto, vendedor, engenheiro de qualidade	Cliente (gerentes de setor técnico, fabricação, *marketing*, qualidade)
Risco de dano para a sociedade ou de não conformidade com regulamentações governamentais	Gerente de *design* do produto, fiscal de conformidade, advogado, gerentes de qualidade	Gerente geral e equipe de gerentes de alto nível

** Para aquelas indústrias cuja missão de qualidade é realmente manter a conformidade com as especificações (como, por exemplo, energia atômica, espacial), o verdadeiro tomador de decisão para a adequação ao objetivo é o cliente ou o órgão regulador governamental.*

Destino dos produtos inadequados

Vários podem ser os destinos dos produtos inadequados: sucata, triagem, retrabalho, devolução ao fornecedor, venda com desconto, etc. Os custos internos podem ser estimados para se chegar a um ideal econômico. No entanto, os efeitos dessa inadequação vão além do dinheiro: programações são canceladas, pessoas são culpadas, etc. Para minimizar os conflitos humanos resultantes, algumas organizações estabeleceram regras de conduta, como as seguintes:

- *Escolher a alternativa que minimiza a perda total para todas as partes envolvidas.* Assim, há menos motivos para discussão e fica mais fácil entrar em acordo sobre a melhor maneira de dividir as perdas.
- *Evitar colocar a culpa em alguém.* Em vez disso, trate a perda como uma oportunidade de melhoria da qualidade.

- *Usar estornos com parcimônia.* Do ponto de vista contábil, faz sentido cobrar as poucas perdas vitais dos departamentos responsáveis. No entanto, quando isso é aplicado às inúmeras perdas menores, acaba sendo pouco econômico e até prejudicial aos esforços de melhoria da qualidade.

A incapacidade de usar produtos que atendam às necessidades dos clientes é um desperdício. O envio de produtos que não atendem às necessidades dos clientes é ainda pior. O pessoal responsável por tomar decisões quanto à conformidade dos produtos deve receber definições claras de responsabilidade, bem como com diretrizes para tomada de decisões. Os líderes devem, como parte de sua auditoria, garantir que os processos decisórios quanto à conformidade dos produtos sejam apropriados às necessidades da empresa.

Ações corretivas

O último passo no fechamento do ciclo de *feedback* é a imposição de uma mudança que restaure a conformidade com as metas de qualidade. Este passo é popularmente conhecido como *resolução de problemas.*

Observe que o termo *ação corretiva* vem sendo aplicado para duas situações muito diferentes, conforme mostra a Figura 7.1. O ciclo de *feedback* é projetado para eliminar não conformidades eventuais, como o "pico" da Figura 7.1; mas não é bem projetado para lidar com a área de desperdício crônico mostrada na mesma figura. Na verdade, neste caso é preciso empregar o processo de melhoria da qualidade. Usaremos o termo *ação corretiva* no sentido de resolução de problemas - a eliminação de não conformidades eventuais.

As ações corretivas exigem as jornadas de diagnóstico e de tomada de ações corretivas. Estas jornadas são similares à melhoria da qualidade. Como os problemas esporádicos resultam de mudanças adversas, a jornada de diagnóstico visa descobrir o que foi que mudou, enquanto a jornada de remediação visa remover a mudança adversa e restaurar a conformidade.

Diagnosticando mudanças eventuais

Durante a jornada de diagnóstico, o foco recai naquilo que sofreu alguma mudança. Às vezes as causas não são óbvias, então o verdadeiro obstáculo para a ação corretiva é o diagnóstico. Esse diagnóstico faz uso de métodos e ferramentas como as seguintes:

- Autópsias forenses para determinar com precisão os sintomas exibidos pelo produto e pelo processo.
- Comparação de produtos antes e depois de o problema ter início, para identificar o que mudou; além disso, comparação de bons e maus produtos feita desde o início do problema.

- Comparação de dados do processo antes e depois de o problema ter início para ver quais foram as condições que mudaram no processo.
- Reconstrução da cronologia, o que consiste em anotar numa escala de tempo (de horas, dias, etc.) (1) os eventos que ocorreram no processo antes e depois da mudança eventual - ou seja, rotação de turnos, novos funcionários no trabalho, ações de manutenção, etc. e (2) o tempo relacionado com informações do produto, ou seja, códigos de datas, tempo de ciclo de processamento, tempo desperdiçado, datas de movimentação, etc.

A análise dos dados resultantes geralmente joga bastante luz sobre a validade das diversas teorias sobre as causas. Certas teorias são refutadas; já outras sobrevivem para serem testadas com mais profundidade.

O pessoal operacional que não dispõem do treinamento necessário para realizar tais diagnósticos pode ser forçado a desativar o processo e solicitar o auxílio de especialistas, do departamento de manutenção, etc. Talvez eles também precisem rodar o processo "assim mesmo" a fim de cumprirem cronogramas, colocando em risco as metas de qualidade.

Ações corretivas

Depois que a(s) causa(s) da mudança eventual é(são) conhecida(s), o pior já passou. A maioria das ações corretivas consiste em retornar ao que era feito anteriormente. Isso representa um retorno ao que é familiar, e não uma jornada rumo ao desconhecido (como no caso dos problemas crônicos). O pessoal local geralmente se mostra capaz de tomar as ações necessárias para restaurar o *status quo*.

Os *designs* do processo devem proporcionar os meios para ajustar o processo conforme o necessário e garantir a conformidade com as metas de qualidade. Tais ajustes são necessários de antemão e durante o andamento do processo. O ideal é que este aspecto do *design* voltado para o controle do processo satisfaça aos seguintes critérios:

- Deve haver uma relação conhecida entre as variáveis do processo e os resultados do produto.
- Devem ser disponibilizados meios para o pronto ajuste das variáveis-chave do processo.
- Deve haver uma relação previsível entre a quantidade de mudanças nos ajustes do processo e seus resultados nas características do produto.

Se tais critérios não forem satisfeitos, o pessoal operacional será forçado, mais cedo ou mais tarde, a tomar atalhos para colocar em prática a ação corretiva. As frustrações resultantes acabam, então, desmotivando a colocação da qualidade como prioridade máxima.

O papel dos métodos estatísticos no controle

Uma atividade essencial do ciclo de *feedback* é a coleta e a análise dos dados. Essa atividade recai no âmbito da disciplina científica conhecida como *estatística*, e os métodos e ferramentas usados muitas vezes são chamados de *métodos estatísticos*. Esses métodos vêm sendo usados há muito tempo para auxiliar na coleta e na análise de dados em muitos campos: biologia, governo, economia, finanças, gestão, etc.

Controle estatístico de processos (CEP)

O termo tem muitos significados, mas na maioria das organizações, o controle estatístico de processos inclui a coleta básica de dados; a análise mediante ferramentas como distribuições de frequência, princípio de Pareto, diagrama de Ishikawa (espinha de peixe), gráfico de controle de Shewhart, etc.; e a aplicação do conceito de capacidade dos processos.

Ferramentas avançadas, como o projeto de experimentos e a análise de variância, fazem parte dos métodos estatísticos, mas normalmente não são consideradas parte do controle estatístico de processos.

Os méritos

Esses métodos e ferramentas estatísticos contribuíram de maneira importante para o controle da qualidade e para outros processos da Trilogia Juran: a melhoria da qualidade e o planejamento da qualidade. Para alguns tipos de problemas de qualidade, as ferramentas estatísticas são mais do que úteis – os problemas não podem ser resolvidos sem o uso das ferramentas estatísticas apropriadas.

O movimento CEP obteve sucesso no treinamento de um grande número de supervisores e trabalhadores em ferramentas estatísticas básicas. O crescimento resultante na cultura estatística dos funcionários lhes possibilitou melhorarem sua compreensão sobre o comportamento de processos e produtos. Além disso, muitos aprenderam que decisões embasadas em coleta e análise de dados acabam gerando resultados superiores.

Os riscos

Quando se lida com a qualidade, é perigoso assumir uma abordagem centrada em ferramentas ao invés de uma abordagem centrada em problemas ou em resultados. Durante os anos 50, essa preocupação se tornou tão predominante que o movimento do controle estatístico da qualidade como um todo acabou desmoronando; a palavra estatística precisou ser eliminada dos nomes dos departamentos.

A sequência administrativa apropriada é primeiro estabelecer as metas e só então planejar como alcançá-las, incluindo escolher as ferramentas apropriadas. Similarmente, ao lidar com problemas – ameaças ou oportunidades – líderes experientes começam antes de tudo pela identificação dos problemas. Em seguida, eles tentam solucionar esses problemas de diversas formas, incluindo a escolha das ferramentas adequadas.

Durante os anos 80, inúmeras organizações tentaram, de fato, assumir uma abordagem centrada em ferramentas, treinando boa parte do seu pessoal no uso de ferramentas estatísticas. No entanto, isso não surtiu um efeito significativo no balanço financeiro, pois nenhuma infraestrutura havia sido criada para identificar quais projetos deviam ser postos em prática, para delegar clara responsabilidade por esses projetos, para alocar os recursos necessários, para revisar o progresso, etc.

Os líderes devem assegurar que o treinamento em ferramentas estatísticas não se torne um fim em si mesmo. Uma maneira de garantir isso é por parâmetros de progresso. Tais parâmetros devem ser projetados para avaliar o efeito nas operações, como a melhoria da satisfação dos clientes ou do desempenho dos produtos, a redução do custo da má qualidade, etc. Parâmetros como a quantidade de cursos oferecidos ou a quantidade de pessoas treinadas não avaliam o efeito sobre as operações e, consequentemente, devem ser considerados como subsídios em sua natureza.

Informações para a tomada de decisões

O controle da qualidade exige que muitas decisões sejam tomadas, abrangendo uma ampla variedade de tópicos e ocorrendo em todos os níveis da hierarquia. O planejamento voltado para a qualidade deve oferecer uma rede de informações que sirva a todos os tomadores de decisões. Em alguns níveis da hierarquia, uma necessidade primordial é que haja informações em tempo real para permitir a pronta detecção e correção de não conformidades com as metas. Em outros níveis, a ênfase recai sobre os resumos que possibilitam aos líderes exercitar controle sobre os poucos e vitais itens controlados. Além disso, a rede deve fornecer informações conforme o necessário para detectar grandes tendências, identificar ameaças e oportunidades e avaliar o desempenho das unidades da organização e seu pessoal.

Em algumas organizações, o sistema de informações de qualidade é projetado para ir além do controle de características de produtos e características de processos; ele também é usado para controlar o desempenho da qualidade de organizações e indivíduos, como departamentos e diretores de departamentos. Muitas organizações, por exemplo, preparam e publicam *scoreboards* mostrando dados resumidos de desempenho de qualidade referentes a diversas áreas do mercado, linhas de produtos, funções operacionais, etc. Esses dados de desempenho são muitas vezes usados como indicadores do desempenho de qualidade do pessoal encarregado.

Para fornecer informações que possam atender a esses objetivos, é preciso haver um planejamento direcionado especificamente para o sistema de informações. O ideal é que este planejamento se dê mediante uma equipe multifuncional cuja missão seja focada no sistema de informações de qualidade. Essa equipe deve incluir, apropriadamente, os clientes e também os fornecedores de informações. A auditoria gerencial do sistema de controle da qualidade deve incluir uma garantia de que o sistema de informações de qualidade esteja atendendo às necessidades dos diversos clientes.

O manual das políticas e do sistema de controle da qualidade

Boa parte do planejamento da qualidade é realizada através de *procedimentos*, que nada mais são do que planos repetitivos. Tais procedimentos são elaborados, anotados por escrito e aprovados formalmente. Uma vez publicados, eles se tornam as formas autorizadas de conduzir as questões da empresa. É bastante comum que os procedimentos relacionados com a gestão voltada para a qualidade sejam publicados coletivamente em um Manual de Qualidade (ou um título similar). Uma parte considerável desses manuais diz respeito ao controle da qualidade.

Os manuais de qualidade elevam ainda mais a utilidade dos procedimentos de diversas maneiras:

- *Legitimidade.* Os manuais são aprovados nos níveis superiores da organização.
- *Facilidade de encontrar.* Os procedimentos são organizados numa fonte de referência bem conhecida, ao invés de ficarem espalhados entre diversos memorandos, acordos verbais, minutas, etc.
- *Estabilidade.* Os procedimentos sobrevivem, apesar dos lapsos de memória e da rotatividade de funcionários.

O estudo de manuais de qualidade empresariais mostra que a maioria deles apresenta um conteúdo fundamental bastante similar de uma empresa para outra. No que diz respeito ao controle da qualidade, este conteúdo fundamental inclui procedimentos para:

- Aplicar o ciclo de *feedback* ao controle de processos e produtos
- Assegurar que os processos operacionais sejam capazes de cumprir com as metas de qualidade
- Fazer a manutenção de instalações e calibrar os instrumentos de mensuração
- Estabelecer relacionamentos com os fornecedores em questões de qualidade

- Coletar e analisar os dados necessários para o sistema de informações de qualidade
- Treinar pessoal para colocar em prática as cláusulas do manual
- Realizar auditoria para garantir a observação dos procedimentos

A necessidade de sistemas de controle de qualidade de uso repetitivo acabou levando à evolução de padrões no âmbito industrial, nacional e internacional. Para uma análise mais aprofundada, veja *Juran's Quality Handbook*, 6ª ed., Capítulo 16, "Using International Standards to Ensure Organization Compliance".

Realização de auditorias

A experiência mostra que os sistemas de controle estão sujeitos a "derrapagens" de todos os tipos: a rotatividade de pessoal pode resultar em perda de conhecimento essencial; a introdução de mudanças imprevistas pode resultar em obsolescência; atalhos e mau uso podem minar gradualmente o sistema até que ele perca sua eficiência.

A ferramenta fundamental para proteger um sistema de controle contra a deterioração tem sido a auditoria. Sob o conceito da auditoria, uma revisão periódica e independente é estabelecida para fornecer respostas às seguintes perguntas: O sistema de controle ainda dá conta do trabalho? Ele está sendo obedecido?

As respostas são obviamente úteis para os líderes operacionais. No entanto, este não é o único objetivo da auditoria. Outro objetivo é fornecer respostas para pessoas que, embora não diretamente envolvidas nas operações, ainda assim precisam conhecê-las. Se a qualidade deve receber prioridade máxima, os líderes de mais alto nível estão entre aqueles que precisam estar por dentro dessas informações.

Segue-se daí que uma das responsabilidades dos líderes é ordenar a realização de uma auditoria periódica do sistema de controle da qualidade.

Tarefas para os líderes

1. Os líderes devem evitar um envolvimento profundo nas tomadas de decisões em relação ao controle da qualidade. Eles devem tomar as poucas decisões vitais, estabelecer critérios para distinguir estas das demais e delegar as demais para um processo de tomada de decisões.
2. Para eliminar mal-entendidos a respeito dos limites de controle e a tolerância de qualidade dos produtos, os líderes devem esclarecer de quem é a responsabilidade por ações corretivas sobre os pontos fora dos limites de controle e estabelecer diretrizes sobre as ações a serem postas em prática quando houver pontos fora dos limites estatísticos de controle sem que o produto em si extrapole a tolerância de qualidade.

3. Os líderes devem, como parte de sua auditoria, assegurar que os processos decisórios sobre a conformidade dos produtos sejam apropriados para as necessidades da empresa. Eles também devem assegurar que o treinamento em ferramentas estatísticas não se torne um fim em si mesmo. A auditoria gerencial do sistema de controle da qualidade deve incluir a garantia de que o sistema de informações de qualidade atenda às necessidades dos diversos clientes.
4. Os líderes são capazes de influenciar na adequação do manual de controle da qualidade de diversas formas: participando da definição dos critérios a serem cumpridos, aprovando um esboço final a ser oficializado e auditando periodicamente o nível de atualização do manual, bem como o estado de conformidade.

Referências

Deming, W. E. (1950). *Elementary Principles of the Statistical Control of Quality.* Nippon Kagaku Gijutsu Renmei (Japanese Union of Scientists and Engineers), Tokyo.

Deming, W. E. (1986). *Out of the Crisis.* MIT Center for Advanced Engineering Study, Cambridge, Mass.

Juran, J. M. (1964). *Managerial Breakthrough.* McGraw-Hill, New York.

Juran J. M. and DeFeo J. A. (2010). *Juran's Quality Handbook: The Complete Guide to Performance Excellence,* 6th ed. McGraw-Hill, New York.

Pyzdek, T. (1990). "There's No Such Thing as a Common Cause." *ASQC Quality Congress Transactions,* pp. 102–108.

Radford, G. S. (1917). "The Control of Quality." *Industrial Management,* vol. 54, p. 100.

Radford, G. S. (1922). *The Control of Quality in Manufacturing.* Ronald Press Company, New York.

Radman, M., and R. Wagner. (1988). "The High Fidelity of DNA Duplication." *Scientific American,* August, pp. 40–46.

Shewhart, W. A. (1931). *Economic Control of Quality of Manufactured Product.* Van Nostrand, New York. Reprinted by ASQC, Milwaukee, 1980.

CAPÍTULO 8

Simplificando macroprocessos com gestão de processos de negócios

O sucesso na conquista de resultados superiores depende fortemente da gestão de processos de negócios complexos, multifuncionais e de grande porte, como o desenvolvimento de produtos, o ciclo de receitas, emissão de faturas, atendimento de pacientes, aquisições, licitação de materiais, cadeia de suprimento, distribuição, entre outros. Caso fiquem um tempo sem receberem a devida atenção da administração, muitos processos podem ficar lentos demais, obsoletos, excessivamente inchados, redundantes, caros demais, mal definidos e não adaptáveis às demandas de um ambiente em constante evolução. No caso de processos que sofreram essa negligência, a qualidade do rendimento final fica bastante aquém da qualidade necessária para um desempenho competitivo. O foco deste capítulo é ajudar uma organização a simplificar e sustentar seu desempenho por meio da retomada de importantes processos de negócios. A retomada de processos de negócios se dá depois que uma organização passa a dominar todos os processos da Trilogia Juran.

Por que a gestão de processos de negócios?

O ambiente dinâmico em que os negócios são conduzidos atualmente é caracterizado por aquilo que, em inglês, é definido como os seis Cs: *mudança*, *complexidade*, *demandas dos clientes*, *pressão competitiva*, *impactos sobre os custos* e *restrições* (*change*, *complexity*, *customer demands*, *competitive pressure*, *cost impacts* e *constrains*). Todos eles exercem um forte impacto sobre a capacidade de uma organização de cumprir com seus objetivos e metas de negócios estipulados. As organizações reagem a esses fatores desenvolvendo novos produtos e serviços. Elas também costumam colocar em prática inúmeros projetos de salto de desempenho, e estão em um nível de maturidade propício para dominar os processos.

> Um processo de negócios é a organização lógica de pessoal, materiais, energia, equipamento e informação nas atividades voltadas para a produção de um resultado final (produto ou serviço) necessário.
>
> PALL (1987)

Há três dimensões principais para mensurar o desempenho dos processos: eficácia, eficiência e adaptabilidade:

1. O processo é *eficaz* se o rendimento final atende às necessidades.
2. Ele é *eficiente* quando é eficaz a baixo custo.
3. O processo é *adaptável* quando segue sendo eficaz e eficiente frente a muitas mudanças que ocorrem ao longo do tempo.

Em princípio, a necessidade de manter processos de alta qualidade pode parecer óbvia. Para compreender por que a qualidade dos processos é a exceção e não a regra, precisamos examinar mais de perto como os processos são projetados e o que acontece com eles com o passar do tempo.

A gestão de processos de negócios (*business process management* – BPM) se tornou um componente fundamental dos programas de tecnologia da informação (TI). Se não contar com uma boa gestão de processos de negócios, um sistema de TI pode falhar. Todas as implementações disciplinadas de TI precisam incluir processos BPM bem desenvolvidos. Com tecnologia, a BPM permite que as organizações abstraiam os processos de negócios da infraestrutura tecnológica e consigam ir bem mais além, automatizando processos de negócios ou resolvendo problemas. A BPM permite que as empresas respondam mais depressa do que suas concorrentes a variações nas demandas dos clientes, do mercado e das entidades reguladoras, gerando vantagem competitiva. No mundo da TI, a BPM muitas vezes é chamada de *ciclo de vida de BPM*.

Por motivos históricos, o modelo de organização de negócios evoluiu para uma hierarquia de departamentos funcionalmente especializados. As ordens, metas e mensurações da gestão são impostas do topo até a base ao longo da hierarquia vertical. Porém, os processos que geram os produtos de trabalho – em especial os produtos que os clientes compram (e que justificam a existência da organização) – fluem horizontalmente pela organização através de departamentos funcionais (Figura 8.1). Tradicionalmente, cada etapa funcional de um processo é de responsabilidade de um departamento, cujo gerente fica encarregado pelo desempenho da etapa. Contudo, ninguém fica encarregado pelo processo inteiro. Muitos problemas surgem do conflito entre as demandas dos departamentos e as demandas globais dos processos.

Numa concorrência com metas funcionais, recursos funcionais e carreiras funcionais, os processos interfuncionais ficam ávidos por atenção. Como resultado, os processos assim operados muitas vezes não são nem eficazes nem eficientes, e certamente não são adaptáveis.

Uma segunda fonte de mal desempenho de processo é a deterioração natural a qual todos os processos estão sujeitos no curso de sua evolução. Numa ferrovia, por exemplo, a lista telefônica da empresa revelou que havia mais funcionários com o cargo de Atendente de Retrabalho do que com o cargo de Atendente. Cada um dos Atendentes de Retrabalho havia sido alocado em seu cargo como proteção contra

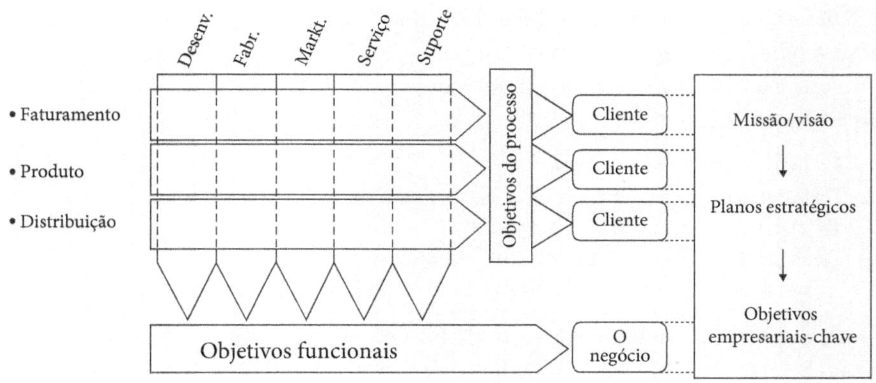

FIGURA 8.1 Fluxo horizontal através de departamentos funcionais.

a recorrência de alguns graves problemas. Com o passar do tempo, o desequilíbrio entre os cargos acabou virando uma prova patente de que os processos que estabeleciam retrabalho eram a norma da organização.

A velocidade da evolução tecnológica, combinada com o aumento das expectativas dos clientes, acabou criando pressões competitivas globais sobre os custos e a qualidade. Tais pressões estimularam uma exploração dos processos interfuncionais - buscando identificá-los e compreendê-los e melhorar seu desempenho. Há, atualmente, muitos indícios de que, dentro do ciclo total de produto, um problema fundamental do mau desempenho dos processos remete às tecnologias de BPM. Objetivos funcionais frequentemente entram em conflito com as necessidades dos clientes, atendidos, como devem ser, por processos interfuncionais. Além do mais, os processos geram uma diversidade de desperdícios (como, por exemplo, prazos extrapolados e sucatas fabris). Não é difícil identificar aqueles produtos - emissão de faturas, preparação de apólices de seguro ou pagamento de um sinistro - que levam mais de 20 dias para serem concluídos, mas que exigem menos de 20 minutos de trabalho propriamente dito. Os processos também não são facilmente modificados em resposta a um meio ambiente em constante evolução. Para melhor atender às necessidades dos clientes, é preciso restaurar esses processos de volta à eficácia, eficiência e adaptabilidade.

A metodologia BPM

A BPM é iniciada quando a gestão executiva seleciona processos-chave, identifica os encarregados e as equipes e estabelece metas de processo para eles. Depois que os encarregados e a equipe são treinados em métodos e ferramentas de excelência em desempenho, eles avançam pelas três fases da metodologia BPM: planejamento, transferência e gestão operacional.

A *fase de planejamento* é quando ocorre o *design* (ou *redesign*) do projeto, e é aquela que mais toma tempo dentre as três fases. Ele envolve cinco passos:

1. Definir o processo presente.
2. Determinar as necessidades dos clientes e o fluxo do processo.
3. Estabelecer parâmetros de processo.
4. Realizar análises dos parâmetros e de outros dados.
5. Projetar novos processos. O resultado final é o novo plano de processo.

A *fase de transferência* é a segunda fase, na qual os planos desenvolvidos na primeira fase são repassados da equipe de processo para o nível operacional e colocados em operação.

A *fase de gestão operacional* é a terceira fase da BPM. Nela, o encarregado e a equipe começam monitorando o desempenho do processo, concentrando-se na eficácia do processo e nos seus parâmetros de eficiência. Eles aplicam técnicas de controle de qualidade, conforme apropriado, a fim de manterem seu desempenho, empregam técnicas de melhoria da qualidade para livrar o processo de deficiências crônicas e, por fim, conduzem uma revisão e um levantamento periódicos de gestão executiva para assegurar que o processo continua a atender às necessidades de clientes e dos negócios e permanece competitivo.

Observação: a BPM não é um evento de ocorrência única; trata-se de um processo contínuo conduzido em tempo real.

Colocando a BPM em prática

Selecionando o(s) macroprocesso(s)-chave

As organizações operam dezenas de grandes processos interfuncionais. A partir deles, alguns processos-chave são selecionados como foco da BPM. O plano estratégico de uma organização propicia orientação para a seleção dos processos-chave, sendo que há diversas abordagens para fazê-lo:

- A abordagem do *fator crítico de sucesso* sustenta que, para qualquer organização, relativamente poucos fatores (não mais do que oito) podem ser identificados como "necessários e suficientes" para alcançar sua missão e sua visão. Uma vez identificados, esses fatores são usados para selecionar os processos de negócios-chave e ordená-los por prioridade (Hardaker e Ward, 1987).
- O *balanced scorecard empresarial* (Kaplan e Norton, 1992) mede o desempenho do negócio em quatro dimensões: desempenho financeiro, desempenho aos olhos do cliente, desempenho de processos internos e desempenho no aprendi-

zado e inovação da organização. Parâmetros de desempenho são criados e metas de desempenho são estabelecidas para cada dimensão. O uso desses parâmetros para acompanhar o desempenho proporciona um levantamento equilibrado (*balanced*) do desempenho do negócio. Os processos que criam desequilíbrios no *scorecard* são identificados como processos que precisam de mais atenção – os processos-chave.

- Outra abordagem é convidar a alta gerência a identificar alguns (de quatro a seis) critérios críticos de seleção específicos da organização a serem usados na avaliação dos processos. Entre exemplos de tais critérios estão o efeito sobre o sucesso empresarial, o efeito sobre a satisfação dos clientes, a importância dos problemas associados com o processo, a quantidade de recursos atualmente comprometidos com o processo, o potencial de melhoria, a viabilidade financeira de adotar a BPM e o efeito do processo sobre o cronograma. Usando estes critérios e um sistema de pontuação simples (como baixo, médio e alto), os gestores avaliam os inúmeros processos da longa lista dos principais processos do negócio da organização (10 a 25 deles) e, comparando as avaliações, identificam os processos-chave. (Essa longa lista pode ser preparada com antecedência num estudo de identificação de processos realizado separadamente, geralmente pelo diretor do departamento de qualidade e com o suporte de um consultor.)

Qualquer que seja a abordagem usada para identificar os processos-chave, um mapa de processos pode ser usado para mostrar os resultados. O *mapa de processos* é uma ferramenta gráfica para descrever uma organização em termos de seus processos de negócios e suas relações com suas principais partes interessadas. O organograma tradicional de uma organização responde a pergunta: Quem se reporta a quem? Já o mapa de processos responde a pergunta: Como é feito o trabalho da organização?

Organização voltada à BPM

Como certos importantes processos de negócios interfuncionais, os *processos-chave*, são críticos para o sucesso empresarial, o conselho de qualidade trata de organizá-los de maneira especial. Depois de selecionar os processos-chave, o conselho de qualidade indica um encarregado por cada processo, que fica responsável por tornar o processo eficaz, eficiente e adaptável, e que responde pelo seu desempenho (Riley, 1989; Riley et al., 1994).

Para processos grandes e complexos, sobretudo em organizações de grande porte, um arranjo em dois níveis de responsabilidade é mais usado. Um executivo é indicado como o responsável e opera como padrinho, chefe e apoiador no escalão da alta gerência, respondendo pelos resultados do processo. No escalão operacional, um responsável operacional, geralmente um gerente de primeiro ou segundo escalão, lidera a equipe de gestão do processo responsável pela operação cotidiana. As responsabilidades do responsável executivo e do responsável operacional são duradouras. A principal vantagem dessa estrutura é proporcionar, ao mesmo tempo, um envolvimento "com a mão na massa" com um suporte por parte da alta gerência e uma gestão adequada dos detalhes do processo.

A equipe de gestão do processo é um grupo de colegas de mesmo nível que inclui um gerente ou supervisor para cada função principal dentro do processo. Cada membro é um especialista em uma das etapas do processo. Idealmente, equipes de BPM contam com no máximo oito membros, e os indivíduos escolhidos devem ser líderes comprovados. A equipe é responsável por gerir e melhorar continuamente o processo, compartilhando com o responsável a responsabilidade pela eficácia e pela eficiência. Além disso, as equipes costumam ser duradoras.

De tempos em tempos, o responsável por um processo cria uma equipe *ad hoc* para abordar uma questão especial (recursos humanos, tecnologia da informação, custeio baseado em atividades, etc.). A missão desta equipe voltada para projeto é limitada, e a equipe se dissolve assim que a missão é concluída. A equipe *ad hoc* é diferente de uma equipe de gestão de processo.

A Figura 8.2 é um diagrama simplificado de uma organização multifuncional e de um de seus principais processos. As partes sombreadas incluem o responsável executivo, o responsável operacional, a equipe BPM e as partes interessadas – chefes funcionais do nível executivo que cumprem atividades operacionais no processo de negócio operando em sua função. Costumeiramente, as partes interessadas são membros do conselho de qualidade, juntamente com o responsável executivo. Em seu conjunto, essa parte sombreada é referida como a infraestrutura BPM.

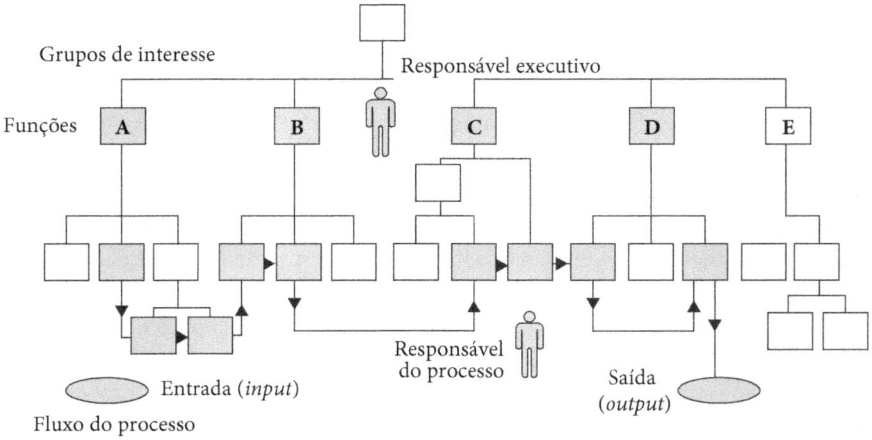

FIGURA 8.2 Diagrama de uma organização multifuncional e de um de seus principais processos.

Estabelecendo a missão e as metas da equipe

A missão preliminar e as metas de melhoria do processo são comunicadas aos responsáveis (níveis executivo e operacional) e à equipe pelo conselho de qualidade. Para cumprirem suas tarefas de forma mais eficaz, os responsáveis e a equipe precisam dar o seu toque pessoal à missão e às metas, o que ocorre quando definem o processo, o primeiro passo da fase de planejamento.

A fase de planejamento: planejando os novos processos

A primeira fase da BPM é o planejamento, que consiste em cinco passos: (1) definição do processo, (2) descoberta das necessidades dos clientes e preparação do fluxograma do processo, (3) estabelecimento de parâmetros do processo, (4) análise dos parâmetros do processo e de outros dados e (5) *design* (ou *redesign*) do processo. O resultado final da fase de planejamento é o novo plano de processo.

Definição do processo atual

O(s) responsável(eis) e a equipe colaboram para definir o processo com precisão. Para isso, o ponto de partida e referência principal é a documentação do processo desenvolvida pelo conselho de qualidade durante a seleção dos processos-chave e a identificação dos responsáveis e das equipes. Essa documentação inclui declarações preliminares de missão e metas.

Declarações eficazes de missão e metas indicam explicitamente:

- O objetivo e o escopo do processo.
- Metas "alongadas" para necessidades dos clientes e necessidades de negócios.

O objetivo da meta alongada é motivar uma atividade agressiva de melhoria do processo. Por exemplo: uma declaração de missão para o processo de gestão de contratos especiais seria oferecer preços especiais competitivos e termos e condições de suporte para licitações de grandes sistemas informatizados que atendam às necessidades do cliente em termos de valor, suporte contratual e pontualidade a um custo financeiramente acessível.

As metas para o mesmo processo são:

- Apresentar preço aprovado e contrato em até 30 dias depois do recebimento da carta de intenção do cliente.
- Alcançar um saldo de propostas de contrato especial (percentual de propostas fechadas como vendas) de no mínimo 50%.

A equipe precisa chegar a um consenso quanto à adequação de tais declarações, propor, se necessário, modificações para aprovação do conselho de qualidade, e documentar o escopo, os objetivos e o conteúdo. Com base nos dados disponíveis e na experiência coletiva de seus membros, a equipe irá documentar o fluxo do processo, pontos fortes e fracos do processo, histórico de desempenho, parâmetros, custos, reclamações, meio ambiente e recursos. Isso provavelmente envolverá uma documentação narrativa e certamente exigirá o uso de fluxogramas.

A delimitação do processo de negócios começa pelo inventário dos principais subprocessos – de seis a oito é a quantidade típica – abrangidos pelo mesmo. O inventário precisa incluir os subprocessos "inicia com" (os primeiros subprocessos executados), os subprocessos "acaba com" (os últimos executados) e os principais subprocessos intermediários. Caso eles tenham um efeito significativo sobre a qualidade do processo final, as atividades a montante em relação ao processo são incluídas dentro dos limites do processo. Para dar foco e evitar ambiguidade, também é útil listar aqueles subprocessos que são explicitamente excluídos do processo de negócios. As informações acumuladas sobre os componentes do processo são representadas em forma de um diagrama, que evolui a partir de um conjunto de subprocessos até um fluxograma à medida que os passos da fase de planejamento são concluídos.

A Figura 8.3 mostra um diagrama global do processo de contrato especial (CE) que resultou da análise do processo, mas que foi elaborado antes do redesenho do processo. Ao final do passo de definição do processo, um diagrama deste tipo ainda não é um fluxograma, já que não há qualquer indicação da sequência em que os subprocessos ocorrem. O estabelecimento dessas relações conforme elas atualmente existem é o trabalho do passo 2.

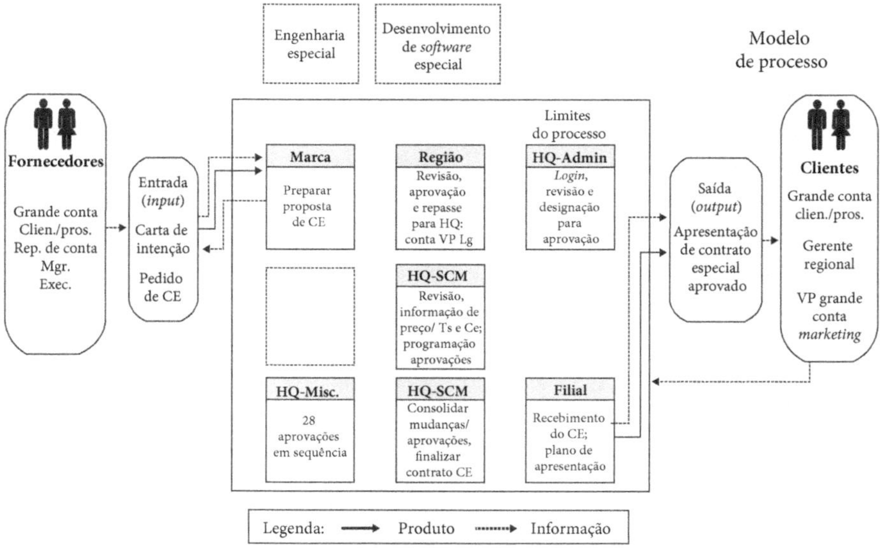

FIGURA 8.3 Diagrama de alto nível do processo de contratos especiais.

Descobrindo as necessidades do cliente e mapeando o estado atual

Para que o processo funcione bem, a equipe precisa identificar todos os clientes, determinar suas necessidades e priorizar a informação. As prioridades permitem que a equipe concentre sua atenção e gaste suas energias onde mais precisa ser eficiente.

A determinação das necessidades e das expectativas do cliente exige uma atividade duradoura e disciplinada. Os responsáveis pelos processos devem assegurar que esta atividade seja incorporada na condução diária do processo de negócios e dos subprocessos das necessidades dos clientes e precisam delegar responsabilidades pelo seu desempenho. O resultado final dessa atividade vital é uma declaração de necessidades de cliente continuamente atualizada.

No fluxograma do processo, costuma-se indicar os fornecedores e clientes-chave e seus papéis no processo, como fornecedores ou recebedores de materiais, produtos, informações e coisas do tipo. Embora o diagrama possa servir a inúmeros objetivos especializados, o mais importante aqui é a criação de uma compreensão comum e de alto nível entre o responsável e os membros da equipe a respeito de como o processo funciona: como os subprocessos se relacionam uns com os outros e com os clientes e fornecedores, e como as informações e produtos se movimentam pelo processo. Ao criar um fluxograma do processo, a equipe também irá verificar a lista de clientes, podendo inclusive ampliá-la conforme sua compreensão for se aprofundando.

O fluxograma do processo é a principal ferramenta da equipe para analisar o processo a fim de determinar se ele é capaz de satisfazer as necessidades do cliente. Ao percorrer junta todo o fluxograma, passo a passo, compartilhando dúvidas e experiências coletivas, a equipe determina se o processo está corretamente representado, fazendo ajustes no diagrama conforme necessário para refletir o processo tal qual ele está operando atualmente.

Quando este passo é concluído, a equipe conta com um ponto de partida para analisar e melhorar o processo. Na Figura 8.4, o fluxo do produto é mostrado por linhas contínuas e o fluxo de informações por linhas pontilhadas.

Estabelecendo parâmetros do processo

Todo trabalho é mais fácil de ser feito quando é mensurado. O estabelecimento, a coleta e o uso de parâmetros corretos são condições fundamentais na gestão da qualidade dos processos de negócios. *Capacidade de processo, desempenho de processo* e outros parâmetros não têm qualquer importância prática se o processo que eles se dispõem a descrever não é gerenciado. Para ser gerenciado, o processo precisa satisfazer certas condições mínimas:

1. Ter um responsável.
2. Ser definido.

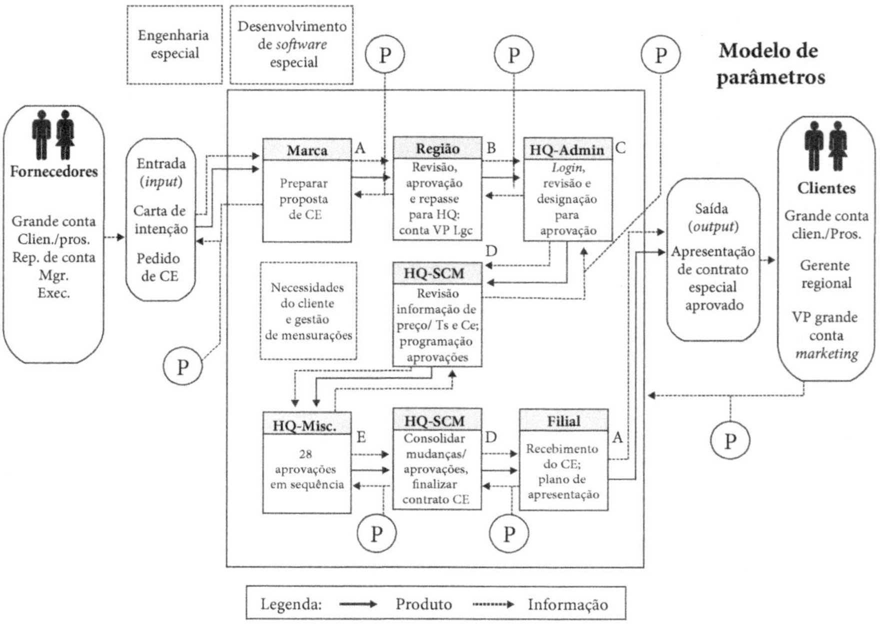

FIGURA 8.4 Fluxograma do processo de contratos especiais incluindo os pontos de controle processual.

3. Ter uma infraestrutura gerencial vigente.
4. Ter seus requisitos definidos.
5. Ter seus parâmetros e pontos de controle definidos.
6. Demonstrar desempenho estável, previsível e repetível.

Um processo que preenche estas condições mínimas é considerado *gerenciável*. O gerenciamento é a pré-condição para todos os trabalhos seguintes em BPM.

Dentre estes critérios, os itens de 1 a 4 já foram abordados neste capítulo. Os critérios 5 e 6 serão abordados a seguir.

Parâmetros do processo

Quando decidimos quais aspectos do processo devem ser mensurados, procuramos orientação na missão do processo e em nossa lista de necessidades do cliente. Parâmetros de processo baseados nas necessidades do cliente são uma forma de mensurar a eficácia do processo. Se um cliente, por exemplo, exige a entrega de um pedido em até 24 horas depois da encomenda, deve ser incorporado ao processo de preenchimento de encomenda um parâmetro como "tempo decorrido entre o recebimento da encomenda e a entrega do pedido" e um sistema para coletar, processar, resumir e relatar informações a partir dos dados gerados. A estatística divulgada ao responsável executivo será do tipo "percentual de encomendas entregues dentro de 24 horas", uma estatística que resume o desempenho em termos de pontualidade. A equipe também precisará de dados para conduzir análises e corrigir os problemas e também para realizar melhoria contínua do processo. Portanto, a equipe precisa de dados a partir dos quais possa computar estatísticas descritivas de prazos de entrega por tipo de produto, etc. Os usos dados para essas informações devem ser pensados cuidadosamente para minimizar o *redesign* dos parâmetros e os sistemas de mensurações.

Parâmetros de processo baseados em custo, tempo de ciclo, produtividade operacional e rendimento de processo medem a eficiência do processo. Suponha que a meta de um processo de atendimento de encomendas seja reduzir para 1 a cada 100 o número de erros na coleta de pedidos. A administração dessa meta exige a identificação dos erros de coleta de pedido em relação ao número total de encomendas recebidas. Para erros inadvertidos de coleta de pedidos – ou seja, quando ocorrem, o coletor não está ciente deles –, é necessária uma inspeção em separado para identificá-los e mensurá-los. Numa auditoria aleatória de uma amostra de pedidos coletados, um inspetor identifica os erros e os registra. Assim como na mensuração do prazo de entrega, a equipe precisa identificar previamente todos os usos que fará desses dados. Para que uma taxa estimada de erros seja divulgada, os dados necessários são o número de erros e o número de linhas de pedido inspecionadas. Para aprimorar o desempenho do processo nesta categoria, os dados precisam ajudar a equipe a identificar fontes de erro e a determinar sua causa-raiz. Para que isso seja possível, cada erro precisa ser associado a um horário do dia, um tipo de produto e um tamanho de embalagem a fim de que os dados possam ser estratificados de modo a se testar as várias teorias sobre as causas-raiz.

Embora a adaptabilidade do processo não seja uma categoria de mensuração, ela é uma importante consideração para os responsáveis e as equipes de processo. A adaptabilidade é analisada mais adiante neste capítulo.

Parâmetros de processo precisam estar vinculados ao desempenho nos negócios. Caso certos processos-chave precisem operar excepcionalmente bem para garantir o sucesso de uma organização, segue-se daí que o sucesso coletivo dos processos-chave é bom para o desempenho da organização. Os responsáveis pelos processos precisam tomar cuidado para selecionar parâmetros de processo que apresentem uma forte correlação com os indicadores de negócios tradicionais, como faturamento, lucro, retorno sobre investimento, ganhos por ação, produtividade por funcionário, e assim por diante. Em revisões do plano de negócios em âmbito geral, os gestores são estimulados e recompensados por manter este vínculo entre os parâmetros de desempenho dos processos e os da organização devido aos dois valores que a BPM apoia: o sucesso da organização é algo bom, e a BPM é o modo pelo qual conquistaremos o sucesso da organização.

A Tabela 8.1 apresenta alguns parâmetros de processo típicos e os indicadores de negócios tradicionais aos quais eles estão vinculados. Como exemplo, o "percentual de quotas de vendas alcançadas" é um indicador de negócios tradicional relacionado ao objetivo de negócios de aumentar as receitas. O processo de gerenciamento de contratos especiais exerce um grande impacto sobre o indicador, já que mais de 30% das receitas norte-americanas provêm desse processo. Sendo assim, a taxa de fechamento de contratos (a razão entre o valor dos contratos de negócios e o valor total das propostas encaminhadas) do processo de gerenciamento de contratos especiais está vinculada ao percentual de quotas de vendas e a outros parâmetros tradicionais de faturamento, e é, portanto, um parâmetro de grande importância para a gestão. Pontos de mensuração aparecem no fluxograma de processo.

TABELA 8.1 Parâmetros típicos de avaliação de processos e os indicadores de negócios tradicionais

Ponto de vista empresarial tradicional		Ponto de vista dos processos	
Objetivo do negócio	**Indicador do negócio**	**Processos-chave**	**Parâmetro de processo**
Aumentar as receitas	Percentual de quotas de vendas alcançadas	Gerenciamento de contratos	Taxa de fechamento de contratos
	Percentual do plano de receitas atingido	Desenvolvimento de produtos	Tempo de ciclo de desenvolvimento
	Valor das encomendas canceladas depois da remessa	Gerenciamento de contas	Gerenciamento do livro de registros e pontualidade do sistema de garantia
	Dias até o recebimento		Índice de qualidade de cobrança
Reduzir custos	S, G & A Giros de estoque	Fabricação	Tempo de ciclo de fabricação

Pontos de controle

A mensuração do processo também faz parte dos mecanismos de controle estabelecidos para manter o desempenho planejado no novo processo. Para controlar o processo é preciso que cada uma entre as variáveis selecionadas seja um item controlado do ciclo de *feedback* de controle. Normalmente, há entre cinco ou seis itens controlados no nível macro do processo para variáveis associadas com as entradas (*input*) e saídas (*output*) externas, os produtos-chave intermediários e outros pontos de alta alavancagem do processo. Os pontos de controle no processo de gerenciamento de contratos especiais estão graficamente representados na Figura 8.4. O *design* do ciclo de *feedback* e outras questões envolvendo o controle dos processos são abordados em detalhe no Capítulo 7.

Análise do processo

A análise dos processos é realizada com os seguintes objetivos:

- Avaliar o processo atual em termos de efetividade e eficiência
- Identificar as causas subjacentes a qualquer inadequação de desempenho.
- Identificar oportunidades de melhoria.
- Fazer melhorias.

Em primeiro lugar, consultando o fluxograma do processo, a equipe subdivide o processo nas atividades que o compõem usando um procedimento chamado *decomposição de processo*, que consiste em subdividir progressivamente o processo, nível a nível, a começar pelo nível macro. Conforme a decomposição ocorre, o processo é descrito em detalhes cada vez maiores.

Conforme os pontos fortes e fracos do processo são compreendidos a cada nível, as teorias e conclusões alcançadas pela equipe envolvida ajudam a decidir o caminho a seguir na análise. A equipe acaba descobrindo que certos subprocessos exercem maior influência do que outros sobre o desempenho dos negócios em geral (um exemplo do princípio de Pareto). Estes subprocessos mais significativos tornam-se o alvo do nível seguinte da análise.

A decomposição é concluída quando as etapas do processo são pequenas o suficiente para serem avaliadas em termos de eficácia e eficiência. A Tabela 8.2 apresenta exemplos de três níveis de decomposição (subprocesso, atividade e tarefa) de três processos de negócio típicos (aquisições, engenharia de desenvolvimento e administração de escritório).

TABELA 8.2 **Três níveis de decomposição**

Processo de negócio	Subprocesso	Atividade	Tarefa
Aquisições	Seleção de fornecedor	Avaliação de fornecedores	Documentação de fornecedor externo
Engenharia de desenvolvimento	*Design* de *hardware*	Mudança de engenharia	Convocação do conselho de mudança
Administração de escritório	Oferecimento de serviços de suporte administrativo	Gestão de calendários	Alteração do calendário existente

Os dados mensurados são coletados de acordo com o plano de mensuração para determinar a eficácia e a eficiência do processo. Os dados são analisados em termos de eficácia (conformidade com as necessidades do cliente) e de capacidade a longo prazo de satisfazer exigências atuais e futuras do cliente.

A meta de eficiência do processo é que todos os processos-chave de negócio operem ao menor custo total e com o menor tempo de ciclo, sem deixar de satisfazer as exigências do cliente.

A *eficácia* e a *eficiência* de um processo são analisadas de modo concomitante. A maximização da eficácia e da eficiência ao mesmo tempo significa que o processo produz alta qualidade a baixo custo; em outras palavras, ele pode proporcionar um grande valor ao cliente.

A *adaptabilidade de um processo de negócio* é a capacidade de um processo de se adaptar rapidamente às mudanças tanto nas exigências quanto no meio ambiente, mantendo, ao mesmo tempo, sua eficiência e sua eficácia ao longo do tempo. Para analisar o processo de negócio, o fluxograma é examinado em quatro passos e modificado conforme o necessário.

O Relatório Resumido de Análise do Processo é o resultado final e fundamental desse passo da análise do processo. Ele inclui tudo aquilo que a análise descobriu, ou seja, as razões para o desempenho inadequado do processo e as soluções potenciais propostas e registradas pelo responsável e pela equipe de acordo com o progresso da análise. A conclusão desse relatório é um momento oportuno para uma revisão do responsável executivo e/ou das partes interessadas.

A revisão do responsável executivo e/ou das partes interessadas pode ser altamente motivacional para os responsáveis operacionais, a equipe e as partes interessadas. Um dos pontos de especial interesse é a apresentação de soluções potenciais para operações de processo melhoradas. Essas soluções foram coletadas durante toda a fase de planejamento e armazenadas em um banco de ideias. As sugestões de *design* são então documentadas e organizadas para revisão executiva como parte da apresentação do Relatório Resumido de Análise do Processo.

Ao revisarem as soluções potenciais, o responsável executivo e o conselho de qualidade fornecem os critérios de seleção para alternativas aceitáveis ao *design* do processo. Quando se conhece os critérios da alta gerência para soluções propostas, é mais fácil concentrar os esforços de *design* da equipe de gerenciamento do processo, o que também favorece a recepção de novos planos de processos remodelados.

Redesenhando o processo

No processo de *design*, a equipe define os meios operacionais específicos para alcançar as metas declaradas para o produto. O resultado é um plano de processo inteiramente novo. Alterações de *design* recaem em cinco amplas categorias: fluxo de trabalho, tecnologia, pessoal e organização, infraestrutura física e política, e regulamentações.

Na etapa de *design*, o responsável e a equipe precisam decidir se devem criar um novo processo ou redesenhar o processo já existente. A criação de um novo *design* pode significar uma mudança radical; já optar pelo *redesign* geralmente implica em uma mudança incremental com alguma reutilização das características existentes de *design*.

A equipe gera muitas alternativas de *design*, com contribuições de fontes tanto internas quanto externas. Uma abordagem para gerar essas alternativas a partir de fontes internas é treinar as pessoas encarregadas para desenvolver um pensamento criativo em relação ao *redesign* de seu processo.

As ideias geradas nessas sessões são documentadas e adicionadas ao banco de ideias. *Benchmarking* pode oferecer uma fonte rica de ideias advindas de fontes externas, incluindo ideias para mudanças radicais. O *benchmarking* é discutido em detalhe no Capítulo 9.

Quando se realiza um *design* visando a eficácia do processo, a variável de maior interesse costuma ser o tempo de ciclo deste. Na concorrência orientada pelos serviços, dispor do menor tempo de ciclo de processo frequentemente é uma característica decisiva. Além do mais, a redução do tempo de ciclo geralmente também se traduz em ganhos de eficiência. Para muitos processos, a fonte mais promissora de redução de tempo de ciclo é a introdução de novas tecnologias, sobretudo tecnologia da informação.

O *design* voltado para a velocidade cria benefícios competitivos surpreendentes, incluindo crescimento de fatia de mercado e redução das exigências de estoque. A Hewlett-Packard, a Brunswick Corp., a Divisão de Distribuição Elétrica e Controle da GE, a AT&T e a Benetton estão entre as empresas que divulgaram conquistas assombrosas em redução de tempo de ciclo tanto no desenvolvimento de produtos quanto na fabricação (Dumaine, 1989). Em cada uma dessas empresas, os ganhos resultaram de esforços baseados em foco sobre os principais processos. Outras características comuns desses esforços incluem:

- Ampliação dos objetivos propostos pela alta gerência
- Adesão absoluta ao cronograma, após acordado
- Aplicação de estado da arte em tecnologia da informação
- Redução dos níveis de gestão em favor da delegação de poder aos funcionários e de equipes de trabalho autodirecionadas
- Inclusão de velocidade na cultura corporativa

No *design* voltado para a velocidade, *redesigns* bem-sucedidos costumam se originar de poucas e simples diretrizes: eliminar transferências dentro processo, eliminar problemas causados a montante da atividade, remover atrasos ou erros durante transferências de uma área funcional para outra e combinar passos que abrangem empreendimentos ou funções. Algumas ilustrações se seguem:

- *Eliminar transferências do processo.* Uma *transferência* é um repasse de materiais ou de informações de uma pessoa para outra, especialmente entre departamentos. Em qualquer processo que envolva mais do que uma única pessoa, transferências são inevitáveis. É preciso que se reconheça, porém, que transferências consomem tempo e colocam em perigo a integridade do processo – uma instrução mal compreendida, uma identificação errônea de uma peça, uma especificação obsoleta, uma necessidade do cliente repassada erroneamente. No processo de gerenciamento de contratos especiais, analisado anteriormente neste capítulo, o uso de conselhos de revisão concomitantes eliminou as 28 aprovações executivas em sequência e suas transferências.
- *Eliminar problemas causados a montante da atividade.* Erros no preenchimento de pedidos em uma organização norte-americana de computadores foram causados quando representantes de vendas configuraram sistemas incorretamente. Como resultado, o custo do processo de vendas e pedidos foi 30% mais alto do que o dos concorrentes, e as taxas de erros em alguns produtos alcançava os 100%. O *redesign* interfuncional corrigiu tanto o problema das configurações quanto as habilidades do pessoal de vendas, levando a uma melhoria no cumprimento dos prazos de entrega e, consequentemente, a consideráveis economias de custos (Hall et al., 1993).
- *Remover atrasos ou erros durante transferências de uma área funcional para outra.* O processamento de uma nova política em uma organização de seguros do Reino Unido envolveu dez transferências e levou pelo menos 40 dias para ser concluída. Desde então a organização passou a adotar uma abordagem de gestor de casos, em que uma única transferência era necessária, e devia ser processada em menos de sete dias (Hall et al., 1993).
- *Combinar passos que abrangem empreendimentos ou funções.* Numa fabricante norte-americana de eletrônicos, até sete cargos em três diferentes funções eram envolvidos nos nove passos necessários para *design*, produção, instalação e manutenção de *hardware*. A organização eliminou todos os cargos, exceto dois, deixando um cargo na área de vendas e outro no setor de fabricação (Hall et al., 1993).

Testes de *design* de processo são realizados para determinar se a alternativa de *design* para um processo funcionará ou não sob condições operacionais. Esses testes podem incluir ensaios práticos, pilotos, simulações, etc. Os resultados são usados na previsão do desempenho de um novo processo e da viabilidade de custo/benefício.

Um *design* de processo bem-sucedido exige a participação e o envolvimento dos funcionários. Desconsiderar essa participação significa uma oportunidade perdida e uma barreira significativa à melhoria. A criatividade dos trabalhadores operacionais na geração de novos *designs* pode ser considerável.

Criando um novo plano de processo

Depois de redefinir um processo-chave, precisamos documentar o novo processo e explicar cuidadosamente os novos passos. O plano do novo processo agora inclui o novo *design* e um plano de controle para manter o novo nível de desempenho de processo. O plano do novo processo para o gerenciamento de contratos especiais é mostrado esquematicamente e em termos gerais na Figura 8.5.

A fase de transferência: transferindo o plano do novo processo para as operações

Há três passos na fase de transferência: (1) planejamento para problemas de implementação, (2) planejamento para ação de implementação e (3) aplicação do plano do novo processo.

Planejamento para problemas de implementação

Um esforço importante de BPM pode envolver enormes despesas e acelerar mudanças fundamentais em uma organização, afetando milhares de empregos, todos

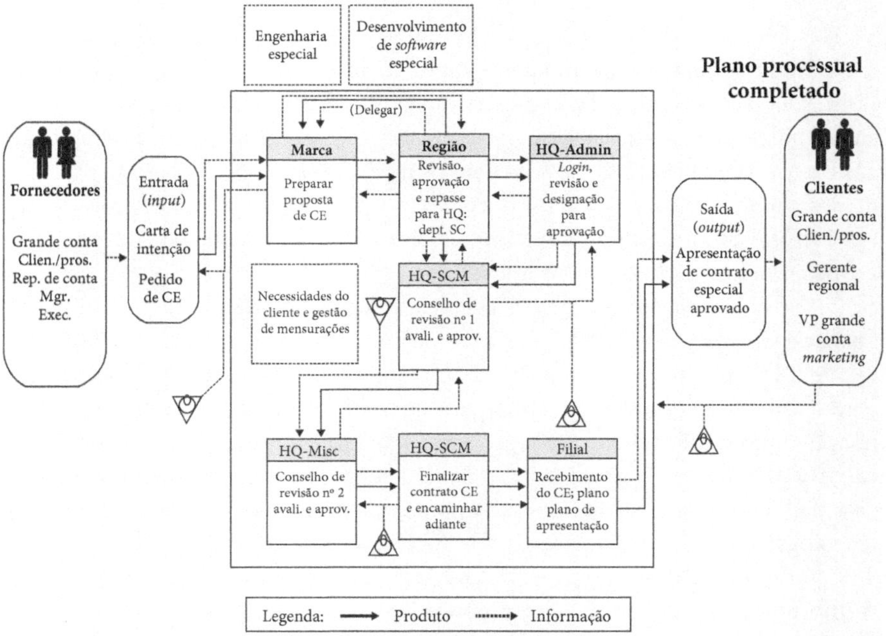

FIGURA 8.5 Esquema processual de alto nível.

fatores que impõem sérios desafios gerenciais. Todas as diversas mudanças devem ser planejadas, programadas e concluídas de modo que o novo processo possa ser repassado para a gestão operacional. A Tabela 8.3 identifica categorias específicas de problemas a serem abordados e os elementos-chave incluídos.

TABELA 8.3 **Categorias específicas de problemas a serem enfrentados**

Categoria	Elementos-chave
Fluxo de trabalho	Anatomia do processo (macro/micro; interfuncional; intrafuncional; interdepartamental; intradepartamental)
Tecnologia	Tecnologia da informação; automação
Pessoal e organização	Cargos; descrição dos cargos; treinamento e desenvolvimento; gestão de desempenho; compensação (baseada em incentivo ou não); reconhecimento/recompensa; envolvimento sindical; equipes; equipes de trabalho autodirecionadas; relacionamentos de subordinação; diminuição das hierarquias
Infraestrutura (física)	Localização; espaço; leiaute; equipamentos; ferramentas; móveis
Política e regulamentações	Governo; comunidade; indústria; empresa; padrões
Questões de *design* do novo processo	Meio ambiente; qualidade; custos; suprimento

Das cinco categorias listadas na Tabela 8.3, *pessoal e organização* geralmente é a fonte das questões de mudança mais desafiadoras em qualquer esforço de BPM. Questões de implementação na categoria de *design* de pessoal e organizacional incluem novos cargos, que geralmente são mais amplos; novas atribuições aos cargos; treinamento de pessoal para os novos cargos; novos planos e objetivos de desempenho; novos sistemas de compensação (incentivos financeiros, divisão dos lucros e coisas do tipo); novos mecanismos de reconhecimento e recompensa; novos contratos de trabalho com sindicatos; introdução de trabalho em equipe e conceitos de formação das equipes essenciais para uma orientação para processo; formação de equipes de trabalho autodirecionadas; treinamento das equipes; redução de níveis gerenciais; novos relacionamentos de subordinação, desenvolvimento e gestão de planos de desligamento para quem teve empregos eliminados; continuação temporária de benefícios; programas de recolocação; e novas trajetórias de carreira baseadas em conhecimento e contribuição, em vez de em promoção dentro de uma hierarquia. E a lista não acaba por aqui. Adicionalmente, há mudanças em tecnologia, em políticas e infraestrutura física a serem enfrentadas.

A importância das habilidades de gestão de mudanças é evidente nesta situação. A implementação de um novo processo pode ser uma ameaça para aqueles afetados. O responsável e a equipe precisam contar com habilidades para suplantar a resistência à mudança.

Aumentando a disposição para a mudança

A mudança ocorre quando quatro condições são combinadas. Em primeiro lugar, o atual estado precisa ser visto como insatisfatório, ou mesmo doloroso; é preciso haver tensão para mudança. Em segundo lugar, é preciso haver uma alternativa satisfatória, uma visão de como as coisas podem melhorar. Em terceiro, precisam existir algumas etapas práticas para se alcançar o estado satisfatório, incluindo instruções sobre como realizar as etapas e dar suporte à jornada. Em quarto, para manter a mudança, a organização e as pessoas precisam adquirir as habilidades necessárias e alcançar um estado de autoeficácia.

Essas quatro condições reforçam a intenção de mudança, mas o progresso rumo a ela precisa ser monitorado continuamente para torná-la permanente. Na fase de gestão operacional, controles operacionais, atividade de melhoria contínua e revisão e avaliação duradouras contribuem para assegurar que o plano do novo processo continue apresentando o desempenho vislumbrado.

Planejando a ação de implementação

O resultado final desse passo é um plano de trabalho complexo, a ser conduzido pelo responsável e pela equipe de BPM. Eles se beneficiarão de habilidades nas técnicas de gestão de projetos.

Implantando o plano do novo processo

Antes de implantar de fato o novo processo, a equipe testa seu plano. Ela testa componentes selecionados do processo e pode realizar simulações computadorizadas para prever o desempenho do novo processo e determinar sua viabilidade. Além disso, os testes ajudam a equipe a aperfeiçoar a *implantação na prática* do processo e decidir se uma operação em paralelo deve ser realizada (o velho processo e o novo processo operando de forma concomitante). A equipe precisa decidir como implantar o novo processo. Há diversas opções disponíveis:

- Implantação horizontal, função por função.
- Implantação vertical, do topo para a base, todas as funções ao mesmo tempo.
- Implantação por módulos, atividade por atividade, até que tudo esteja implantado.
- Implantação prioritária, tendo subprocessos e atividades em sequência de prioridade, com aqueles com maior potencial de melhoria sendo priorizados.
- Implantação por ensaios, começando com um piloto em pequena escala do processo inteiro, expandindo depois para a implantação total. Essa técnica foi usada no primeiro *redesign* do processo de gerenciamento de contratos especiais; ou seja, um ensaio regional precedeu uma expansão nacional. A organização segu-

radora USAA realiza todos os testes-piloto de *designs* de novos processos na região dos Grandes Lagos. Além de "resolver todos os pepinos do novo *design* antes de lançá-lo nacionalmente", a USAA usa essa abordagem como uma "experiência de enriquecimento de carreira para gerentes promissores" e para "implantar na prática o novo *design* no restante da organização com bem menos resistência" (Garvin, 1995).

A implantação completa do novo processo inclui o desenvolvimento e a aplicação de um planejamento de controle atualizado. A Figura 8.6 lista os itens de um novo planejamento de processo.

Fase de gestão operacional

A fase de gestão operacional começa quando o processo é colocado em operação. As principais atividades da gestão operacional são (1) controle de qualidade do processo, (2) melhoria de qualidade do processo e (3) revisão e avaliação periódicas do processo.

Parâmetros e controle do processo de negócios

O *controle do processo* é um processo gerencial duradouro, no qual o desempenho real do processo operacional é avaliado por mensurações feitas nos pontos de controle, comparando essas mensurações às metas de qualidade e tomando medidas com base na diferença. A meta do controle do processo é manter o desempenho do processo de negócios no nível planejado.

Planejamento de processo
Objetivo e missão do processo
Metas e objetivos do processo
Infraestrutura de gerenciamento do processo (responsável pelo processo, equipe, grupos de interesse)
Contrato do processo
Descrição e modelo do processo
Exigências dos clientes (lista de clientes, necessidades dos clientes, declaração de requisitos)
Fluxo do processo
Plano de mensuração
Relatório resumido de análise do processo
Plano de controle
Plano de ações de implantação
Plano de recursos
Cronograma e prazos

FIGURA 8.6 Itens do planejamento de um novo processo.

Melhoria do processo de negócios

Ao monitorar o desempenho do processo com relação às exigências dos clientes, o responsável pode identificar diferenças entre o que o processo está apresentando e o que deveria apresentar para satisfazer os clientes por completo. Essas diferenças são focos para esforços de melhoria da qualidade do processo. Elas são sinalizadas por defeitos, reclamações, altos custos de má qualidade e outras deficiências. (Veja Capítulo 7, "Assegurando processos repetitivos e conformes".)

Revisão e avaliação periódicas do processo

O responsável deve realizar revisões e avaliações do desempenho atual do processo para garantir que ele esteja se saindo conforme o planejado. A revisão deve incluir uma revisão e uma avaliação do próprio *design* do processo para protegê-lo de mudanças nas suposições de *design* e contra mudanças futuras previstas, tais como mudanças nas necessidades dos clientes, novas tecnologias ou *designs* competitivos do processos. É interessante que o responsável pelo processo estabeleça uma agenda para revisar as necessidades dos clientes e realizar um levantamento e um *benchmark* do processo presente.

A BPM é uma extensão natural de muitas das lições aprendidas em atividades anteriores de melhoria da qualidade. Ela exige uma mudança conceitual - deixar de depender de uma especialização funcional e passar a compreender as vantagens de se concentrar nos principais processos de negócios. Ela também requer uma parte adicional dos equipamentos da organização: uma infraestrutura para cada um dos principais processos.

O futuro da BPM combinada com tecnologia

A gestão de processos de negócios está sendo combinada com arquiteturas orientadas para serviços (*service-oriented architectures* - SOAs), com tecnologias e com ferramentas de excelência em desempenho como *Lean* e Seis Sigma para acelerar as melhorias e os resultados. Ao mesmo tempo, essas ferramentas estão aumentando a flexibilidade organizacional e a adaptabilidade possibilitada pela tecnologia. Muitas organizações de sucesso descobriram que estes vínculos são claros.

De acordo com a IBM (2013), os primeiros a adotarem este modelo, e que precisaram enfrentar barreiras culturais e organizacionais, estão testemunhando resultados impressionantes em termos de desempenho e finanças, como:

- Maior adaptabilidade aos desafios e às mudanças do mercado por meio de arquiteturas de negócios e técnicas significativamente mais flexíveis.

- Maior adaptabilidade para inovar e alcançar a diferenciação estratégica ao introduzir mudanças no mercado e operar processos para atender às necessidades específicas dos segmentos-chave do mercado.
- Redução dos custos de processo por meio da automação e de uma capacidade melhorada de monitorar, detectar e reagir a problemas usando dados em tempo real, alertas automatizados e intensificação planejada.
- Redução considerável dos custos de implementação técnica por meio de modelos de processo compartilhados e níveis superiores de reutilização de componentes.
- Redução dos custos de análise e diminuição dos riscos por meio de capacidades de simulação de processos e de um maior potencial de obter *feedback* e apoio interno antes da codificação.

As recompensas podem ser grandes, especialmente para aqueles que partem para a ação rapidamente.

Referências

Dumaine, B. (1989). "How Managers Can Succeed Through Speed." Fortune, Feb. 13, pp. 54–60.

Garvin, D. A. (1995). "Leveraging Processes for Strategic Advantage." *Harvard Business Review,* September/October, vol. 73, no. 5, pp. 77–90.

Hall, G., J. Rosenthal, and J. Wade. (1993). "How to Make Reengineering Really Work." *Harvard Business Review,* November/December, vol. 71, no. 6, pp. 107–128.

Hardaker, M. and B. Ward. (1987). "Getting Things Done: How to Make a Team Work," *Harvard Business Review,* November/December., vol. 65, pp. 112–119.

Juran J. M. and DeFeo J. A. (2010). *Juran's Quality Handbook: The Complete Guide to Performance Excellence,* 6th ed. McGraw-Hill, New York.

Kaplan, R. S., and D. P. Norton. (1992). "The Balanced Scorecard— Measures that Drive Performance." *Harvard Business Review,* January/February, vol. 7, no. 1, pp. 71–79, reprint #92105.

Pall, G. A. (1987). *Quality Business Process Management.* Prentice- Hall, Inc., Englewood Cliffs, New Jersey.

Riley, J. F., Jr. (1989). *Executive Quality Focus: Discussion Leader's Guide.* Science Research Associates, Inc., Chicago.

Riley, J. F., Jr., G. A. Pall, and R. W. Harshbarger. (1994). *Reengineering Processes for Competitive Advantage: Business Process Quality Management* (BPQM), 2nd ed. Juran Institute, Inc., Wilton, Conn.

Skalle, H. and B. Hahn. (2013). "Applying Lean, Six Sigma, BPM, and SOA to Drive Business Results". *Redguides for Business Leaders.* IBM Corporation, Armonk, New York.

CAPÍTULO 9

Benchmarking para sustentar a liderança no mercado

Este capítulo define o *benchmarking* como uma ferramenta eficaz para sustentar o desempenho organizacional e auxiliar no estabelecimento das metas estratégicas anuais.

Benchmarking: o que é e o que não é

A prática do *benchmarking* já existe há muitos anos. O conceito de uma pessoa observar o desempenho de outra numa determinada tarefa e então aplicar qualquer aprendizado para adaptar e melhorar a maneira como a tarefa é executada é uma das formas fundamentais pelas quais os seres humanos aprendem e se desenvolvem. No contexto dos negócios, aprender com os próprios concorrentes é uma prática tão antiga quanto os negócios em si. No entanto, a aplicação do aprendizado pelas melhores práticas no ambiente de negócios de uma forma estruturada, metódica e realmente legal e ética é algo relativamente novo. O desenvolvimento da forma moderna de *benchmarking* é geralmente creditado à Xerox Corp. e é justo afirmar que a maioria das práticas de *benchmarking* atuais se baseia na abordagem desenvolvida por ela nos anos 70.

Embora a história dessa empresa já tenha sido contada em inúmeros textos de administração, vale a pena, ainda assim, fazer um breve comentário aqui de modo a preparar o terreno. Uma combinação de produtos de má qualidade, altos custos fixos e concorrência crescente de um número cada vez maior de organizações japonesas acabou deixando a Xerox numa posição precária ao final dos anos 70. Uma visita ao Japão serviu como alerta final de que a mudança era essencial para a sua sobrevivência (Kearns e Nader, 1993). A empresa definiu então uma série de atividades de *benchmarking* voltadas para a identificação das organizações de melhor desempenho em vários aspectos de seu negócio e para a definição do que essas organizações estavam fazendo para obter esse desempenho superior. O mais famoso é o *benchmarking* de operações logísticas que a empresa conduziu junto à L.L. Bean (Camp, 1989). E assim nasceu o *benchmarking*.

O *benchmarking* evoluiu como um elemento essencial do kit de ferramentas para melhoria do desempenho do negócio e atualmente é usado por muitas organizações de diversos ramos. Apesar disso, segue sendo uma das ferramentas de melhoria mais mal interpretadas. A atividade acabou ganhando inúmeros significados para muitas pessoas, e é bastante comum ver projetos de *benchmarking* fracassando em sua promessa de melhoria ou de resultados reais.

Executado corretamente, o *benchmarking* confere um foco poderoso para as organizações, esclarecendo fatos e convencendo seus membros quanto à necessidade de embarcarem em estratégias de melhoria. O *benchmarking* é uma ferramenta que possibilita a identificação e por fim a conquista da excelência, baseando-se nas realidades do ambiente de negócios, e não em padrões internos ou em tendências históricas.

O *benchmarking* é diferente daquilo que poderíamos chamar de *turismo industrial*, pois visitas industriais superficiais são realizadas na ausência de qualquer ponto de referência e não ajudam no processo de melhoria. É impossível adquirir conhecimento detalhado após um mero vislumbre ou uma breve visita, e tais visitas raramente resultam em um plano de ação que acabe levando à melhoria. Na ausência de *benchmarking* prévio, é difícil identificar quais organizações devem ser visitadas, o que oferece um risco real de que as visitas sejam feitas a organizações percebidas como as melhores ou pelo menos entre as melhores, quando a realidade pode ser bem diferente. Contudo, esse tipo de visita cumpre uma função valiosa quando é realizada obedecendo a uma análise estruturada de *benchmarking* e quando a organização visitada é identificada como a de melhor desempenho.

O *benchmarking* tampouco deve ser considerado como uma ferramenta de avaliação de desempenho pessoal. O foco deve recair na organização e nos seus membros. Caso esta filosofia não seja adotada, a atividade levará apenas a resistência e acabará indubitavelmente criando barreiras para uma jornada bem-sucedida de *benchmarking*.

O *benchmarking* também não deve se resumir a visões momentâneas, devendo ser considerado um processo contínuo. As organizações precisam elevar o desempenho com agilidade para permanecer competitivas nos atuais ambientes de negócios. Este ritmo acelerado é ainda mais veloz em setores em que o *benchmarking* é lugar-comum, onde as empresas aprendem de forma rápida e contínua umas com as outras. Um exemplo básico vem do setor petrolífero, em que as organizações precisam reagir a demandas tecnológicas, de negócios e regulatórias cada vez mais impositivas. A maioria das empresas deste setor participa todos os anos de consórcios focados em *benchmarking* que vão bem além de uma análise competitiva. O *benchmarking* não se atém a examinar os preços e características dos produtos e os serviços da concorrência. Ele avalia não apenas o resultado final, mas também o processo pelo qual o resultado final é obtido. O *benchmarking* é muito mais do que pesquisa de mercado, pois examina as práticas de negócios vigentes que estão possibilitando a satisfação das necessidades dos clientes e, assim, garantindo um desempenho superior. Seu embasamento em evidências proporciona um foco poderoso para a gestão, esclarecendo fatos e convencendo a organização da necessidade de embarcar em atividades de melhoria.

A participação em *benchmarking* não deve ser considerada uma atividade isolada. Para que tenha sucesso, ela precisa ser parte de uma estratégia de melhoria contínua, precisa ser conduzida com regularidade e deve ser envolvida na cultura de melhoria contínua de uma organização. Como qualquer outro projeto, ela precisa de apoio integral da gestão sênior, dos recursos necessários para cumprir seus objetivos e de um plano de projeto robusto.

Por fim, o *benchmarking* não deve ser considerado uma resposta em si. Ele é um meio para um fim. Uma organização não conseguirá melhorar seu desempenho apenas praticando o *benchmarking*. Ela precisa usar as descobertas do *benchmarking* para melhorar, ou seja, os resultados finais do *benchmarking* devem servir como dados iniciais para decisões e planejamento de ações de melhoria. Para isso, é preciso haver uma análise detalhada dos resultados do *benchmarking*, uma formulação dos pontos de aprendizado e um desenvolvimento de planos de ação para implementar mudanças e realizar melhorias.

Então, como podemos definir o *benchmarking*? Um exame da literatura revela inúmeras definições diferentes (Anand e Kodali, 2008), e cada uma delas oferece uma leve variação de um tema comum. Ao invés de repeti-las aqui, preferimos oferecer nossa própria definição:

> *Benchmarking* é um processo sistemático e contínuo que facilita a mensuração e a comparação de desempenho e a identificação das melhores práticas de forma a possibilitar um desempenho superior.

Esta definição é deliberadamente genérica, de modo a abranger todos os tipos de *benchmarking*. Neste contexto, a mensuração e a comparação podem se dar entre organizações, unidades de negócios, produtos ou serviços. O *benchmarking* pode ser interno ou externo, entre concorrentes, dentro do mesmo ramo ou entre ramos diferentes. Qualquer que seja a categoria de *benchmarking*, essa definição ainda se aplica.

Objetivos do *benchmarking*

Os objetivos do *benchmarking* podem ser resumidos em:

- Determinar níveis de desempenho superior.
- Quantificar quaisquer lacunas de desempenho.
- Identificar melhores práticas.

- Avaliar motivos para o desempenho superior.
- Compreender as lacunas de desempenho em áreas de negócio-chave.
- Compartilhar conhecimento sobre práticas de trabalho que permitem desempenho superior.
- Permitir o aprendizado para construir bases que melhorem o desempenho.

Quando se trata de desempenho superior, em última análise, é claro que o objetivo é atingir o desempenho de empresas de classe mundial. Porém, costuma ser difícil garantir a participação dos líderes mundiais em desempenho em um determinado exercício de *benchmarking*. Na verdade, os parceiros de *benchmarking* devem ser selecionados cuidadosamente para garantir que os resultados finais proporcionem o valor agregado desejado.

Depois que o desempenho superior é definido, a lacuna entre este desempenho e o desempenho do *benchmarker* é quantificado. As práticas de trabalho que permitem esse desempenho superior são identificadas e seus facilitadores são avaliados. Em seguida, este conhecimento é compartilhado entre os *benchmarkers* para permitir que o aprendizado seja levado adiante e implantado como parte de um programa de melhoria de desempenho.

Sendo assim, o *benchmarking* pode ser visto como um processo em duas fases, em que a fase 1 é uma análise de posicionamento voltada para a identificação de lacunas no desempenho e a fase 2 é voltada para o aprendizado das melhores práticas para possibilitar um desempenho superior.

Por que o *benchmark*?

Há dois bons motivos para as organizações praticarem o *benchmarking*. Em primeiro lugar, isso permitirá que elas permaneçam em atividade devido às oportunidades de se tornarem melhores do que organizações similares, concorrentes ou não. Em segundo lugar, o *benchmarking* garante que uma organização esteja se esforçando continuamente para melhorar seu desempenho por meio do aprendizado e abre as mentes da organização para novas ideias vindas de fontes no mesmo ramo ou de muitos outros ramos não relacionados, identificando quem tem demonstrado um trabalho de liderança em desempenho.

Ainda assim, muitas organizações praticam o *benchmarking* apenas para poder demonstrar às partes interessadas, sejam elas seus clientes, acionistas, financiadores, reguladores, etc., que a organização está apresentando um desempenho de nível aceitável. Essa, obviamente, é uma razão perfeitamente legítima para o *benchmarking*, embora o verdadeiro valor da técnica acabe se perdendo quando seu foco é limitado dessa maneira.

O *benchmarking* também oferece dados bastante eficazes para os processos de planejamento estratégico de uma organização ao estabelecer metas verossímeis e alvos realísticos baseados em referências externas.

Para realmente compreender a intenção do *benchmarking*, uma organização deve praticá-lo não apenas para demonstrar bom desempenho, mas também para identificar maneiras de alterar sua prática a fim de melhorar significativamente seu desempenho. Aquelas organizações com uma cultura de forte melhoria do desempenho costumam praticar o *benchmarking* continuamente, já que isso lhes proporciona indícios objetivos de onde as atividades de melhoria devem se concentrar, até que ponto deve ir sua melhoria e que mudanças devem ser consideradas em suas práticas de trabalho para realizarem melhorias.

Classificando o *benchmarking*

Há muitas maneiras de classificar o *benchmarking* (Tabela 9.1), e a literatura está repleta de diferentes classificações (Anand e Kodali, 2008) que tornam o tema bastante confuso para alguém pouco acostumado com ele, dificultando a compreensão do que de fato é o *benchmarking* e qual deve ser a melhor abordagem para praticá-lo. O aspecto prático é que há um processo subjacente que pode ser considerado comum para quase todos os tipos de *benchmarking*. No entanto, explicar melhor as diferenças de classificação, examinamos o *benchmarking* em termos dos parâmetros a serem analisados, quem ele irá envolver e como será conduzido:

- Tema estudado e escopo (o quê)
- *Benchmarking* interno e externo, competitivo e não competitivo (quem)
- Fontes de dados e informações (como)

TABELA 9.1 Maneiras frequentes de classificação do *benchmarking*

Critérios de classificação		
Tema estudado (o quê)	**Participantes (quem)**	**Fontes de dados (como)**
Benchmarking funcional *Benchmarking* de processo *Benchmarking* de unidade empresarial ou local *Benchmarking* de projetos *Benchmarking* genérico Modelos de excelência empresarial	*Benchmarking* interno *Benchmarking* externo *Benchmarking* competitivo *Benchmarking* não competitivo (na mesma indústria ou entre indústrias)	*Benchmarking* de base de dados *Benchmarking* de pesquisa *Benchmarking* de autoavaliação *Benchmarking* individualizado *Benchmarking* de consórcio

Fonte: Juran Institute, Inc., 2013.

Tema estudado e escopo (o quê)

O *benchmarking* muitas vezes é categorizado de acordo com o que está sendo estudado. As categorias típicas incluem:

- *Benchmarking* funcional
- *Benchmarking* de processo
- *Benchmarking* de unidade empresarial ou local
- *Benchmarking* de projetos
- *Benchmarking* genérico
- Modelos de excelência empresarial

Benchmarking funcional

O *benchmarking* funcional descreve o processo mediante o qual uma função de negócio específica constitui o foco para o *benchmarking*. No contexto da organização, isso pode envolver o *benchmarking* de diversas unidades de negócios ou locais diferentes. Exemplos típicos de *benchmarking* funcional incluem a análise de funções como aquisições, finanças, tecnologia da Internet (TI), segurança, operações ou manutenção. A análise se concentra em todos os aspectos da função, e não apenas nos processos envolvidos e nas atividades realizadas.

Benchmarking de processo

No *benchmarking* de processo, o foco do estudo recai sobre um processo de negócios específico ou sobre parte dele. Exemplos incluem o desenvolvimento de produtos, a emissão de faturas, o preenchimento de encomendas, a gestão de prestadores de serviço e a gestão da satisfação do cliente. O *benchmarking* de processo com frequência costuma envolver diversos grupos funcionais e também pode envolver muitas localizações diferentes. É comum haver bastante sobreposição entre os termos *benchmarking funcional* e *benchmarking* de *processo* (o *benchmarking* do processo de aquisições, por exemplo, pode parecer bastante similar ao *benchmarking* da função de aquisições). Muitos processos de negócios não são específicos de uma única indústria, e, portanto, podem se beneficiar de uma ampliação da participação de organizações de diversos segmentos industriais na análise.

Benchmarking de unidade de negócios ou local

O *benchmarking* de unidades de negócios ou locais individuais um frente ao outro costuma ser visto (mas nem sempre o é) em estudos internos de *benchmarking* dentro de uma única organização. O desempenho de cada unidade é analisado e comparado ao de outras unidades. Essa análise pode incorporar todas as atividades de cada unidade ou se restringir a grupos funcionais ou processos de negócios selecionados. A Juran, por exemplo, realiza um *benchmarking* anual de consórcio comparando o desempenho de muitas das instalações mundiais de processamento de petróleo e gás. Cada um dos processos de negócio-chave é incluído na análise, e os participantes provêm de uma ampla gama de organizações diferentes.

Benchmarking de projetos

Este tipo de *benchmarking* se concentra nos projetos realizados pelas organizações. Como os projetos variam bastante em sua natureza, esses estudos normalmente são feitos sob medida para tipos específicos de projetos. Dessa forma, é possível realizar o *benchmark*, por exemplo, de projetos de construção de oleodutos, projetos de implementação de *software*, projetos de desativação de instalações, etc. Normalmente estão incluídos todos os processos de negócios pertinentes ao projeto sendo analisado, embora o escopo possa por vezes se limitar a um subconjunto de processos. O *benchmarking* de um projeto de construção, por exemplo, pode se concentrar especificamente na seleção da empreiteira, nas aquisições e no comissionamento.

Benchmarking genérico

O *benchmarking* genérico diz respeito a todos os processos de negócios necessários para se alcançar um determinado nível de desempenho em uma determinada área. O foco recai sobre o resultado e sobre os requisitos para alcançá-lo. Um hospital, por exemplo, pode realizar um *benchmarking* genérico para identificar maneiras de reduzir os tempos de espera para tratamentos. Ao fazê-lo, o *benchmark* pode ser referência para diversos tipos de indústrias nas quais os tempos de espera dos clientes são de fundamental importância, como em processamentos de solicitação de seguro, procedimentos de descarga de embarcações em importantes vias navegáveis (como no canal de Suez) e tempo de reação a calamidades por parte de diferentes serviços de emergência (polícia, bombeiros, ambulâncias). Inevitavelmente, há bastante sobreposição entre o *benchmarking* de processo e o *benchmarking* genérico, embora este último geralmente tenha menos ênfase na análise de lacunas e mais ênfase numa avaliação detalhada das práticas de trabalho.

Modelos de excelência de negócios

Os modelos de excelência de negócios foram desenvolvidos de modo a proporcionar um quadro referencial com o qual as organizações podem holisticamente mensurar seu desempenho e, desse modo, melhorá-lo. O objetivo do *design* desses modelos é que eles abranjam todos os aspectos-chave que estimulam o desempenho de uma organização.

Embora esses modelos sejam projetados para apoiar um processo de autoavaliação, eles também funcionam como excelentes quadros referenciais para *ben-*

chmarking comparativo, ainda que raramente sejam usados com este objetivo. O *benchmarking* que utiliza estes modelos é essencialmente uma forma de *benchmarking* genérico mediante a qual todos os elementos necessários para a excelência são levados em consideração. Além disso, uma exigência dos modelos Baldrige e da Fundação Europeia para Gestão da Qualidade (EFQM, na sigla em inglês) é que as organizações sejam capazes de demonstrar atividade de *benchmarking*.

Benchmarking interno e externo, competitivo e não competitivo (quem)

Estudos de *benchmarking* muitas vezes são classificados pelo tipo de participante. Dependendo do tipo de *benchmarking* realizado, nem sempre é possível ter controle sobre a seleção de participantes. Porém, quando isso é possível, a seleção dos parceiros de *benchmark* é uma das primeiras tarefas e geralmente a mais difícil no início de qualquer estudo de *benchmarking*. Participantes em potencial são identificados de acordo com um conjunto de critérios, com o principal deles sendo o nível de desempenho percebido (onde o desempenho superior ou de classe mundial é o objetivo).

Os quatro tipos principais de *benchmarking* são:

- *Benchmarking* interno
- *Benchmarking* externo
- *Benchmarking* competitivo
- *Benchmarking* não competitivo

Cada um deles tem seus pontos fortes e fracos que precisam ser considerados ao se selecionar a abordagem mais adequada de *benchmarking*. Eles incluem:

- A similaridade entre os participantes em termos dos focos a serem considerados para o *benchmarking*
- O nível de controle sobre o processo de *benchmarking*
- O custo e o tempo necessários para realizar o *benchmarking*
- O grau de abertura possível e o nível de confidencialidade necessário
- O potencial de aprendizado e, portanto, de melhoria do desempenho

Benchmarking interno

O *benchmarking* interno é a comparação do desempenho e das práticas de operações similares dentro de uma mesma organização. Dependendo do tamanho dessa organização e da natureza de seu negócio, isso pode ou não ser viável, já que a organização precisaria ter grupos duplicados realizando as mesmas atividades. Se esse for o caso, o *benchmarking* interno costuma ser um primeiro passo bastante comum, pois permite que as organizações se preparem para atividades mais amplas de *benchmarking* dentro da segurança de seu próprio ambiente, onde têm controle integral sobre o processo. Este tipo de *benchmarking* também costuma ser mais barato e menos demorado do que os outros. Mas o potencial de se encontrar líderes de desempenho é muito menor, e a oportunidade de aprendizado geralmente é mais limitada.

Benchmarking externo

O *benchmarking* externo envolve participantes de diferentes organizações. A oportunidade de aprendizado normalmente é maior do que no *benchmarking* interno, mas obviamente é preciso haver um compartilhamento de informações fora da organização. Isso traz consigo algumas restrições em potencial. Quase sempre há limitações quanto aos dados que as organizações estão dispostas a compartilhar, sobretudo se os outros participantes são concorrentes, quando restrições mais rigorosas de confidencialidade são impostas. O *benchmarking* externo pode ser subdividido em mais categorias, dependendo da natureza dos participantes, que podem ser concorrentes (*benchmarking* competitivo) ou não (*benchmarking* não competitivo). Essa distinção é examinada a seguir.

Benchmarking competitivo

O *benchmarking* competitivo é uma forma de *benchmarking* externo em que os participantes estão todos em concorrência uns com os outros. Por definição, os participantes de um programa de *benchmarking* competitivo são do mesmo tipo de indústria, e seu foco normalmente recai nos processos específicos dessa indústria. A Juran estudou, por exemplo, o desempenho de diferentes hospitais na segurança de pacientes. Este tipo de estudo normalmente traz consigo um alto grau de sensibilidade que precisa ser cuidadosamente administrado para que se chegue a um resultado bem-sucedido; mas quando é realizado de maneira apropriada, os resultados podem ser muito valiosos. Por outro lado, focos que não estão diretamente relacionados com a competência central das organizações concorrentes costumam ser menos sensíveis a um *benchmark* entre concorrentes. Ironicamente, porém, estes focos mais genéricos não costumam ser aqueles que uma organização deseja estudar através de *benchmarking* junto a suas concorrentes, já que um valor maior a partir desse tipo de foco é frequentemente obtido pelo *benchmarking* de indústrias diferentes. Também é bem comum haver áreas em que a maioria das organizações não se dispõe a participar em *benchmark* com concorrentes, como processos proprietários ou produtos e inovações que proporcionam vantagem competitiva.

Benchmarking não competitivo

O *benchmarking* não competitivo é uma forma de *benchmarking* externo em que os participantes não estão em concorrência direta uns com os outros. Eles podem atuar na mesma indústria ou em indústrias diferentes. Uma organização que opera, por exemplo, um porto de carga nos Estados Unidos pode realizar *benchmark* junto a outra empresa similar na Europa. Embora elas atuem no mesmo segmento, provavelmente não competem entre si, já que operam em mercados distintos. A Juran administra um consórcio anual de *benchmarking* global para gasodutos. Os participantes atuam todos no mesmo ramo e estão interessados principalmente em praticar *benchmarking* com foco naqueles processos específicos a seu tipo de indústria. Porém, eles não estão em concorrência direta, já que operam em mercados totalmente distintos, delineados por região geográfica. Isso significa que eles estão bastante dispostos a compartilhar conhecimento e práticas abertamente em benefício mútuo sem o temor de entregar algo que possa afetar negativamente sua competitividade.

No *benchmarking* não competitivo junto a ramos diferentes, aqueles tópicos de estudo que não são específicos de um tipo de indústria costumam ser mais analisados, e é nessa classificação que recaem a maioria dos estudos genéricos de *benchmarking*. Esses tópicos costumam envolver processos de suporte como administração, recursos humanos, P&D, finanças, aquisições, TI e saúde, segurança e meio ambiente (health, safety and environment - HSE). O *benchmarking* externo junto a tipos de indústria diferentes oferece potencialmente as maiores oportunidades de aprendizado e melhoria de desempenho por inúmeros motivos. Em primeiro lugar, o total de participantes em potencial é muito maior. Segundo, os participantes considerados como líderes de desempenho na área de estudo foco do *benchmarking* podem ser identificados e convidados a participar. Terceiro, a disposição em compartilhar conhecimento será maior se não houver temor de sensibilidade competitiva.

Fontes de dados e informações (como)

O *benchmarking* também pode ser classificado de acordo com a fonte de dados usada na análise comparativa. Tal classificação pode ser feita de diversas formas, mas a lista a seguir abrange as principais categorias encontradas:

- *Benchmarking* de base de dados
- *Benchmarking* de pesquisa
- *Benchmarking* de autoavaliação
- *Benchmarking* individualizado
- *Benchmarking* de consórcio

Benchmarking de base de dados

Neste tipo de *benchmarking*, os dados provenientes de um determinado participante são comparados a uma base de dados existente contendo dados de desempenho. Uma análise é realizada então, e os resultados são fornecidos ao participante. Esta forma de *benchmarking* normalmente requer um terceiro para administrar a base de dados e realizar as análises. O desenvolvimento da Internet nos últimos anos levou a um crescimento deste tipo de *benchmarking*, pois ele pode ser facilmente administrado *online*. A organização participante pode enviar seus dados via um questionário *online* e receber um relatório das análises *online*, geralmente após um breve tempo de espera. Uma busca rápida pela Internet revela um grande número e um amplo conjunto de bases de dados *online* para *benchmarking* disponíveis.

Este tipo de *benchmarking* às vezes também é oferecido por organizações de consultoria que acabaram acumulando dados de desempenho referentes a atividades específicas. A Juran, por exemplo, pratica *benchmarking* na indústria de gás e petróleo desde 1995 e durante este período desenvolveu uma base de dados abrangente com cifras de desempenho relacionadas a este segmento industrial de atuação. Como os dados foram bem definidos e rigorosamente comprovados durante o processo de coleta, eles são extremamente confiáveis. Trata-se, portanto, de uma excelente fonte de dados frente a qual as organizações de gás e petróleo podem praticar *benchmarking*.

Muitas organizações iniciam sua jornada de *benchmarking* comprando dados dos proprietários de tais bases de dados. Embora este tipo de *benchmarking* possa ser bastante útil na obtenção de *feedback* rápido sobre desempenho, ele tem suas desvantagens. O participante não tem qualquer controle sobre o conteúdo da análise e precisa aceitar os parâmetros usados para determinar o desempenho. Muitas vezes, a fonte dos dados não é revelada, o que torna mais difícil para o participante ter convicção sobre a sua relevância. Os parâmetros usados podem não ser claramente definidos e podem não apresentar uma comprovação eficaz, resultando em dados deficientes sobre qualidade e análises precárias. Portanto, é preciso ter cuidado ao entrar neste tipo de *benchmarking*, e o participante deve perceber suas desvantagens em potencial. Para melhores resultados, somente um consultor de confiança com uma reputação ilibada e um bom histórico deve ser procurado.

Benchmarking de pesquisa

Este termo é usado para descrever exercícios de *benchmarking* realizados mediante a conclusão de uma pesquisa ou de um processo de revisão. Tipicamente, um documento de pesquisa é enviado para organizações participantes para ser preenchido e devolvido. Às vezes, os documentos de pesquisa são enviados para as organizações sem seu consentimento prévio de participação, na esperança de que mesmo assim elas completem a pesquisa e enviem-na de volta. Esta abordagem, é claro, costuma obter menos sucesso, com uma taxa de retorno relativamente baixa.

A pesquisa pode ser organizada por um consultor terceirizado ou por uma das organizações participantes, embora neste último caso costume haver mais restrições quanto aos dados compartilhados diretamente entre os participantes, para garantir conformidade com legislação anticartel. Às vezes pode haver uma taxa de participação a ser paga pelas organizações, e às vezes uma única organização ou mesmo uma consultoria pode patrocinar o exercício inteiro; neste caso o resultado final para os participantes é frequentemente menos sofisticado.

As desvantagens em potencial desta abordagem são similares àquelas encontradas no *benchmarking* de base de dados, pois cada organização tem um controle mínimo sobre o processo de *benchmarking*, então os parâmetros podem não ser definidos adequadamente e a comprovação dos dados enviados pode ser limitada. Ainda assim, este tipo de abordagem pode proporcionar uma análise comparativa útil, embora limitada, além de não exigir grande esforço por parte de cada organização participante.

O processo de pesquisa pode ser estendido para incluir um elemento de revisão, mediante o qual o coordenador do *benchmarking* (normalmente um consultor terceirizado) visita cada uma das organizações participantes como parte do processo de pesquisa. Isso permite que o consultor mergulhe mais profundamente nas áreas específicas para obter dados mais ricos (geralmente dados qualitativos), que podem embasar melhor o processo de aprendizado dos participantes, sobretudo na área de levantamento de práticas de trabalho que sustentam desempenho superior.

Benchmarking de autoavaliação

Como examinado anteriormente, a autoavaliação é uma parte integral de muitos modelos de excelência em desempenho. Essas autoavaliações podem ser usadas para *benchmarking* genérico entre organizações de todos os tipos de indústria. Esses modelos fornecem um excelente quadro comparativo de *benchmarking*, mediante o qual todos os elementos necessários para a excelência são levados em consideração. A análise geralmente se concentra não apenas em dados quantitativos, mas também numa visão qualitativa das práticas operacionais. No entanto, há um ponto fraco inerente nesse processo que diz respeito à natureza subjetiva da autoavaliação. Às vezes, terceiros (consultores) são empregados para supervisionar o processo a fim de introduzir algum nível de objetividade ou mesmo para realizar as avaliações.

Benchmarking individualizado

Este tipo de *benchmarking* é provavelmente o mais divulgado na literatura, mas como já foi indicado, *benchmarking* não é turismo industrial, no qual visitas relativamente superficiais a sedes são realizadas entre organizações para investigar seu desempenho. Tais trocas de experiência raramente rendem bons frutos, e nunca se pode saber ao certo se a organização visitada realmente tem um desempenho superior.

Entretanto, se após a condução de um estudo de *benchmarking* uma organização for identificada com níveis superiores de desempenho na área de interesse, então o *benchmarking* individualizado é capaz de investigar áreas específicas com muito mais profundidade e extrair informações mais ricas referentes aos motivadores desse desempenho superior. Essa abordagem é comum no *benchmarking* de consórcio, em que, tendo recebido a análise de *benchmarking*, duas organizações concordam em realizar um *benchmarking* individualizado entre si a fim de obter uma compreensão mais detalhada de práticas operacionais específicas. Um bom exemplo vem do *benchmarking* de consórcio envolvendo a operação de aquisições em diferentes tipos de indústrias realizado pela Juran. Depois da participação no estudo, duas das participantes concordaram em realizar um *benchmarking* individualizado. Uma das organizações apresentava um desempenho especialmente forte em adjudicação de contratos e em seleção de empreiteiras, enquanto a outra demonstrava superioridade em aquisição estratégica. Esta forma de cooperação levou a uma melhor compreensão das práticas operacionais de liderança em cada uma das áreas e melhorou o desempenho de ambas as organizações.

Benchmarking de consórcio

Sem dúvida, esta forma de *benchmarking* é a que apresenta o maior potencial de garantir uma melhoria de desempenho aos seus participantes. Um consórcio é formado por participantes geralmente (mas nem sempre) apoiados por um facilitador terceirizado. Eles concordam quanto aos participantes a serem convidados; os focos do *benchmark*; a metodologia a ser seguida; os parâmetros (e suas definições) a serem usados; os critérios de validação; a natureza da análise, do relatório e da apresentação de resultados; e os prazos a serem obedecidos. Sendo assim, os participantes têm um alto nível de controle sobre o processo inteiro, e os resultados do processo geralmente são dados confiáveis, uma análise rigorosa e resultados valiosos. Esta abordagem requer, de fato, um grande esforço por parte de cada participante para alcançar o resultado desejado. Isso significa que ela consome tempo e geralmente custa mais caro, mas seu valor agregado costuma ultrapassar de longe aquele alcançado por outras abordagens de *benchmarking*.

Assim, demonstramos que o *benchmarking* pode ser classificado de muitas maneiras diferentes de acordo com a matéria em análise, a natureza de seus participantes, as fontes de dados e as metodologias empregadas. No entanto, tal diferenciação é bastante acadêmica, e, embora essas diferentes abordagens tenham seus prós e contras inerentes e algumas sejam claramente mais eficientes do que outras, todas devem ter o mesmo objetivo: proporcionar aprendizado para melhorar o desempenho nos negócios.

Benchmarking e o *design* de novos produtos

O principal objetivo do *design* voltado para a qualidade é preparar as organizações para que sejam capazes de cumprir com suas metas de desempenho. Para isso, elas precisam:

1. Identificar os clientes.
2. Determinar as necessidades dos clientes.
3. Desenvolver as características de produtos (ou serviços) necessárias para atender às necessidades dos clientes.
4. Estabelecer metas de qualidade para atender às necessidades dos clientes.
5. Desenvolver processos para entregar as características de produtos (ou serviços).
6. Provar que os processos da organização podem alcançar as metas.

O *benchmarking* pode oferecer dados para este processo ao proporcionar o meio pelo qual as organizações podem aprender com as melhores práticas e incorporar este aprendizado no *design* de novos e melhorados processos de negócios. Ele também permite o estabelecimento de metas de planejamento de desempenho embasadas na realidade do que já foi alcançado por outras organizações. Necessidades ocultas dos clientes podem ser reveladas pelo *benchmarking*, e características de produtos e serviços podem ser identificadas.

Benchmarking e o planejamento a curto e longo prazo

Planos ou estratégias-chave a longo prazo derivadas dessa visão compreendem metas estratégicas envolvendo todos os aspectos do desempenho da organização, incluindo o desempenho de processos de negócios, desempenho de produto ou serviço, satisfação dos clientes, o custo da má qualidade e o desempenho competitivo da organização. Por necessidade, essas metas estratégicas estão em constante evolução. Análises de *benchmarking* possibilitam às organizações estabelecerem estas metas na realidade externa e assegurarem que seu foco recaia na diminuição das lacunas entre o desempenho real e aquele vislumbrado.

As descobertas do *benchmarking* permitem que as organizações compreendam exatamente o quanto precisam avançar para alcançarem um desempenho superior. Exercícios regulares e frequentes de *benchmarking* ajudam a estabelecer planos específicos e mensuráveis a curto prazo embasados na realidade, não no desempenho histórico, resultando em melhorias graduais no desempenho ao longo do tempo (Figura 9.1). O objetivo é que a organização consiga ultrapassar as líderes de desempenho, transformando uma lacuna de desempenho em liderança de desempenho superior.

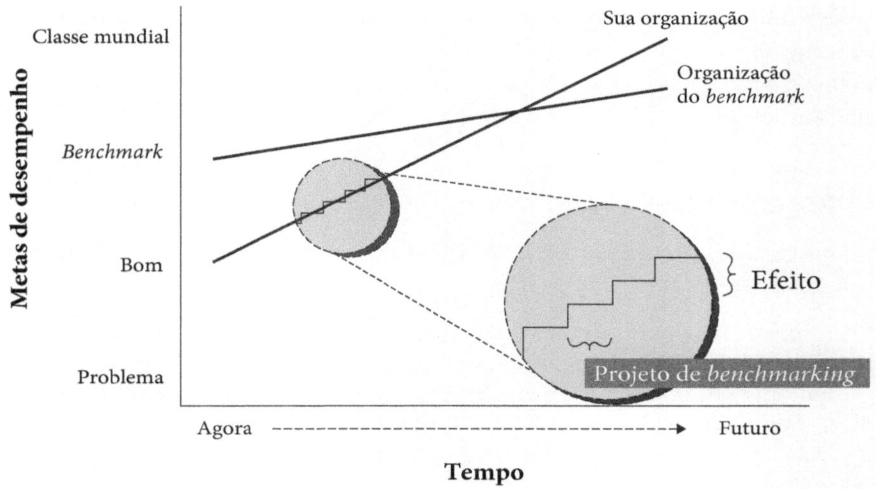

FIGURA 9.1 *Benchmarking* ao longo do tempo. (Do Juran Institute, Inc., 2013)

Um processo de implementação é necessário para converter os planos a longo e curto prazo em planos operacionais. Para isso, é preciso que as organizações determinem exatamente como suas metas estratégicas específicas deverão ser cumpridas; identifiquem as ações necessárias para permitir isso; determinem quem tem a responsabilidade por colocar as ações em prática; calculem e aloquem os recursos necessários; e planejem, agendem e controlem a implementação. Os resultados obtidos com o *benchmarking* mais uma vez proporcionam uma perspectiva externa e alimentam este processo, oferecendo informações relacionadas com as melhores práticas que foram identificadas.

As organizações devem revisar seu desempenho regularmente para determinar o progresso em relação às metas estabelecidas e para mensurar a lacuna entre o estado atual e sua visão futura. O *benchmarking* é o meio perfeito para sustentar este processo de revisão, pois oferece evidências objetivas do desempenho atual, determinando as lacunas em relação aos níveis de desempenho alcançados por outras organizações, identificando as melhores práticas e oferecendo oportunidades de aprendizado com os principais gestores.

Dessa forma, fica claro que o *benchmarking* é uma ferramenta poderosa que pode aumentar significativamente a capacidade de gerenciamento de desempenho de uma organização de modo eficaz e estratégico. Ele força as organizações e seus gestores a desenvolverem uma expectativa mais ampla, a saírem de suas zonas de conforto, a aprenderem com aqueles cujo desempenho é identificado como excelente e alimenta a busca pela mudança. Ao revelar o que as organizações de melhor desempenho já estão alcançando e ao estabelecer uma base concreta para melhores práticas, o *benchmarking* possibilita que as organizações administrem seu desempenho para alcançar a liderança mundial.

O processo de *benchmarking*

Inúmeros fatores-chave são fundamentais para o sucesso de qualquer programa de *benchmarking*:

- Avaliar o escopo do estudo e determinar os objetivos.
- Identificar e definir todos os parâmetros.
- Entrar em acordo sobre um cronograma e obedecê-lo rigorosamente.
- Garantir a disponibilidade de recursos para sustentar o *benchmarking*.
- Dar suporte aos participantes durante todo o processo.
- Validar todos os dados.
- Normalizar os dados.
- Esclarecer e divulgar as descobertas de forma eficaz.
- Permitir o compartilhamento das melhores práticas.

Qualquer que seja o tipo de *benchmarking* colocado em prática, é essencial que um processo bem estruturado e sistemático seja seguido para por em prática estes fatores críticos ao sucesso. Muitos desses processos de *benchmarking* são descritos na literatura (Anand e Kodali, 2008), mas o modelo pioneiro a partir do qual a maioria foi formulado foi aquele usado pela Xerox e descrito por Camp (1989). O processo de *benchmarking* em 10 passos de Camp também foi descrito na quinta edição desse guia (Camp e DeToro, 1999). Desde então, o Juran Institute publicou seu próprio Processo de *Benchmarking* em 7 Passos, que foi desenvolvido durante um período de muitos anos e que formou a base de inúmeros consórcios anuais de *benchmarking* desde 1995. Embora descrito aqui em termos de *benchmarking* externo de consórcio, o processo é genérico e igualmente aplicável, em princípio, a todos os tipos de *benchmarking*.

O Processo de *Benchmarking* em 7 Passos de Juran, descrito na Figura 9.2, é dividido em duas fases. A fase 1 diz respeito a uma análise de posicionamento que proporciona ao praticante do *benchmarking* um estudo comparativo do desempenho relativo de todos os participantes e uma consideração rigorosa das lacunas de desempenho até as organizações de melhor desempenho ou líderes em sua classe. O foco da fase 2 é aprender com as descobertas da fase 1, adotando e adaptando melhores práticas, e desenvolvendo programas de melhoria para implementar as mudanças necessárias. Cada passo no processo é descrito a seguir.

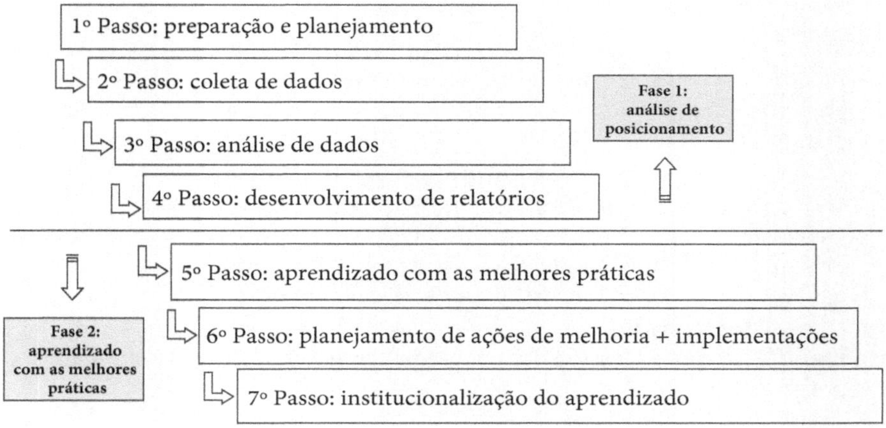

FIGURA 9.2 O Processo de *Benchmarking* em 7 Passos de Juran. (Do Juran Institute, Inc., 2013)

Preparação e planejamento

O 1º Passo diz respeito a reconhecer a necessidade de *benchmarking*, compreender claramente quais são o foco e o objetivo, determinar a metodologia que fornecerá a análise necessária e identificar os focos do *benchmarking*. Um projeto de *benchmarking* não difere de qualquer outro projeto. Para que obtenha sucesso, é essencial haver muito rigor na preparação e no planejamento já de início. Muitas vezes é preciso realizar um estudo de caso de negócio para justificar a necessidade de um projeto de *benchmarking*.

Fundamental neste estágio de projeto de *benchmarking* é uma definição clara do escopo de abrangência do *benchmarking*, de qual será o seu foco e do que será excluído. Os parâmetros a serem usados podem então ser acordados, e estes precisam ser definidos com clareza e sem ambiguidades para garantir a comparação entre os dados. Por fim, o meio mais apropriado para a coleta de dados precisa ser determinado.

Uma vez que o foco do *benchmarking* esteja definido, os participantes com quem o *benchmarking* será realizado precisam ser selecionados. Como mencionado anteriormente, o ideal é que aquelas organizações conhecidas por seu desempenho superior sejam identificadas como participantes do *benchmarking*. No entanto, os participantes selecionados dependerão do tipo de *benchmarking* a ser realizado, bem como de que maneira eles são selecionados. Porém, o objetivo derradeiro é, sem dúvida, estabelecer o *benchmark* junto às líderes de desempenho.

Durante este passo inicial de planejamento, os participantes terão também os seguintes objetivos:

- Identificar e entrar em acordo quanto aos indicadores-chave de desempenho (*key performance indicators* – KPIs) a serem usados para avaliar o desempenho.
- Criar um modelo de parâmetros que demonstre claramente as inter-relações entre os parâmetros em uso.
- Desenvolver definições claras e não ambíguas para todos os parâmetros usados.
- Produzir um documento de coleta de dados como meio para que os participantes coletem e incluam seus dados e realizem uma validação inicial destes antes de sua inclusão.
- Entrar em acordo quanto ao cronograma temporal do projeto, seu marcos e prazos finais.

Coleta de dados e normalização

Assim que os KPIs corretos e as definições associadas são definidos, é preciso desenvolver um método de coleta de dados junto a cada participante. Geralmente, um documento de coleta de dados é elaborado e enviado a todos os participantes, permitindo que eles coletem e incluam seus dados. Cada vez mais a inclusão de dados é feita *online* via portais protegidos na Web. Planilhas proprietárias também são usadas com frequência, já que estão amplamente disponíveis (todos os participantes provavelmente têm acesso a elas), são fáceis de usar, têm uma poderosa capacidade de cálculos e podem ser adaptadas sob medida para proporcionar funcionalidades automatizadas para validação e cálculo. O documento de coleta de dados precisa ser elaborado de modo a ser fácil e rapidamente preenchido pelo usuário, oferecendo um conjunto de verificações de validação para maximizar a qualidade dos dados e minimizar os erros.

Suporte aos participantes durante o processo de *benchmarking*

Para facilitar a inclusão de dados e o processo de validação, é uma boa ideia operar um *help desk* que fique disponível durante toda a duração do projeto. Isso geralmente é fornecido quando consultores terceirizados estão facilitando o *benchmarking*. O *help desk* pode oferecer conselhos profissionais sobre o preenchimento do documento de coleta de dados e pode responder perguntas relacionadas a questões específicas do programa (como a interpretação das definições usadas). O objetivo é oferecer respostas ágeis aos participantes para não atrasá-los no processo de coleta de dados. Obviamente, oferecendo orientações claras e rigorosas e um documento de coleta de dados bem estruturado, a necessidade dos participantes de buscar ajuda é minimizada. Ainda assim, um *help desk* pode ser uma fonte extremamente valiosa e essencial de suporte ao *benchmarking*, sobretudo para programas de *benchmarking* recém implantados. Quando necessário, uma lista de perguntas frequentes (FAQs – *frequently asked questions*) também pode ser desenvolvida e repassada aos participantes.

Validação de dados

O emprego de dados válidos é fundamental para o sucesso de qualquer programa de *benchmarking*. Dados incorretos ou imprecisos podem facilmente resultar em conclusões enganosas e ações inapropriadas, podendo levar ao fracasso de qualquer programa de melhoria. Além do mais, rodadas infindáveis de esclarecimento levarão a frustração por parte dos participantes e podem atrasar o processo de *benchmarking*. Por isso, é preciso depositar grande ênfase na validação de dados. Nos programas de *benchmarking* da Juran, é adotada uma abordagem em duas fases, com a aplicação inicial de um conjunto de verificações automatizadas seguidas de inúmeras verificações manuais.

As verificações automatizadas são uma parte integral do documento de coleta de dados, projetado de modo a facilitar o seu preenchimento e que conta com inúmeras verificações pré-programadas, maximizando, assim, a qualidade dos dados e minimizando erros. As verificações automatizadas pré-programadas visam impedir a entrada de dados espúrios e permitir que os usuários conduzam por conta própria uma primeira triagem de dados antes da sua inclusão. Uma triagem inicial rigorosa pelos próprios usuários reduz consideravelmente o tempo e o esforço exigido na validação subsequente.

Depois que os dados são incluídos, o facilitador deve conduzir inúmeras verificações manuais obedecendo a um rigoroso processo de validação de dados. A Juran costuma empregar um processo em três passos:

1. Plenitude dos dados
2. Integridade dos dados
3. Consistência dos dados

Essas verificações devem ser realizadas por um indivíduo experiente que compreenda não apenas o processo de verificações pré-programadas, mas também a natureza dos dados sendo incluídos e a inter-relação entre os diferentes pontos de dados. Todos os dados são primeiramente conferidos para garantir que estão completos. Uma verificação de integridade dos dados deve ser realizada então, comparando-se diferentes dados inter-relacionados para garantir que o relacionamento esperado seja observado. Por fim, um conjunto de verificações inteligentes em triangulação pode ser feita para assegurar ainda mais a consistência entre os dados fornecidos e quaisquer conjuntos de dados históricos. Quaisquer anomalias devem ser levantadas uma a uma com o participante relevante para garantir que os dados corretos foram informados. Caso haja um grande número de erros aparentes ou se os participantes estiverem enfrentando dificuldade em obter os dados necessários, uma análise de dados pode ser organizada, com o comparecimento dos participantes a fim de esclarecer qualquer mal-entendido relacionado com os dados necessários.

Normalização de dados

O maior problema de qualquer exercício de *benchmarking* recai em como comparar os focos estudados entre praticantes meramente similares (ou seja, como comparar maçãs com bananas). Em algumas circunstâncias, os praticantes do exercício serão similares o bastante para possibilitar comparações diretas de desempenho entre si. No entanto, o mais comum é que eles sejam diferentes uns dos outros, quer se tratem de organizações como um todo, de unidades de negócios, diferentes sedes, diferentes grupos funcionais, processos comerciais ou produtos. Dois focos de um estudo jamais serão idênticos, ainda que a extensão da diferença entre eles possa variar consideravelmente dependendo do quê e de quem é o objeto do *benchmarking*. Dessa forma, para que seja possível comparar diferenças em níveis de desempenho, é preciso haver alguma intervenção. Alguma forma de normalização de dados costuma ser necessária para permitir comparações entre aqueles que podem ser focos bastante distintos. Sem isso, comparações diretas de desempenho normalmente são impossíveis e levam a conclusões deturpadas. A normalização pode se basear num amplo conjunto de fatores, incluindo escopo, escala, arranjos contratuais, exigências regulatórias e diferenças geográficas e políticas.

A normalização é, essencialmente, o processo de conversão de parâmetros em uma forma que permita a comparação mútua de casos meramente semelhantes, levando em consideração toda (tanto quanto for possível) a variação entre os focos do *benchmarking*. É este fator de normalização que costuma ser empregado na prática como orientador do desempenho que está sendo estudado. Por exemplo: no exercício de *benchmarking* de custos operacionais da função de cobranças de uma determinada organização, talvez um fator adequado de normalização seja o número de faturas emitidas. Os custos, neste caso, poderiam ser comparados por uma divisão pelo número de faturas emitidas. No entanto, é possível que algumas faturas sejam mais complicadas de emitir do que outras (algumas podem conter mais itens de linha ou envolver um valor total mais alto que exija mais verificações antes que a fatura seja emitida), fazendo com que esta forma de normalização não seja apropriada afinal de contas.

O jeito mais comum de fazer isso é examinando o desempenho por unidade ou por hora. Se estivermos medindo, por exemplo, o custo de fabricação de um automóvel, podemos comparar o custo por veículo produzido; ou, se estivermos examinando o tempo que leva para tratar um paciente hospitalar com uma determinada enfermidade, podemos considerar o número de pacientes examinados por hora.

Em alguns casos, uma simples medida por unidade não é suficiente para acomodar a variação observada entre os focos do *benchmarking*, e uma abordagem mais sofisticada precisa ser desenvolvida. Em tais casos, o uso de fatores ponderados que representem a variação de diferentes focos do *benchmarking* costuma ser um meio bastante eficiente de normalização. Fatores ponderados podem ser desenvolvidos em relação a custos, tempo e eficácia. Um exemplo de fator ponderado altamente eficaz é o Fator de Complexidade Juran (*Juran Complexity Fator* – JCF). O JCF foi desenvolvido para possibilitar que comparações de focos semelhantes mas distintos fossem feitas entre instalações de petróleo e de gás de tamanho e *design* bastante diferentes. O fator de normalização leva em consideração os equipamentos presentes na instalação e o tempo necessário para operar e manter estes equipamentos sob condições normais. O JCF é usado, então, para normalizar todo o desempenho em termos de custos entre instalações no *benchmarking*, o que permite que as organizações estabeleçam um *benchmark* direto entre suas instalações e aquelas de outras organizações, ainda que elas sejam bastante distintas em *design* e tamanho.

Análise e identificação das melhores práticas

O objetivo da análise é determinar os dados obtidos na avaliação do *benchmarking* de forma comparativa, quando apropriado, com outros dados e informações pertinentes provenientes de diferentes fontes, incluindo o domínio público, os próprios participantes e quaisquer edições prévias de estudos de *benchmarking*. O nível de análise acaba dependendo do escopo e dos objetivos acordados no início do exercício de *benchmarking*.

É essencial que a análise seja imparcial e totalmente objetiva. Ela também precisa estar alinhada com os objetivos do *benchmarking* e, para que tenha valor, precisa indicar os pontos fortes e fracos de quem se beneficia do exercício de *benchmarking*; determinar, e, onde for possível, quantificar, as lacunas em relação aos líderes de desempenho; e identificar até onde for possível os motivos destas lacunas. É importante que os parâmetros sejam examinados coletivamente, e não de forma isolada, quando os resultados de um parâmetro ajudam a explicar aqueles de outro. As estratégias e práticas operacionais de cada um dos participantes devem ser exploradas e usadas para determinar como influenciam o desempenho.

Os dados e quaisquer fluxos de dados de normalização são analisados para comparar o desempenho dos participantes e determinar lacunas de desempenho. Também é importante examinar o nível dos testes estatísticos dos dados para assegurar-se de que as comparações sendo feitas são estatisticamente significativas e que as conclusões obtidas a partir delas são válidas.

Os motivos para aparentes diferenças em desempenho devem ser examinados durante a análise. Em estudos multinacionais ou globais de *benchmarking*, é importante examinar o impacto que pode ser atribuído a diferenças em localização geográfica. Quando se está analisando custos, por exemplo, fica claro que os níveis de custos (como salários) no Ocidente não podem ser facilmente comparados com aqueles no Oriente, Rússia, África ou América latina. Além disso, flutuações nas taxas de câmbio podem exercer um drástico efeito. Do mesmo modo, regimes tributários, exigências regulatórias, políticas de estado e diferenças culturais podem todos ter uma influência significativa sobre o desempenho.

Elaboração de relatórios

Depois que a análise é concluída, ela precisa ser divulgada para os participantes do *benchmarking*. O conteúdo do relatório e o meio usado para este foram acordados nos primórdios do exercício de *benchmarking* e são determinados em parte pelo tipo de *benchmarking* realizado.

Infelizmente, muitos exercícios de *benchmarking* acabam sendo interrompidos neste ponto. Mas para maximizar o valor obtido com o exercício, as organizações devem ir além para compreender as práticas que permitem que os líderes alcancem níveis superiores de desempenho. Este é o propósito da fase 2 do Processo de *Benchmarking* em 7 Passos de Juran.

Aprendizado com as melhores práticas

Um programa de *benchmarking* precisa ir bem além da comparação entre dados de desempenho. A transferência de conhecimento dos líderes de desempenho para os outros praticantes do exercício é fundamental. É essencial maximizar a eficácia da transferência de conhecimento, o que leva a mudanças mais bem-sucedidas e a eficazes programas de melhorias de processos. Isso pode ser alcançado de diversas maneiras:

- Fóruns internos
- *Benchmarking* individualizado
- Fóruns de melhores práticas

Fóruns internos

As organizações que participam do *benchmarking* devem revisar por completo o relatório de *benchmarking* e examinar as descobertas em detalhe. A partir de então, muitas dessas organizações consideram benéfico organizar um fórum interno com o comparecimento de todas as partes da organização afetadas pelo *benchmarking*, discutir abertamente as descobertas e determinar as primeiras medidas necessárias para começar a diminuir o desnível e a melhorar o desempenho. Em casos em que uma única organização tenha inúmeros participantes internos no *benchmarking* (como em um exercício de *benchmarking* entre diversas de suas unidades de negócios), estes fóruns internos podem ser uma plataforma excelente para compartilhar conhecimento entre estas unidades. Os especialistas em petróleo e gás da Juran já tiveram a oportunidade de participar e facilitar uma série de fóruns internos de troca de conhecimento na indústria de gás e petróleo (como na Pemex México em 2004 e na Qatar Petroleum e Saudi Aramco em 2008), onde até 500 membros de diferentes departamentos de uma organização se reúnem com o único objetivo de compartilhar conhecimento e melhores práticas relacionadas com focos e processos vitais.

Benchmarking individualizado

É comum que as organizações que empreendem um *benchmarking* individualizado realizem na sequência um estudo de *benchmarking* em grupo. Tendo identificado líderes de desempenho superior em várias áreas do *benchmarking*, as organizações colaboram *tête-à-tête* para explorarem questões específicas em maior detalhe, às vezes com visitas a sedes ou mediante trocas de dados e análises aprofundadas, a fim de maximizar os resultados do aprendizado.

Fóruns de melhores práticas

Esses fóruns envolvem o compartilhamento de melhores práticas entre organizações líderes de desempenho com benefícios mútuos para todos os praticantes do *benchmarking*. Obviamente, quando o exercício envolve verdadeiros concorrentes, as opções podem ficar limitadas e abordagens alternativas podem ser necessárias para permitir o aprendizado.

Assim que as descobertas são divulgadas por relatórios a todas as organizações participantes, um fórum de melhores práticas pode ser organizado, com o comparecimento de todas as organizações participantes do *benchmarking*. Aquelas de melhor desempenho em cada um dos elementos do modelo de *benchmarking* são convidadas a fazer apresentações no fórum fechado. Antes do fórum, todas as participantes são instadas a apresentarem perguntas que gostariam de fazer às líderes de desempenho, a serem respondidas em suas respectivas apresentações.

O objetivo deste fórum é identificar a oportunidade de aulas magnas e a transferência de conhecimento dos líderes de desempenho para os parceiros de *benchmarking*. Os líderes de desempenho apresentam, então, os "porquês e os comos" de suas melhores práticas. A intenção é que os membros da audiência aprendam com estas apresentações, o que os ajudará na formulação posterior de seus próprios programas de melhoria. Os participantes devem sair dos fóruns de melhores práticas em posição de desenvolverem planos de ação para a implementação de programas de melhoria.

Planejamento de ações de melhoria e implementações

Depois que os pontos de aprendizado são verificados, cada organização precisa desenvolver e divulgar um plano de ação para as mudanças necessárias para assim realizar as melhorias. A essa altura, o aprendizado com o *benchmarking* deve alimentar o plano estratégico da organização, que será implementado usando seus próprios processos de melhoria do desempenho. Mas como as organizações podem traduzir descobertas de *benchmarking* em planos de ação que levem a uma melhoria do seu desempenho?

Os dados de saída do exercício de *benchmarking* devem ser usados como dados de entrada para o planejamento das ações. Os dados de saída desses exercícios costumam incluir uma série de lacunas de desempenho entre o participante e os líderes de desempenho em processos de negócios-chave. Muitas vezes as organizações reagem com descrença e com recusa quando são confrontadas com as lacunas de desempenho traduzidas em termos monetários: comentários como "é impossível economizar tanto, estas cifras não podem estar corretas!" são lugar-comum. É de máxima importância, tanto para a credibilidade das descobertas de *benchmarking* quanto para a arregimentação posterior dos gestores, que uma jornada adicional seja empreendida antes que se passe para o planejamento das ações. A organização precisa verdadeiramente compreender as lacunas de desempenho identificadas. Para isso, ela precisa eliminar quaisquer elementos de distorção das lacunas apresentadas. Para que as lacunas sejam transformadas em dados com aplicação prática, a organização precisa dividi-las em lacunas controláveis e incontroláveis. Lacunas incontroláveis são aquelas relacionados com aspectos das atividades de uma organização que não estão sob seu controle direto no momento em questão. Elas podem envolver, por exemplo, custos de início de operação, despesas ocasionais, incidentes extraordinários, regulações que precisam ser obedecidas, questões operacionais específicas de um local (como clima, geografia, topografia) e custos geopolíticos e relacionados à segurança.

Para que tenham aplicação prática, os dados de lacunas de desempenho devem estar livres de elementos incontroláveis (veja a Figura 9.3). Com isso, os gestores são capazes de:

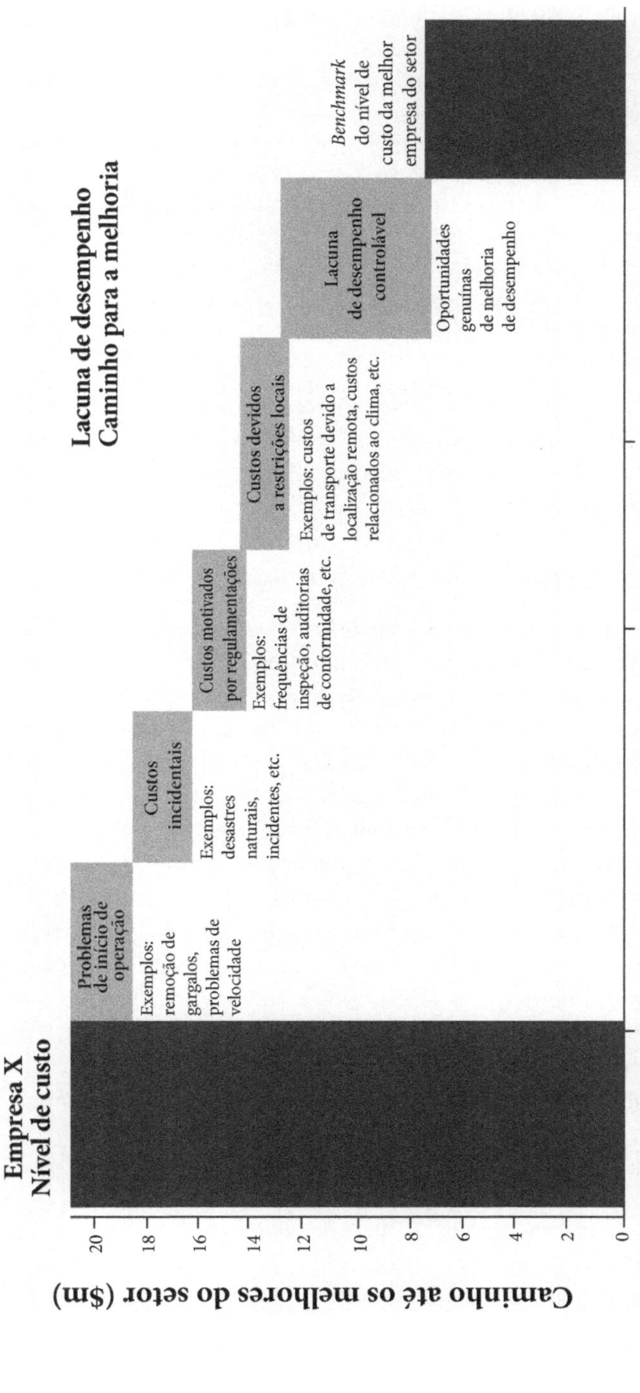

FIGURA 9.3 Análise do caminho de desempenho de "lacuna inicial até lacuna final de desempenho". (Do Juran Institute, Inc., 2013)

1. Avaliar uma lacuna de desempenho com a qual conseguem se relacionar e, portanto, acreditar.
2. Priorizar as áreas de melhoria e distinguir as "poucas vitais" das muitas oportunidades úteis de melhoria (Juran e Godfrey, 1995).
3. Alocar recursos para resolver os problemas e estabelecer um caminho para as lacunas, incluindo um gestor responsável pelo projeto, um orçamento, um período de tempo e metas. O poder deve ser delegado, então, aos gestores e aos funcionários, para que eles resolvam as coisas de fato.
4. Implantar controles ao vincular a necessidade de ações de melhoria ao estabelecimento de metas, aos esquemas de recompensas e ao planejamento de negócios, tanto em nível gerencial quanto dos funcionários individuais. Isso aumentará as chances de uma implementação bem-sucedida.

Dessa forma, as descobertas do *benchmarking* ficarão vinculadas aos planos de ação para melhoria do desempenho e aos ciclos dos negócios de rotina, ajudando a garantir o foco de aplicação dos recursos, a arregimentação das pessoas no processo e a viabilidade das metas.

Institucionalização do aprendizado

Por fim, o aprendizado obtido e as melhorias no desempenho precisam estar totalmente consolidadas para garantir que todos os ganhos se difundam para toda a organização e se sustentem ao longo do tempo. O *benchmarking* pode se dar no âmbito corporativo, operacional ou funcional de uma organização, e é importante que cada estes âmbitos estejam conectados por uma série de metas em cascata, interligados para assegurar o progresso sistemático rumo a visão de futuro.

Conforme as oportunidades de melhoria vão surgindo, elas devem ser acolhidas e replicadas por todas as organizações participantes. A Juran apoia este passo do processo oferecendo suporte contínuo ininterrupto na forma de um *site* seguro só para membros, acessível apenas por participantes de *benchmarking*. Isso proporciona uma plataforma para compartilhamento de informações e gestão de conhecimento que vai bem além do escopo do programa de *benchmarking*, permitindo que organizações aprendam umas com as outras em tempo real "se e quando necessário". Em nosso ambiente de mudanças cada vez mais aceleradas, pode ser bastante útil ter acesso direto ao conhecimento coletivo de especialistas que enfrentam desafios semelhantes.

Aspectos legais e éticos do *benchmarking*

A legalidade do *benchmarking* é governada por leis anticartel e leis de propriedade intelectual, e todos os seus praticantes devem estar cientes das implicações legais e éticas de suas atividades de *benchmarking*. Embora o espírito do *benchmarking* seja de compartilhamento de conhecimento e de informações para benefício mútuo de todos os participantes, as organizações não devem perder de vista o valor potencial de seu conhecimento corporativo e, portanto, da necessidade de controlar adequadamente seu uso.

O Código de Conduta do *Benchmarking*

O Código de Conduta do *Benchmarking* foi desenvolvido pela primeira vez pela International *Benchmarking* Clearinghouse, um serviço do Centro Americano de Produtividade e Qualidade (American Productivity and Quality Center - APQC) em 1992 (veja www.apqc.org). Em 1996, uma versão europeia do código foi desenvolvida (www.efqm.org), baseada na versão norte-americana, de forma a obedecer à legislação europeia que rege a concorrência. Nenhum dos documentos tem força de lei, mas eles estabelecem os princípios para um *benchmarking* ético e legal. Estes princípios fundamentais dizem respeito a legalidade, confidencialidade e troca de informações, e todos os programas de *benchmarking* devem assegurar que seus participantes observem estes princípios.

Confidencialidade

Essencial em todos os estudos de *benchmarking* é a exigência de algum grau de confidencialidade. O nível imposto de confidencialidade dependerá da sensibilidade dos focos alvos do *benchmark*, da exigência de conformidade com a legislação de concorrência e do grau de disposição dos participantes a compartilhar dados e informações abertamente. É claro que se deve ter bastante cuidado quando o foco do *benchmarking* forem os preços. Em muitos casos, os custos são considerados um indicador dos preços, e, portanto, uma confidencialidade rigorosa é esperada quando se comparam preços.

O grau de confidencialidade praticado em estudos de *benchmarking* pode variar enormemente. Num dos extremos da escala, os participantes não fazem a menor ideia de com quem estão praticando *benchmarking*, já que as identidades dos outros participantes não são divulgadas e somente o facilitador terceirizado está ciente de quem é cada participante. Infelizmente, uma grande desvantagem desse nível tão rigoroso de confidencialidade é que o potencial de aprendizado é fortemente reduzido. Quando os participantes não conhecem a identidade dos líderes de desempenho num processo de *benchmarking*, como podem aprender com as descobertas? O próprio objetivo do *benchmarking* acaba se perdendo, e o estudo se torna nada mais do que uma tabela de classificação.

Sendo assim, uma abordagem mais pragmática costuma ser preferida, mediante a qual dados mais delicados (como os custos) podem ficar anônimos, enquanto outros dados menos delicados podem ser compartilhados mais abertamente. E, com o suporte habilidoso de um facilitador terceirizado, os participantes ainda podem maximizar o potencial de aprendizado a partir do estudo.

Qualquer que seja o nível de confidencialidade e anonimato acordado, é essencial que todas as partes em um estudo de *benchmarking*, incluindo o facilitador (quer se trate de um consultor ou de uma organização participante), assinem um acordo de confidencialidade. Este acordo terá força legal e estabelecerá explicitamente como os dados, informações e descobertas do estudo serão compartilhados, usados e disseminados por todas as partes.

Gestão eficaz de *benchmarking*

Para que qualquer iniciativa de *benchmarking* tenha sucesso, ela precisa ser gerida de forma eficaz.

Embora os gestores seniores dificilmente acabem se envolvendo na condução direta do *benchmarking*, eles cumprem um papel-chave para garantir que ele seja executado com sucesso. Os papéis-chave a serem cumpridos pelos gestores seniores são:

- Estabelecimento das metas de *benchmarking*.
- Integração do *benchmarking* no plano estratégico da organização.
- Atuação como um modelo a ser seguido.
- Preparação de um ambiente para a mudança.
- Desenvolvimento da infraestrutura para *benchmarking*.
- Monitoramento do progresso.

Referências

Anand, G., and R. Kodali. (2008). "*Benchmarking* the *Benchmarking* Models." *Benchmarking: An International Journal,* vol. 15, no. 3, pp. 257–291.

Godfrey, R. E. Hoogstoel, and E. G. Schilling (eds.), *Juran's Quality Handbook,* 5th ed. McGraw-Hill, New York.

Juran, J. M., and A. B. Godfrey. (1995). *Managerial Breakthrough.* Barnes & Noble, New York.

Kearns, D. T., and D. A. Nadler. (1993). *Prophets in the Dark—How Xerox Reinvented Itself and Beat Back the Japanese.* Harper Business, New York.

Wood, B. (2009). "7 Steps to Better *Benchmarking.*" *Business Performance Management,* Penton Media Inc., October.

ÍNDICE

H

I

L

N